NORDWESTEN USA

D1670144

> Eine Übersichtskarte des Reisegebietes mit der eingezeichneten Route finden Sie in der vorderen Umschlagklappe.

> In der hinteren Klappe steckt eine herausnehmbare Karte des Reisegebietes und des gesamten Westens der USA.

Siegfried Birle

NORDWESTEN USA

VISTA ❖ POINT VERLAG

Inhalt

Columbia River nahe The Dalles

I Der Nordwesten der USA

Reise in ein neues Land

»The Pacific Northwest is one of my favorite spots in the world«
(Woody Guthrie)

Das Land um die nordwestliche Küste der USA wurde spät entdeckt – von den Eroberern, den Siedlern und den Touristen. Als George Vancouver noch 1792 in den Gewässern von Puget Sound nach der Nordwestpassage suchte, regierte George Washington schon eine unabhängige USA. Als die Offiziere Lewis und Clark 1804–1806 per pedes und Kanu zum Pazifik vorstießen, begann im Osten bereits die Industrialisierung. Und als Siedler in den 1840ern und 1850ern in Planwagen über den Oregon Trail nach Nordwesten zogen, umspannte den Osten schon ein Netz von Kanälen und Eisenbahnen.

Wer den Nordwesten nicht kennt, »weiß« vor allem eines: daß es »viel regnet«. So gerne Mitteleuropäer sonst reisen, hier sagen sie sich: Regen haben wir selber genug, fahren wir lieber nach Florida! Die neuen Entdecker des Nordwestens kamen von innen: Aussteiger der Hippie-Generation und andere Alternative, die in Oregon, Washington und British Columbia das einfache, natürliche Leben suchten. Ernest Callenbach schrieb ihnen die passende Utopie: *Ecotopia* (1975) – über die (fiktive) Sezession Oregons und Nordkaliforniens von der Union nach der Motto *Leave. Me. Alone.*

Produkte des Ideenschubs waren fortschrittliche Gouverneure (wie Tom McCall, 1967–75) und fortschrittliche Gesetze (wie die »Bottle Bill«, 1973). Flüsse und Seen wurden saniert, die Metropolen bekamen Public Transit und Public Art und die Fläche Public Space. Die Washington State Ferries kreuzen wie Vorortzüge über den Sund, Portland und Seattle finden sich stets oben auf der Liste der »Most Livable Cities« der USA, und die Mikrobrauereien brauen *hand-crafted* Bier – ohne Konservierungsstoffe…

Von alledem profitieren die Besucher. Sie finden eine touristische Infrastruktur, an der zum Teil schon die CCC-Boys der Works Projects Administration unter Franklin Roosevelt gebaut haben: State Parks und Waysides in bester Lage, ausgebaute Wanderwege, erstaunliche Visitor Centers, eine durchgehende Küstenstraße, deren Brücken seit den 1930ern die Mündungstrichter der Flüsse überspannen – überhaupt eine Küste, die in Oregon per Gesetz zum Gemeineigentum erklärt und im nördlichen Washington als Olympic National Park geschützt ist.

Dabei ist der Nordwesten keine Spielwiese für Weltflüchtige und Umweltfreaks. Riesige Konzerne wie Boeing, Microsoft, Intel und Nike stellen die Region ökonomisch auf die Füße. Auf diesem Unterbau gedeiht eine lebhafte Kultur und Subkultur und »Powell's City of Books«. Der Nordwesten ist keine Idylle im Wald – da sind die Holzfäller und ihre Kahlschläge davor. Die Tourismusbehörde von Oregon druckt in einer Broschüre den Satz: »Die Indianer behaupten, das Land sei ihnen nur geliehen«. Dann fordert sie die Touristen auf, kurzfristige »Anleihen« aufzunehmen – eine gute Idee.

In Oregon und Washington leben gerade einmal acht Millionen Menschen, doch die stellen einiges auf die Beine. Seattle und Portland haben nicht nur Museen, Theater und Symphonieorchester zu bieten, sondern auch eine »populäre« Kultur von Blues bis

Bemoost vom vielen Regen? Straßenkunst in Seattle

Grunge, Punk bis Schick, Café bis Kneipe. Seit Starbucks 1971 in Seattle seine erste Filiale eröffnete, schwappt die Kultur röstfrischen Kaffees über den Nordwesten und die Nation. Mikrobrauereien sind eine Erfindung des Nordwestens – sie erreichen in Portland eine Dichte, von der Bayern nur träumen kann. Und die *Northwest Cuisine* schafft die richtige Grundlage.

Warum der Nordwesten?

Kommt man von einer Erkundungstour durch die Region zurück, dann stellen amerikanische Freunde meist eine unangenehme Frage: *What did you like best?* Die Antwort kann nur ein langwieriges Abwägen oder eine schnelle Lüge sein. Der Leser aber hat das Recht, in aller Kürze zu erfahren, warum er den Pazifischen Nordwesten der USA besuchen soll. Also, *in a nutshell*: DIE VIELFALT DER LANDSCHAFT UND DER REICHTUM DER KULTUREN SIND ÜBERWÄLTIGEND. Küste, Regenwald, Kaskadengebirge, Plateaus, Lavaströme und offene Steppe, dazu zwei faszinierende Metropolen und das Erbe der Indianer – WOW!

Die Touristikbranche hat mit Superlativen keine Mühe: Long Beach habe den »längsten Strand der Welt«, Tillamook die »größte Käsefabrik der Welt« und Portland »die größte Buchhandlung der USA«; die Columbia River Gorge sei die *windsurfing*, Lincoln City die *kite flying*, Bandon die *storm watching* und Wenatchee die *apple CAPITAL OF THE WORLD*; Lakeview die Nummer eins beim Drachenfliegen, Grants Pass beim Wild-

Bambi im North Cascades National Park

wasser, Snohomish bei den Antiquitäten und Portland bei den Mikrobrauereien. Crater Lake ist der tiefste See der USA und Hell's Canyon die tiefste Schlucht Nordamerikas – beide benötigen keinen Konjunktiv. Weil der Wald in dieser Liga durchaus mithalten kann, seien seine würdigsten Vertreter hier genannt: Im Regenwald Douglastanne *(Douglas-fir; Pseudotsuga)*, Sitkafichte *(Sitka spruce; Picea)*, Riesen-Lebensbaum oder Zeder *(western redcedar; Thuja)* und Hemlock *(western hemlock; Tsuga)* und östlich der Kaskaden Ponderosa-Kiefer *(ponderosa pine; Pinus)*.

Fragt man nach *der* herausragenden Freizeitsportart des Nordwestens, so sei »River Running« genannt. Outfitter im Lande bieten ihren Gästen das feuchtfrische Vergnügen, im Schlauchboot (Rafting), Kajak (Paddel mit zwei Schaufeln) oder Kanu (Paddel mit einer Schaufel) auf schnellen Flüssen hinabzugleiten. Die besten Wildwasserflüsse sind Skagit, Methow, Wenatchee, Deschutes, McKenzie und Rogue; der John Day macht die Sache gemütlicher. Die Saison dauert von April bis September. Alle Schwierigkeitsstufen sind vertreten – von Klasse I (»badewannenglatt«) bis Klasse VI (»don't even think of it!«).

Das Reisegebiet

Beschrieben wird der engere Nordwesten, also die Staaten Oregon und Washington. So gefaßt, ist das Reisegebiet größer als Deutschland, aber kleiner als Texas; damit ist es überschaubar und in drei Wochen gut zu bereisen. Allerdings: Die Route ist 4 310 Kilometer (knapp 2 700 Meilen) lang, das sind im Schnitt 205 Kilometer pro Tag bei drei »Ruhetagen« vor Ort. Das ist eine ganze Menge, wenn man gründlicher hinsehen oder länger verweilen will. Da hilft nur die Kürzung der Route oder ein längerer Urlaub. »Kilometerfresser« spannen den Bogen auf eigene Faust weiter bis British Columbia, Idaho und Nordkalifornien.

Zu den Highlights des Nordwestens gehört – natürlich – die **Pazifische Küste**. Sie präsentiert sich teils steil und felsig, wie an den Kaps von Flattery bis Blanco, teils flach und sandig, wie an den Stränden von Long Beach oder Manzanita. Südlich von Florence kommt ein breiter Dünengürtel hinzu. Zum Baden ist das Wasser auch im Sommer recht kühl. Die Küstenstraße (US-101) folgt der Küste meist mit Abstand, bisweilen erklimmt sie aussichtsreiche Höhen. Fähren und Furten sind passé, aber nach feuchten Wintern können Erdrutsche die Straße versperren. Wanderer auf dem 375 Meilen langen Oregon Coast Trail bleiben davon unberührt.

Der **Regenwald der gemäßigten Zone** *(temperate rain forest)* ist eine Besonderheit des Nordwestens – es gibt ihn sonst nur noch auf Neuseeland. Seine imposanteste Gestalt erreicht er auf der Olympic Peninsula, wo ihn der Olympic National Park schützt. An welchen Stellen entlang der Route sehenswerter *old-growth forest* steht, ist im Buch vermerkt. Allerdings wird man auch die brutalen Kahlschläge in der Fläche kaum übersehen; sie werden beim Betrachter Zorn und Trauer hervorrufen.

Dreimal überquert die Route das **Kaskadengebirge**. Der North Cascades, Historic McKenzie und Cascade Lakes Highway gehören zu den schönsten Bergstraßen des Landes. Sind sie im Winter und Frühjahr gesperrt, so weicht man auf andere Pässe aus. Erloschene und halberloschene Vulkane bieten sich an: Mount Hood zum Schauen, Mount St. Helens zum Schaudern und Mount Bachelor zum Skifahren. Die Täler – das sanfte des Methow, das einsame des Stehekin und das zerklüftete des Deschutes – laden zum Wandern, Radfahren, Rafting, Reiten und all den Aktivitäten, die in den

Strömung mit Gegenwind: Surfer in der Columbia Gorge

Sparks Lake mit South Sister – eine Perle unter den Cascade Lakes in Central Oregon

Resorts möglich sind, ein. Der Pacific Crest Trail führt, etwa in Kammhöhe, 2 600 Meilen weit von Kanada bis Mexiko.

Das **östliche Binnenland** der Basaltplateaus, Scablands, Lößhügel und semiariden Steppen bietet Weite – wie in Texas. Bei Dry Falls bekommt das Plateau ein Loch, und in den Gaps und Gorges des Columbia spürt man die mitreißende Gewalt eiszeitlicher Fluten. Der Betonklotz von Grand Coulee Dam staut einen See von 125 Meilen Länge. Der östliche Teil des Nordwestens ist voller Kontraste: Coulees kerben die Plateaus, die sanften Palouse Hills folgen auf nackte Scablands, dann die schroffe Schlucht von Hells Canyon, die Gebirgswiesen der Wallowas, die bunten John Day Fossil Beds. Wer nicht so viel fahren möchte, der kürzt ab – oder streicht.

Central Oregon ist ein Thema für sich: kein ödes, wasserloses Binnenland, wie man erwarten könnte, sondern eine vielfältige Landschaft mit Wäldern, Flüssen, Canyons, Bergseen und Vulkanen. Es ist auch die Domäne moderner Resorts, die dem Urlauber naturnah alles bieten, was er sich für seine Freizeit wünscht. Bend mausert sich zu einem urbanen Zentrum mit Flair. Und der Metolius – eine Perle im Wald!

Setzt man das Vergrößerungsglas an die Route, dann drängen bestimmte Bilder, Düfte, Klänge hervor: die Straßenmusiker am Pike Place; die Fährfahrt über den Sund; Mount Rainier am Horizont – schwebend; saftiger frischer Regenwald; Puder auf den Gipfeln um Cascade Pass im Oktober; quirlender Methow am Morgen; die roh behauenen Balken der Lodge; sanfte Kehren am John Day River; die Kulisse von Shaniko bei Nacht; eine Bräukneipe in Portland; die Spuren des Wassers bei Ebbe am Strand; Krüppelkiefern auf den Lavafeldern; die Quelle von Jack Creek; die Stimmen der Vögel im Malheur; der Abgrund vor Cape Flattery; das Indianerdorf Ozette – im Museum …

Die Reisezeit

Noch ist die Gretchenfrage unbeantwortet: Wie steht es mit dem Regen? William Clark, einer der beiden Leiter der »berühmtesten Expedition der amerikanischen Geschichte«, notierte am 17. November 1805 in seinem Tagebuch: »Elf Tage Regen und das widerwärtigste Wetter, das ich je erlebt habe.« Die Decken und die Vorräte waren naß, und die Kleider faulten ihnen am Leibe. Lewis war naß, Clark war naß, Sacagawea, die junge Shoshone-Frau, war naß – und ihr kleines Baby auch. Ein paar Tage später im selben Tagebuch: »Der Morgen war klar und schön.«

Nun, es ist nicht immer November. Wenn im Sommer (Juli bis September) das subtropische Hoch von Kalifornien nach Norden ausgreift, scheint an den Stränden von Long bis Gold Beach die Sonne. Außerdem ist die Küstenregion nicht alles. Während sich westlich der Kaskaden die Wolken abregnen, lösen sie sich östlich davon auf. Jeder kann die Wirkung dieser Klimascheide auf einer Fahrt von West nach Ost erleben: Zum Kamm hin dünnen die Wolken aus, reißen zu blauen Löchern auf und treiben schließlich als harmlose Schäfchen am östlichen Himmel.

Am deutlichsten zeigt sich der Klimawandel in der Vegetation. Im Westen wuchert Regenwald, im Regenschatten der Kaskaden folgen Kiefern, dann Wacholder, schließlich Sagebrush *(Artemisia tridentata)*. Während auf den Plateaus um Waterville und in den Hügeln der Palouse noch Weizenanbau auf Dry Farming möglich ist, grasen in den östlichen Steppen der High Desert nur noch Rinder. In den höheren Lagen der Blue und Wallowa Mountains wird es dann wieder grün. Klimatisch ist die Küstenregion mit England vergleichbar, das östliche Binnenland mit dem Hochland von Zentral-Spanien.

Mit einiger Vorsicht sei behauptet: Der Nordwesten ist ein Land für alle Jahreszeiten. Drückt im Winter der Nieselregen auf Seattle und Portland, gibt es im Landesinneren viel zu sehen. Die milden Temperaturen an der Küste erlauben lange Wanderungen am

Highway 97 bei Madras, Oregon

Palouse Falls, Washington

Strand, und wenn es stürmt, schaltet man um: auf Storm Watching. Im Regenwald trägt man einen Regenhut – ohne Regen eben kein Regenwald! Wintersportler müssen nicht nach Colorado: Sie finden wunderbare Pisten am Mount Hood und Mount Bachelor und gespurte Loipen im Methow und in Central Oregon. Wer sich aufwärmen will, steigt in die heißen Quellen von Carson, Belknap, Kah-Nee-Ta oder Lehman ...

Bedenklich ist die Hauptreisezeit von Mitte Juni bis Mitte September: Da werden die Unterkünfte knapp und die Campingplätze voll. Auch an den »heißen« Wochenenden um Memorial und Labor Day sollte man sein Quartier vorausbuchen. An den Stränden der langen Küste ist jedoch immer Platz – zum Strandlaufen, Muschelsammeln, Burgenbauen und Drachensteigenlassen.

Die beste Reisezeit ist April/Mai und September/Oktober. Dann sind die Kids noch (oder wieder) im College und die Rentner in ihren Wohnmobilen unterwegs. Das Wetter ist wieder (oder noch) mild, die Wolken reißen auch an der Küste auf, der Gast ist »König« und findet günstige Preise in Lodges und Resorts. Noch tiefer in der Off-Season tröpfelt der Regen im Regenwald, prasselt das Feuer im Kamin der Lodge, kommt auch auf den San Juans die »stille Zeit« und die Gelegenheit zum Rückzug in eine menschenleere Natur. Das Kulturangebot der Metropolen besteht indessen fort – *year-round*.

Reise in ein neues Land! Da die »Ecke« im Nordwesten noch relativ unentdeckt ist, hat man als Tourist viel Platz. Fortschrittliche Gesetze im Umweltschutz und in der Landesplanung schaffen günstige Voraussetzungen. Ist Oregon etwas Besseres? Wohl kaum – bei der Waldverwüstung im Lande! Und doch: Parolen wie »Don't californicate Oregon« oder »Go *down* where you came from« möchten landhungrige Südkalifornier in die Schranken weisen. Also doch ein bißchen elitär? Zwei Tagereisen westlich von Independence, Missouri, stand einst ein Schild mit der Aufschrift: TO OREGON. Wer lesen konnte, ging nach Oregon ... ✺

II Die Route
…und wie man sie passend macht

Die Route dieser Reise windet sich wie eine kopfschwere, windschiefe »Acht« durch Washington und Oregon. Folgt man dem »roten Faden« der Karte und dem Plan dieses Buches, so erhält man eine »Grand Tour« des Nordwestens. Die Reise beginnt und endet in Seattle. Die Flugverbindungen dorthin sind gut. Außer Seattle kommen noch Portland (OR), Vancouver (BC) und San Francisco (CA) als Gateways in Frage; die letzten beiden sind mitunter Ziele günstiger Charterflüge. Dann beginnt die Reise eben am entsprechenden Punkt der »Acht«.

Die Route ist für 21 Reisetage geplant und berührt die Highlights der Region – »berührt« sie allerdings nur. Mit Ausnahme von Seattle, Portland und Central Oregon gilt das Prinzip: »Jede-Nacht-in-einem-anderen-Bett«. Das genügt nicht, um das Land tiefer zu erleben oder sich zu erholen. Dafür gibt es zwei Lösungen: Kürzung der Strecke oder Verlängerung der Reise. Vier (fünf, sechs?) Reisewochen sind besser als drei, zwei Rei-

Depoe Bay, am Highway 101, südlich von Lincoln City, Oregon

Eine Attraktion des Nordwestens: Regenwald im Olympic National Park

sen sind besser als eine. Die Route läßt sich bestens teilen in die beiden »Kreise« der »Acht«, denn jeder »Kreis« hat Anteil an Küste, Gebirge und Binnenland – und bietet obendrein eine Großstadt.

Beginnend in Seattle, macht sich die Route für einen Tag stadtfein, schwingt sich über Whidbey Island und den Sund nach Norden, überquert das Kaskadengebirge auf dem North Cascades Highway und landet weich im Methow Valley. Sie streicht über die Plateaus, findet Spuren der »Großen Fluten«, macht am Grand Coulee Station, berührt die Kieferneinsamkeit des Colville-Reservates und besucht Spokane. Dann schwenkt sie gradlinig nach Süden zu den Wallowas, spürt dem unbekannten John Day River nach, geistert durch die Ghost Town Shaniko und folgt dem Columbia durch seine Gorge nach Portland.

Sie testet die Mikrobräu der McMenamins und stößt vor zur Küste – mit ihren Seastacks, Klippen, Tidepools, Dünen und Stränden. Drei Tage folgt sie der Oregon Coast nach Süden, dann biegt sie scharf landeinwärts und nach Osten ab, folgt dem McKenzie aufwärts und sucht sich am Metolius oder in Bend Quartier. Sie genießt die Naturschönheiten und Resorts von Central Oregon, um sich dann in einer kühnen Diagonale – an Mount Hood vorbei – durch die »Taille« der »Acht« zur Washington Coast zu schwingen. In Long Beach atmet sie Meeresluft, umrundet die Olympic Peninsula mit ihren Regenwäldern und Indianerdörfern, nimmt auf Hurricane Ridge Abschied von der Region und kehrt nach Seattle zurück.

Die Route ist vollkommen elastisch – verträgt Kürzungen, Erweiterungen und jede beliebige Kombination der Bausteine. Wer das Autofahren leid ist, spart sich den Osten und verschlankt die »Acht«: Nach dem Methow geht es dann den Columbia abwärts nach Portland und zur Küste. Wenn die Familie Strandfreuden genießen will – bitte: Von Seaside bis Gold Beach dehnen sich 250 Meilen Küste.

Die Themen

Im Rahmen dieser Route wechseln die Themen. Die Betonung der **Naturschönheiten** versteht sich von selbst. Küste, Regenwald und Kaskadengebirge bilden ein starkes Trio, das weite Binnenland scheint uns nach Arizona oder New Mexico zu versetzen. Scenic Highways und Byways führen durch die North Cascades, die Wallowas, John Day Country, die Küste hinunter und den McKenzie hinauf, zu den Cascade Lakes, auf die Höhen über der Columbia Gorge, nach Hurricane Ridge ... Sind die *Scenic* Highways geschlossen, gibt es andere, die offen sind.

Unberührte Natur findet man in Teilen der Nationalparks und Wilderness Areas. Die wilde Küste des Coastal Strip, der Regenwald von Queets (beide im Olympic National Park), die North Cascades um Ross Lake und Stehekin, die Eagle Cap Wilderness in den Wallowas und die Three Sisters Wilderness in Central Oregon sind Ziele, die man sich mit Rucksack und Zelt erschließt. Fernwanderer begeben sich auf den Pacific Crest und Oregon Coast Trail.

Wildtiere wie Wale, Robben und Seelöwen zeigen sich an der Küste, Hirsche, Antilopen, Adler und jede Menge andere Vögel in den Wildlife Refuges – kein Staat hat mehr davon zu

Möwen bei Mondaufgang: Siletz Bay, nahe Lincoln City

Tepees für Touristen: Kah-Nee-Resort

bieten als Oregon. Seattle und Portland besitzen berühmte Zoos; der Tierpark Northwest Trek zwischen Seattle und Mount Rainier ergänzt das Angebot.

Die Region bietet ein großes Spektrum von **sportlichen und anderen Freizeitaktivitäten**. Will man Neues ausprobieren, so treibt man »Sport im Resort«. Outfitter veranstalten Wildwassertouren auf schnellen Flüssen wie Methow, Deschutes und Rogue. An der Küste gibt es die Möglichkeit zur Walbeobachtung und zum Tiefseeangeln. Extremkletterer gehen an Smith Rock die Wände hoch. Skiläufer finden Pisten und Loipen in den Bergen und Windsurfer die richtige Brise in der Columbia Gorge. Gemütssportler angeln an Flüssen und Seen.

Für die **Genuß- oder Schlemmerreise** nutzt man die Ressourcen der nordwestlichen Hotellerie und Küche. Für die richtige Unterkunft sorgen gediegene Stadthotels mit Patina, klassische Lodges (Ferienhotels), komfortable Resorts (Feriendörfer), gemütliche Frühstückspensionen (Bed & Breakfast) und einige bessere Motels mit Pfiff. Feinschmecker finden eine eigene *Northwest Cuisine* (»Fusion« oder nicht), frisches Seafood, Biere aus der Mikrobrauerei und Weine aus Oregon und Washington. Wer es ernst meint mit dem Spaß, holt sich zur Anregung *Weekends for Two in the Pacific Northwest: 50 Romantic Getaways* von Bill Gleeson und Stewart Hopkins.

Eng mit der Genußreise verwandt ist die **Kultur- oder Städtereise**, die sich vor allem an die »lebenswerten« Metropolen Seattle und Portland hält, aber auch das kleine Ashland in Süd-Oregon mit seinem Shakespeare Festival kann sich sehen lassen. Wer die Spuren der Geschichte studieren will, findet hervorragende Interpretive Centers bei Baker City und Oregon City (beide zum Oregon Trail), in Astoria (zur Schiffahrt am Pazifik) und in Fort Canby (zu Lewis & Clark).

Eine Besonderheit des Nordwestens sind seine **Indianerkulturen**: Man zählt 50 anerkannte Reservate und 130 000 Native Americans. Die Route berührt die Reservate bzw. Museen der Suquamish (Bainbridge Island), Colville (Nordost-Washington), Nez Percé (Joseph), Warm Springs (Warm Springs), Quinault (Lake Quinault), Quileute (La Push) und Makah (Neah Bay); die Yakama (Toppenish) im Yakima Valley sind nicht fern. In ihren Kulturzentren findet man »alternative« Lebensformen aus einer Zeit, bevor der *American way of life* alles überrollte. Touristen sind zu Festen und Pow-Wows der Stämme willkommen; die Warm Springs betreiben sogar ein Resort (Kah-Nee-Ta). ⚜

III Chronik
Abriß der Landesgeschichte

Lange bevor die Weißen kamen, lebten hier schon Menschen. Küstenindianer vom Stamme der Makah, Quileute und Quinault jagten vor der Küste Wale und Robben, während weiter südlich die Chinook, Clatsop, Coos und Tillamook nach Lachsen, Dorschen und Schalentieren fischten. So reichlich war ihr Tisch gedeckt, daß die Küstenindianer des Nordwestens zu den wohlhabendsten Ureinwohnern Amerikas zählten. Im Binnenland fingen die Plateauindianer der Yakama, Wasco, Spokane und Warm Springs an den Fällen Lachse und jagten und sammelten auf den Hochflächen. Im kargen Naturraum der südöstlichen Steppen fristeten Nomaden wie die Paiute ein kärgliches Dasein.

Celilo Falls und Kettle Falls am Columbia waren die Zentren prähistorischen kulturellen Lebens. Hier kamen die Indianer der verschiedenen Regionen zu Lachsfang, Handel und Festlichkeiten zusammen. Heute liegen die »heiligen Stätten« der Indianer unter den Stauseen von The Dalles bzw. Grand Coulee Dam.

Im 16. Jahrhundert entdeckten spanische und britische Seefahrer die nordwestliche Küste. Ortsnamen wie Puerto de Nuestra Señora de Los Angeles (heute Port Angeles), Anacortes, San Juan (Islands) und (Strait of)

Native American: »Little Chief« von den Umatilla-Indianern

Juan de Fuca verraten frühe spanische Präsenz. Im Binnenland verweisen Namen wie Pend Oreille, Coeur d'Alene (mit ihrer unsäglichen amerikanischen Aussprache!), Les (The) Dalles, Deschutes und Terrebonne auf frankokanadische Voyageurs.

1579 Weltumsegler Francis Drake nimmt das Land als New Albion für seine Königin Elisabeth I. von England in Besitz. Seitdem konkurrieren Spanier und Briten um das nordwestliche Territorium.

1778 Captain James Cook begründet das »chinesische Handelsdreieck«: Stoffe und Glasperlen gegen Seeotterfelle (von den Indianern), Seeotterfelle gegen Tee und Luxusgüter (von den Chinesen); die Waren aus China verkauft man in London oder Boston.

1792 Der Brite George Vancouver erforscht Puget Sound. Der Amerikaner Robert Gray entdeckt einen großen Strom, nennt ihn nach seinem Schiff »Columbia« und begründet Ansprüche der USA auf die Region.

1804–06 Präsident Thomas Jefferson schickt Meriwether Lewis und William Clark auf dem Landweg in den Pazifischen Nordwesten. Das Expeditionskorps legt in zweieinhalb Jahren 8 000 Meilen zwischen Missouri und Pazifik zurück; es überwintert 1805/06 in Fort Clatsop bei Astoria.

1810 Die britische North West Fur Company, Tochter der Hudson's Bay Company, gründet Spokane House am Spokane River. Der Handelsposten beherrscht 15 Jahre lang den Pelzhandel nach Montreal.

1811 John Jacob Astor gründet Fort Astoria an der Mündung des Columbia, doch sein transpazifischer Pelz- und Gewürzhandel scheitert am Krieg von 1812. – Im folgenden Vierteljahrhundert fangen freie Trapper und angelernte Indianer die Pelztiere der Region; Biber und Seeotter werden fast ausgerottet. Unter den Indianern verbreiten sich Krankheiten und Alkoholprobleme, die sie dezimieren und demoralisieren.

1818 Großbritannien und die USA einigen sich auf eine gemeinsame Besiedlung *(joint occupancy)* des Oregon Country; die Siedler sollen später selber über ihre nationale Zugehörigkeit entscheiden. Spanien gibt seine Ansprüche auf die Region 1819, Rußland 1828 und Großbritannien 1846 auf.

1824 Wegen der günstigen Lage zu Meer, Strom und den neuen Siedlungszellen bestimmt die britische Hudson's Bay Company Fort Vancouver am unteren Columbia (nicht B.C.) zu ihrem Hauptquartier und John McLoughlin zu ihrem Hauptgeschäftsführer. Dieser gründet 1829 Oregon City an den Fällen des Willamette, unterstützt amerikanische Siedler und wird deshalb 1845 entlassen. Er baut ein Haus in Oregon City und wird Amerikaner – das Parlament von Oregon ehrt ihn 1907 als »Father of Oregon«. – Der britische Botaniker David Douglas beschreibt neue Baumarten wie die Douglastanne und die Ponderosa-Kiefer.

Going West: Siedler des Oregon Trail durchqueren den Snake River

1828 John McLoughlin holt gediente frankokanadische Trapper mit ihren indianischen Frauen nach French Prairie am Willamette. Es entstehen dauerhafte Siedlungen, der Ort Gervais trägt den Namen des ersten Siedlers.

1834 Nach den Pelzhändlern kommen die Missionare. Daniel und Jason Lee lehren Indianer bei French Prairie »Religion und Landbau«, doch als ihre Schützlinge an einer Seuche sterben, ziehen sie 1840 nach Salem weiter. Dort gründet Jason Lee 1843 sein Oregon Institute (heute Willamette University) als erste höhere Lehranstalt westlich des Mississippi.

1836 Die Missionare Whitman und Spalding kommen über South Pass. Die Whitmans gründen eine Mission bei Walla Walla in Süd-Washington, die Spaldings eine in Lapwai, Idaho. Die Whitman-Mission wird zur wichtigen Anlaufstelle für Siedler des Oregon Trail.

1841 Erste Siedler kommen über den Oregon Trail; Oregon City, Aurora und Champoeg werden zu den Keimstätten Oregons.

Grüße aus Oregon, mit »Oregon grape«, der Staatsblume, und Capitol

1843 Mit der »Great Migration« ziehen 900 Siedler mit 120 Planwagen und 5 000 Stück Vieh über den Oregon Trail ins Willamette Valley. Bis zum Bau der Eisenbahnen werden 350 000 Siedler, Goldsucher, Pelzhändler und Missionare die Strecke zurücklegen. Etwa ein Zehntel der Pioniere wird an den Strapazen des Trecks sterben.

Schon rebellieren amerikanische Siedler gegen die britische Bevormundung aus Fort Vancouver und rufen in Champoeg eine Provisorische Regierung aus. Diese lockt Neusiedler mit 640 *acres* (260 Hektar) freien Landes nach dem Organic Act.

1843–46 John Fremont, der sich später als »Great American Pathfinder« für die US-Präsidentschaft empfiehlt, erforscht Central Oregon zwischen The Dalles und Kalifornien.

1844 In einer Lichtung am Willamette (»Stumptown«) gründen Pioniere aus Boston und Portland (Maine) – Portland. Die Stadt wächst als Exporteur von Weizen und Holz zum Zentrum der Region heran. Weitere Impulse liefern der Goldrausch in Kalifornien (1849), die transkontinentale Eisenbahn (1883), die Lewis & Clark Centennial Exposition (1905) und der Schiffsbau im Zweiten Weltkrieg.

1845 Die »Meek Cut-Off Party« verirrt sich in Südost-Oregon und wird zum »Lost Wagon Train of 1845«; mit Mühe erreichen die Reste des Zuges The Dalles. – Eine Siedlergruppe aus Missouri zieht nach Tumwater bei Olympia. Olympia wird 1853 Hauptstadt des Washington Territory.

1846 Die Briten geben ihren Anspruch auf das Gebiet des Columbia auf, der 49. Breitenkreis wird die Grenze zwischen den USA und Kanada. – Die Barlow

Road um Mount Hood erspart den Pionieren die gefährliche Floßfahrt auf dem Columbia. Der Applegate Trail führt durch Nord-Nevada direkt ins südliche Willamette Valley.

1847 Cayuse-Indianer überfallen die Mission der Whitmans bei Walla Walla und töten die Missionare und elf weitere Personen. Als Grund für das »Whitman Massacre« gelten massive kulturelle Differenzen. Die US-Regierung schickt Truppen ins Oregon Country. Die schuldigen Cayuse werden 1850 in Oregon City gehängt.

1848 Oregon mit den heutigen Bundesstaaten Oregon, Washington, Idaho und West-Montana wird Territorium der USA; Oregon City wird Hauptstadt (ab 1851 Salem).

1850 Nach dem Donation Land Law erhalten weiße Männer 320 *acres* (128 Hektar) freien Landes, wenn sie verheiratet sind, nochmals 320 *acres*. Damit sind Indianer, Schwarze, Asia-

Von »Stumptown« zur »Stadt der Rosen«

ten und alleinstehende Frauen von der Landvergabe ausgeschlossen. Um 1855 ist das meiste Land im Willamette Valley privatisiert.

1851 Gründungsjahr für Seattle und Port Townsend am Sund sowie Port Orford und Jacksonville in Süd-Oregon. Seattle und Port Townsend exportieren Holz und werden zu Welthafenstädten. Port Orford und Jacksonville boomen mit Goldfunden in Süd-Oregon.

1852 Die Siedler von Cowlitz Valley und Puget Sound fordern ein eigenes Territorium für Washington – und bekommen es ein Jahr später. – Der Goldrausch in Süd-Oregon (drei Jahre nach Kalifornien) macht Jacksonville zum Zentrum der Region. Jetzt haben die Farmer am Willamette endlich einen Markt. Postkutschen verkehren zwischen Portland und San Francisco.

1855 Häuptlinge der Plateauindianer müssen in Walla Walla und The Dalles traditionelle Siedlungsgebiete gegen Reservate abtreten. Die Indianer der Küste sind so dezimiert, daß sie kaum noch Reservate brauchen. Die Suquamish-Duwamish müssen von Seattle nach Bainbridge Island umziehen. Häuptling Sealth hatte 1854 gesagt: »Jedes Stück dieses Landes ist meinem Volke heilig …«

Chief Seattle

Nicht alle indianischen Gruppen nehmen den Verlust ihres Landes widerspruchslos hin. Die Plateauindianer rebellieren in den Yakama Wars (1855–58), die Küstenindianer Süd-Oregons im Rogue River War (1855–56), die Modoc des kalifornischen Grenzraums im Modoc War (1872–73). Mit dem Feldzug gegen die Nez Percé von 1877 wird der letzte Widerstand gebrochen. Selbst der US-Kongreß zögert (bis 1859) mit der Ratifizierung der »Verträge«.

So ungünstig die Verträge von 1855 für die Native Americans ausfielen, heute können sie sich auf das darin verbriefte Recht berufen, »für alle Zeiten an den gewohnten Stellen *(usual and accustomed stations)* zu fischen und zu jagen«. »U & A« wurde zur Rechtsgrundlage für Entschädigungszahlungen an Yakama, Warm Springs und Umatilla für den Verlust von Celilo Falls 1957. Die Stämme nutzten die Gelder zum Bau stammeseigener Betriebe, Kulturzentren und Resorts. Ihre Autonomie treibt seltsame Blüten: mit Spielkasinos für weiße Kunden.

1856   Cape Disappointment an der Columbia-Mündung erhält den ersten Leuchtturm des Nordwestens. Aufgrund häufiger Nebel und wandernder Sandbänke der *Columbia River bar* bleibt die Mündung weiterhin gefährlich, bis Molen (ab 1885) und Bagger die Fahrrinne schützen.

1857   Der deutsche Einwanderer Wilhelm (William) Keil gründet im Willamette Valley die Old Aurora Colony, eine fundamental-christliche Bauern- und Handwerkerkommune. Sie zerfällt einige Jahre nach Keils Tod im Jahre 1885.

1858   Verbündete Indianer schlagen eine Einheit der US-Armee unter Edward Steptoe – der Berg wird dennoch nach ihm benannt. Die Armee rächt sich, indem sie bei Spokane 800 Indianerpferde erschießt und den Gegner so zur Aufgabe zwingt.

1859   Oregon wird Bundesstaat der USA; Washington erst 30 Jahre später.

1860   Eine Brücke über den Deschutes nördlich von Maupin ermöglicht den »Barlow Cut-Off« und erspart den Siedlern fünf Tage Reise.

1861 Der Goldrausch von Ost-Oregon beginnt. In den Blue Mountains entstehen Sumpter, Granite, Bourne und Greenhorn – heute Ghost Towns. Am Canyon Creek schießt 1862 die Zeltstadt Canyon City aus dem Boden. Später waschen hier vor allem chinesische Einwanderer das Gold aus den Geröllen. Im Kam Wah Chung Museum in John Day haben sie ihr Kulturdenkmal.

1862 Der Homestead Act schafft auch im Nordwesten die Grundlage für die Zuteilung von Farmland in Parzellen zu 160, 320 oder 640 *acres* – je nach Klima. Im Binnenland scheitert der Ackerbau jedoch an mangelnden Niederschlägen; die windschiefen Hütten der Homesteader auf vielen Ranches sind Zeugen dieses Scheiterns.

1863 Idaho spaltet sich als Territorium von Washington ab, ein Jahr später folgt Montana.

1866 Mit dem Ausbau der Old Santiam Wagon Road beginnt die »Ostkolonisation« von Central Oregon. Auch die Route über McKenzie Pass wird entdeckt. – Samuel Case, ein ehemaliger Goldgräber, baut in »Newport« sein Ferienhotel »Ocean House« und lockt »Sommergäste« an die Küste – ganz wie in Rhode Island.

1870 Erste Obstplantage im Yakima Valley! Jetzt wird Indianerland parzelliert, privatisiert, an weiße Siedler veräußert oder verpachtet, bewässert und bepflanzt. Heute ist das Tal ein einziger Obst- und Weingarten.

1872 Seit dem »Pig War« (1859) streiten Briten und Amerikaner um die San Juan Islands, jetzt schlichtet der deutsche Kaiser Wilhelm I. den Streit zugunsten der USA. – Der Mining Act erlaubt die Gewinnung von Edelmetallen ohne

Ungewöhnliches Bärengehege

Rücksicht auf die Umwelt, wie man im Sumpter Valley sehen kann – Elf Stämme des Binnenlandes – darunter Okanogan, San Poil, Nespelem, Nez Percé – kommen aufs Colville-Reservat in Nordost-Washington. Schwankende Indianerpolitik der US-Regierung: 1879 schafft sie das Moses-Reservat am Methow und Okanogan, 1883 löst sie es auf Druck weißer Siedler wieder auf. Chief Moses und seine Leute kommen nach Colville.

1877 Eine Gruppe von 750 *nontreaty* Nez Percé unter Chief Young Joseph soll ultimativ das Wallowa Valley verlassen. Die US-Armee jagt sie vier Monate lang über 1 100 Meilen bis kurz vor die kanadische Grenze, dann erklärt Chief Joseph, daß er »nie mehr kämpfen« wolle.

1878 Der Timber & Stone Act verschafft Siedlern Anspruch auf 160 *acres* (64 Hektar) Wald zu 2,50 Dollar pro *acre* – zum Bau ihrer Häuser. Die Holzgesellschaften bringen so über Mittelsmänner große Waldflächen in ihren Besitz.

1882 Der Chinese Exclusion Act beendet die Einwanderungswelle aus China. Chinesen waren seit 1850 als Bergleute und Bahnarbeiter im Lande tätig. Im Territorium Washington wird ihnen zudem 1886 der Besitz von Grund und Boden verboten; viele Chinesen flüchten von Seattle nach Kalifornien, andere arbeiten fortan als Gärtner, betreiben Wäschereien oder Restaurants. Heute sind sie auf spezielle Viertel in Seattle und Portland konzentriert.

1883 Die transkontinentale Northern Pacific erreicht Portland. 1886 steht die Verbindung nach San Francisco (via Southern Pacific), 1887 die Stichbahn nach Tacoma; Seattle ist erst 1892 an der Reihe. Damit wird Portland zum führenden Bahn- und Schifffahrtsknoten der Region. Der Ausbau des Eisen-

Lachse in Columbia: der Stolz der Region von einst

bahnnetzes bewirkt ein schnelles Wachstum des Nordwestens.

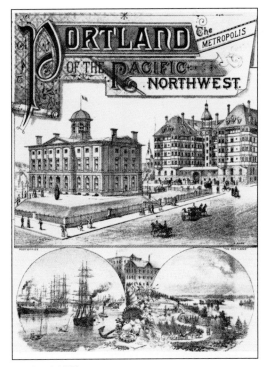

Portland 1883

1885 Leopold Schmidt (nomen est omen!) entdeckt die Brauqualitäten artesischen Wassers bei Olympia und gründet die Olympia Brewing Company.

1887 Egonton Hogg will die Bahnlinie von Newport nach Corvallis und Albany nun auch nach Osten über die Kaskaden treiben. Er kommt auf zwölf Meilen an Santiam Pass heran, dann lassen ihn die Geldgeber fallen: Newport war wohl zum »Welthafen« nicht geeignet. Der Eisenbahnbau wird mit großzügigen Landschenkungen *(land grants)* honoriert. Noch heute zeigt die Karte ein Schachbrettmuster von Privat- und Staatsland. Das Privatland geht vielfach in den Besitz der Holzgesellschaften über.

Der Dawes Act erlaubt den Verkauf von »überschüssigem« Indianerland an Weiße. Viele Natives verlieren durch Unkenntnis oder Betrug ihr Land. Die Folge ist die Zerstückelung der Reservate und der Verlust von Stammesidentität. Erst der Indian Reorganization Act von 1934 stoppt den Prozeß.

1889 Washington wird Bundesstaat der USA, mit Olympia als Hauptstadt. – Die Innenstadt von Seattle und zehn Piers brennen ab, danach entsteht das Viertel um Pioneer Square in Backstein und Eisen neu. Im selben Jahr brennt Spokane.

1890 Gründung der Sumpter Valley Railway – »Stump Dodger« genannt. Zuerst schafft sie Baumstämme aus den Blue Mountains ins Sägewerk nach Baker City, ab 1906 holt sie Golderze aus Sumpter, ab 1910 bringt sie Rinder, Saatgut und Versorgungsgüter nach Prairie City. Heute verkehrt die Schmalspurbahn auf fünf Meilen im Sumpter Valley als Nostalgiebahn für Touristen.

1891 Guy Waring aus Boston kommt nach Winthrop und gründet seine Methow Trading Company. Studienfreund Owen Wister besucht ihn 1892 und 1898 und schreibt den klassischen Western-Roman *The Virginian* (1902).

1895 Das erste Mailboat bringt die Post von Gold Beach nach Agness am Rogue River und braucht dafür vier Tage (hin und zurück); heute tragen Jetboats Touristen in sechs Stunden über dieselbe Strecke.

Baumhaus aus »Western redcedar«, haltbar

1896 Schleusen und Kanal von Cascade Locks verbessern die Schiffahrt am Columbia. – In den »Range Wars« des zentralen und östlichen Oregon werden Tausende Schafe massakriert. Erst Weidelizenzen der Nationalforsten (ab 1906) und eine Trennlinie von Bend nach Burns (1916) – Rinder im Norden, Schafe im Süden – beenden den Konflikt.

1897 Der Dampfer »Portland« bringt zwei Tonnen Gold aus Alaska nach Seattle, und der Goldrausch am Yukon beginnt. Kanada verlangt Vorräte und Ausrüstung für ein Jahr, und Seattle stattet aus. Von 1890 bis 1910 wächst Seattle um das Sechsfache – und überflügelt Portland. Es wird zum führenden Seehafen und zur Handelsmetropole der Region. Die Alaska-Yukon-Pacific Exhibition von 1909 ist die erste Weltausstellung des Nordwestens.

In Südost-Oregon eskaliert der Konflikt zwischen Farmern und Ranchern um Wasser und Land, als der Homesteader Ed Oliver den Großrancher Pete French erschießt; eine Jury »kleiner Leute« spricht den Mörder frei. Seit den 1870ern haben vier »Cattle Kings« Feuchtland (zu 1,25 Dollar pro *acre*) und Claims der Homesteader zu großen Ranches arrondiert.

1900 Frederick Weyerhaeuser kauft 3 600 Quadratkilometer besten Waldes von der Northern Pacific – zu sechs Dollar pro *acre* (0,4 Hektar). Weyerhaeuser wächst bis 1913 auf 8 000 Quadratkilometer und ist heute mit 25 000 Quadratkilometern der größte Holzkonzern des Landes. Der Vorgang ist typisch für die Aneignung großer Ländereien durch die Holzfirmen.

Donald Macleay vermacht der Stadt Portland 40 Hektar Wald unter der Bedingung, daß nie ein Fahrzeug mit Rädern den Park befahren darf. Seitdem wachsen die Parks von Portland; Forest Park ist mit 20 Quadratkilometern der größte Stadtpark der USA.

1901   Shaniko in North Central Oregon wird Endpunkt einer Stichbahn der Columbia Southern und »Wollhauptstadt der Welt«. Der Boom dauert zehn Jahre, bis man eine Konkurrenzlinie nach Central Oregon baut (1911). Heute ist Shaniko – fast – eine Ghost Town. Den Namen hat »Shaniko« von August und Cäcilie »Scherneckau« aus Rendsburg, die 1874 nach Cross Hollows (bei Shaniko) kamen. Die Indianer hatten Probleme, ihren Namen richtig auszusprechen …

1905   Auf der Lewis & Clark Centennial Exposition präsentiert sich Portland als Tor zum Orient, Objekt für Investoren und »lebenswerte« Stadt. Seine Einwohnerzahl verdoppelt sich in fünf Jahren auf 270 000. Seattle zieht 1909 mit der Alaska-Yukon-Pacific Exhibition nach.

1909   Der Staat Washington führt das Frauenwahlrecht ein, Oregon folgt drei Jahre später. Die beiden Nordweststaaten sind der Nation damit etwa zehn Jahre voraus – eine späte Ehrung für die Pionierfrau?

1913   Baubeginn für den Columbia River Gorge Highway, der 1920 bis The Dalles fertig ist. Der 74 Meilen lange Highway des Ingenieurs Samuel Lancaster gilt dank seiner landschaftsnahen Bauweise als Meisterwerk des Straßenbaus. Teile des Historic Highway sind heute für Touristen befahrbar.

1916   William Boeing verlegt seine Werkstatt an den Duwamish River bei Seattle und baut Flugzeuge. Stufen des Aufstiegs sind die Bomber B-17 und B-29 im Zweiten Weltkrieg, der Verkehrsjet 707 (1954) und das zweimotorige Großraumflugzeug 777 (1995). Boeing ist Washingtons größter Arbeitgeber.

1918   Baubeginn am Skagit Project in den North Cascades. Die Arbeiten an den drei Dämmen und Stauseen von Seattle City Light werden bis 1949 dauern.

1919   Erster Generalstreik der USA in Seattle: Werften, Sägewerke und Behörden liegen still. Ursachen sind schnelles Industriewachstum, die Folgen des Ersten Weltkrieges und der hohe Organisationsgrad der Arbeiter (auch in der IWW).

Water Front, Marshfield, Coos Co. Oregon

Kartoffelernte in Oregon

1923 Holzfirmen gründen und planen die Company Town Longview am unteren Columbia für 100 000 Einwohner. Die Stadt der Sägewerke und Papiermühlen erreicht aber nur 40 000 Einwohner.

1933 Bei der Waldbrandkatastrophe des »Tillamook Burn« brennen 1 244 Quadratkilometer Wald in 20 Stunden nieder. Die Bergung der verwertbaren Stämme erstreckt sich über Jahre. Weitere Brände folgen im Abstand von sechs Jahren: 1939, 1945 und 1951. Gouverneur Tom McCall erklärt das ehemalige Brandgebiet 1973 zum Tillamook State Forest.

1934 Der Indian Reorganization Act stärkt die Autonomie der Reservate und stoppt die Privatisierung von Stammesland. Einige Stämme stärken ihre Verwaltung und gründen eigene Betriebe.

1935 Ashland in Süd-Oregon spielt erstmals Shakespeare. Heute ist das Oregon Shakespeare Festival mit seinen drei Theatern und der langen Saison eine erstrangige Kulturattraktion.

1936 Große Brücken spannen sich bei Newport, Florence und Coos Bay über die Küstenflüsse: Jetzt lockt eine durchgängige Küstenstraße vermehrt Touristen an die Oregon Coast. Weitere Regierungsprojekte des New Deal schaffen im Nordwesten Staudämme, State Parks, Besucherzentren und – Timberline Lodge.

1938 Bonneville Dam am unteren Columbia liefert Strom. Mit einer Leistung von einer Million Kilowatt (seit 1981) ist der Damm ein bedeutender Wirtschaftsfaktor der Region. Der Nordwesten bezieht etwa 80 Prozent seiner Energie aus Wasserkraft.

1941 Nach acht Jahren Bauzeit als Projekt des New Deal (von 1933) ist Grand Coulee Dam fertig. Der größte Hydrostaudamm der Welt dient der Stromerzeugung, Bewässerung und Hochwasserkontrolle. Heute werden 2 000 Quadratkilometer Ackerland im Columbia Basin aus Lake Roosevelt bewässert. Im Nordwesten boomt die Rüstungsindustrie. Boeing baut Bomber, Bremerton Kriegsschiffe und Kaiser in Portland Liberty-Schiffe für den Einsatz im Pazifik. Die Firma stampft die 10 000 Wohnungen für die Werftarbeiter aus dem Boden der Flußaue des Columbia. Als im Frühjahr 1948 der Deich bricht, verschwindet die Siedlung von der Landkarte.

1942 Die US-Regierung läßt japanischstämmige Bürger von Washington, Oregon und Kalifornien in Lagern fern der Küste internieren. Eine Anlage im Tom McCall Park in Portland erinnert an das Geschehen.

1951 Das staatliche Washington State Ferry System übernimmt und koordiniert den Fährverkehr auf Puget Sound. Trotz Defiziten fahren die Fähren noch heute häufig und billig.

1958 Mit einer Zufahrtstraße, einer Aufwärmhütte und einem Schlepplift beginnt die Karriere von Mount Bachelor als Skigebiet. Heute erwarten 60 Abfahrten und ein Loipennetz den Besucher.

1962 Seattle richtet die Weltausstellung »Century 21« aus und stellt seine Luftfahrt- und Elektronikindustrie heraus. Heutigen Besuchern bleibt das Seattle Center mit Space Needle und Monorail.

1965 Die Resort-Gemeinde Sunriver in Central Oregon nimmt Gestalt an. Auf 13 Quadratkilometern entsteht ein *destination resort* zum Wohnen und Urlaubmachen, das Natur und Komfort vereint. Strenge Vorschriften sorgen für angepaßtes Bauen.

1967–75 Amtszeit von Tom McCall als Gouverneur von Oregon. McCall, der die Umweltbewegung der 1960er und 1970er Jahre verkörpert, sorgt für öffentlichen Zugang zur Küste und saniert den Willamette River. Der Tom McCall Waterfront Park in Portland, der eine Stadtautobahn ablöste, ehrt sein Andenken.

1967 Die »Beach Bill« sichert der Allgemeinheit – auch den Touristen! – die »freie und durchgehende Nutzung« der Oregon Coast unterhalb der Vegetationslinie. Solcherart sozial

Mallory Hotel, Portland, Oregon

Stationen eines Ausbruchs:
Mt. St. Helens 1980

bewußte Landesplanung hatte einen Vordenker in Gouverneur Oswald West (1911–1915).

1969 Im »Boeing Bust« der frühen 1970er Jahre setzt Boeing 60 000 Arbeiter – zwei Drittel seiner Belegschaft – frei. Eine ähnliche Krise trifft die Stadt Anfang der 1990er Jahre, doch hat sich deren Abhängigkeit vom Luftfahrtgiganten in Everett inzwischen verringert.

1971 Tom McCall verkündet der Welt, daß Besucher in Oregon willkommen sind, »sofern sie nicht bleiben«. – Starbucks eröffnen ihre erste Filiale am Pike Place Market in Seattle und begründen eine Kaffee- und Espressokultur, die den Nordwesten erfaßt.

1972 Eröffnung des North Cascades Highway vom Skagit River über Washington Pass zum Methow Valley. Winthrop wandelt sich zur Western Mining Town der 1890er Jahre.

1973 Metro Transit von Seattle integriert die Buslinien der Region zu einem öffentlichen Nahverkehrsnetz. In der Innenstadt ist die Fahrt gebührenfrei; die Busse benutzen einen Tunnel. – Oregon verabschiedet als erster Bundesstaat die revolutionäre »Bottle Bill«, die auf Getränkeflaschen und -büchsen Pfand erhebt.

1974 Spokane, Hauptstadt des »Inland Empire« und drittgrößte Stadt des Nordwestens, lädt zur Weltausstellung in seinen Riverfront Park.

1975 Der Columbia-Snake Inland Waterway macht Lewiston, Idaho, zum Seehafen. Auf 748 Kilometern Strecke überwinden die Schiffe Bonneville Dam (1938), The Dalles Dam (1956), John Day Dam (1962), McNary Dam (1952) am Columbia sowie vier weitere Dämme am Snake River. – Dank Hell's Canyon National Recreation Area Act bleibt der Snake River oberhalb Lewiston ungestaut und »wild and scenic«.

1979 Die Holzwirtschaft im Nordwesten erlebt einen Einbruch, Arbeitsplätze gehen verloren. Die Branche macht die Umweltschützer, und diese machen den Raubbau an den Wäldern verantwortlich.

1980 Ausbruch des Kaskadenvulkans Mount St. Helens, der etwa 400 Meter an Höhe verliert. Explosionsdruck und Schlammlawinen zerstören den Wald, töten alles Wild im Umkreis und kosten Menschenleben.

1981 Der Bhagwan Shree Rajneesh trifft mit Gefolge in Antelope (bald: Rajneeshpuram) in North Central Oregon ein. Lebensstil und politische Übergriffe der Kommune führen zu Spannungen mit der örtlichen Bevölkerung. Nach dem Zerfall der Kommune verläßt der Bhagwan 1985 das Land. – Mit »Grant's Scottish Ale« startet Bert Grant in Yakima die erste Mikrobrauerei des Nordwestens. Die Bridgeport Brewery in Portland nimmt die Ehre für Oregon in Anspruch (1984).

1991 Der U.S. Fish & Wildlife Service erklärt die *northern spotted owl* in allen drei Westküstenstaaten zur »bedrohten Art«. Damit ist der Lebensraum der Eule – alte Douglastannenbestände – vor Rodung geschützt. Obwohl Altwaldbestände nur noch fünf Prozent der Fläche des Nordwestens einnehmen, löst die Maßnahme wütende Proteste der Holzwirtschaft aus.

1992 Eröffnung des Historic Oregon Trail Interpretive Center auf Flagstaff Hill bei Baker City. Der Oregon Trail steigt zur Touristenattraktion auf.

1994 Kurt Cobain, Songwriter und Leadsänger der Grunge-Gruppe *Nirvana*, erschießt sich in Seattle. – Ein Grüppchen von 50 Aufrechten der Oregon Historical Society weiht eine Gedenktafel für Celilo Falls ein (Celilo Falls Park nahe I-84, östlich von The Dalles). Die Fälle verschwanden 1957 im Stausee hinter The Dalles Dam.

1995 Die Holzindustrie erwirkt dank eines republikanisch dominierten Kongresses höhere Einschlagquoten in den Nationalforsten von Oregon und Washington – gegen den Widerstand der Umweltschützer.

1996 Keiko, ein vier Tonnen schwerer Schwertwal, im Lande durch den Film *Free Willy* bekannt, trifft zur Rehabilitation im Oregon Coast Aquarium in Newport, Oregon, ein. – Schwere Unwetter im Februar verursachen riesige Überschwemmungen und Erdrutsche im westlichen Oregon und Washington. – Zum ersten Mal kippt die Beschäftigtenbilanz in Oregon zugunsten des High-Tech-Sektors: Dort sind jetzt mehr Menschen (62 200) als in der Holzindustrie (51 000) beschäftigt.

1998 Das umstrittene Sterbehilfegesetz von Oregon findet seine erste legale Anwendung. Bereits 1994 verabschiedet, wurde das Gesetz vor Gericht mehrfach angefochten, bis es die Wähler von Oregon im November 1997 mit einer Mehrheit von 60 Prozent sanktionierten. Oregon ist der einzige Bundesstaat, der ärztliche Sterbehilfe unter strengen Kriterien erlaubt. – Die Arbeiter auf den Apfelplantagen in Washington werden sich über ihre gewerkschaftliche Zugehörigkeit entscheiden. Die Apfelindustrie von Washington hat ein Volumen von 1,4 Milliarden Dollar im Jahr; damit beliefert es 60 Prozent des nationalen Marktes und deckt 95 Prozent des Exports.

... 2025 Das Census Bureau prognostiziert eine kopflastige Alterspyramide für Oregon: Sein Anteil an Senioren (über 62 Jahre) wird es auf Rang 4 unter den Staaten der USA befördern (von Rang 17 heute). ❖

IV DREI WOCHEN PAZIFISCHER NORDWESTEN

1. Tag – Programm: Seattle

1. Tag – Programm: Seattle

Vormittag	Besuch im **Visitor Information Center** im Convention Center. Zu Fuß die Pike oder Pine St. hinunter zum **Pike Place Market**. Dort schlendern, schauen, schnuppern und schmecken. Besonders sehenswert: die Fischstände mit großen Lachsen und anderen Seetieren.
Mittag	Lunch in einem der vielen Spezialitätenlokale am Pike Place Market. Bei Jetlag: Mittagsschlaf.
Nachmittag	Hafenrundfahrt mit **Argosy Cruises** oder Fährfahrt mit **Washington State Ferries** nach Bainbridge Island (billiger!). Zu Fuß oder mit der **Historic Waterfront Streetcar** an der Waterfront entlang nach Süden zum **Pioneer Square**: Yesler Way links, 1st Ave. rechts bis Main St. Bei Interesse **Elliot Bay Bookstore & Cafe** und/oder **Klondike Gold Rush Museum** besuchen. Ggf. weiter zum **International District** mit Bummel und Imbiß um **Weller St.** Mit **Metro Transit** ab 5th Ave. Station durch den Bus-Tunnel zum **Westlake Center**; von dort mit **Monorail** zum **Seattle Center** und auf die **Space Needle**.
Abend	Dinner in Downtown, am Pike Place Market oder einfach im Hotel-Restaurant. Danach ggf. Live-Musik in einer Rock-, Jazz-, Blues- oder Tanzkneipe; Programm einer Tages- oder Stadtzeitung entnehmen.

Alternativen und Extras: Alles, was unter Zusatztag steht! »Schnelläufer« schaffen (laut Seattle News Bureau) Pike Place, Waterfront und Pioneer Square in drei Stunden ...

1. Tag – Informationen: Seattle   Vorwahl: ℐ 206

ℹ️ **Seattle-King County Convention & Visitors Bureau**
(Seattle News Bureau)
520 Pike St., Suite 1300
Seattle, WA 98101
ℐ 461-5800, Fax 461-5855
Zentrale Stelle für (schriftliche) Auskünfte über Seattle.

10–16 Uhr
Auskünfte, Sightseeing-Prospekte, Unterkunftsverzeichnis für Seattle und Washington, aktuelle »Tourmap« für Seattle, Fährkalender.
Im selben Trakt: **Gray Line Sightseeing Tours** sowie Fahrpläne für die Busse von Metro Transit.

ℹ️ **Visitor Information Center – Downtown Seattle**
Washington State Convention Center (direkt über I-5)
800 Convention Pl. (Pike St., zw. 7th und 8th Ave.)
ℐ 461-5840
Mo–Fr 8.30–17, im Sommer auch Sa/So

ℹ️ **USDA Forest Service, Outdoor Recreation Information Center**
915 2nd Ave., Room 442
Seattle, WA 98174
ℐ 220-7450
Mo–Fr 8.30–17 Uhr. Bietet Infos über State Parks, Nationalparks und den Forest Service. Wichtig für Camper.

Seattle Hotel Hotline
(Seattle-King County Convention & Visitors Bureau)
ℂ 461-5882 oder (800) 535-7071; allg. Auskunft: 461-5840
Schnelles Buchen in über 40 führenden Stadthotels ohne Kosten für den Kunden. Im Winter (Mitte Nov. bis Ende März) Preisnachlässe bis 50% mit »Seattle Super Saver Package«.

Wyndham Garden Hotel – Sea-Tac
18118 Pacific Hwy. S.
Seattle, WA 98188
ℂ 244-6666 oder (800) WYNDHAM
Fax 244-6679
Verkehrsgünstig nahe Flughafen, trotzdem ruhig gelegen. 204 Zimmer. $$$

(Die Auflösung der $-Symbole finden Sie S. 261 und in der hinteren Umschlagklappe).

In einem Motel, B&B, Cabin, Lodge oder Resort wird man später noch oft genug wohnen können – in Seattle übernachtet man besser in einem der **Stadthotels**, weil in ihnen Geschichte lebendig wird, weil sie zentral liegen und – weil man die Fenster meist noch von Hand öffnen kann. Wem das alles egal ist, der geht am Flughafen zum »Host from Coast to Coast«.

Vier Stadthotels werden im folgenden genannt, doch die Perle unter ihnen ist das ehrwürdige **Sorrento Hotel** aus dem Jahre 1909. Dieses empfängt mit Garten und Rondell und einer Lounge, in der abends ein Kaminfeuer knistert, Blues gespielt und feine Torte mit Eis aus dem **Hunt Club** serviert wird. Warum es nur vier Sterne hat? Nun, es verfügt eben über kein Schwimmbad.

Will man abends noch etwas unternehmen, dann schwebt man einfach leicht die Spring Street hinunter; zurück sollte man besser einen Bus nehmen. An der 5th Avenue wartet **Tulio's** (Hotel Vintage Park). Eine leichte Mahlzeit wäre zum Beispiel das Antipasto *bruschetta mista* – mit gegrilltem Brot, marinierten Pilzen,

Ziegenkäse mit Tapenade, Tomaten mit Pinienkernen und Korinthen. Solche Lokale würden in der Provinz als Ausflugsziele Furore machen!

Inn at Virginia Mason
1006 Spring St. (First Hill)
Seattle, WA 98104
ℂ 583-6453 oder (800) 283-6453
Angenehm, persönlich, preisgünstig. Älteres Stadthotel in ruhigem Wohnviertel in der Nähe eines Krankenhauskomplexes. Frühstück besser unterwegs einnehmen. 79 Zimmer. $$$

Sorrento Hotel
900 Madison St. (First Hill)
Seattle, WA 98104
ℂ 622-6400 oder (800) 426-1265
Fax 343-6155
Wunderbares, altes (1909) Stadthotel im italienischen Stil mit Nobelrestaurant **The Hunt Club**. Dezenter Luxus in 76 Zimmern und Suiten, geschmackvolle Lounge mit Kamin und Flügel. $$$$

The Roosevelt (ein WestCoast Hotel)
1531 7th Ave. (Downtown)
Seattle, WA 98101
ℂ 621-1200 oder (800) 426-0670
Fax 233-0335
Restauriertes Stadthotel von 1929 mit Kapazität: 151 kompakte, praktische, angenehme Zimmer. Zentral und nahe Convention Center gelegen. $$$–$$$$

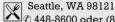

The Claremont Hotel
2000 4th Ave./Virginia St. (Downtown)
Seattle, WA 98121
ℂ 448-8600 oder (800) 448-8601
Fax 441-7140
Klassisches Stadthotel von 1926 mitten in der City. Hohe Zimmerdecken, stilvolle Interieurs; leider wird heftig modernisiert. 110 Zimmer. Restaurant mit Niveau: **Assaggio Ristorante**. $$$

Motels treten geschart an der WA-99 South (Pacific Hwy.) nahe Flughafen, WA-

99 North (Aurora Ave.) nördl. Downtown sowie in der Übergangszone um Denny Way und 7th/8th Ave. am Cityrand auf. Z. B.:

Travelodge – Seattle City Center
2213 8th Ave. (am Rande von Downtown)
Seattle, WA 98121
ℂ 624-6300 oder (800) 578-7878
Fax 233-0185
Motel. Preisgünstig. 73 Zimmer. $$

Pensione Nichols
1923 1st Ave. (Downtown)
Seattle, WA 98101
ℂ 441-7125
Einziger B&B in Downtown. Empfiehlt sich mit Atmosphäre, Lage, Aussicht und Frühstück. $$–$$$

Hostelling International – Seattle
84 Union St. (Downtown, nahe Waterfront)
Seattle, WA 98101
ℂ 622-5443
Herberge mit 140 Betten in ehemaligem Einwandererheim. Mehrbettzimmer mit Schließboxen; auch Einzelzimmer. Im Sommer voranmelden! Nichtraucher. $

American International Backpacker's Hostel
126 Broadway E. (Capitol Hill)
Seattle, WA 98102
ℂ 720-2965 oder (800) 600-2965
Fax 322-2576
Mitten im Szeneviertel zw. E. Denny St. und E. Olive Way. $

Ein Wohnmobil bringt man besser nicht mit nach Seattle. Wer einen Campingplatz sucht, muß weit fahren: nach Bellevue **(Trails Inn)** im Osten, Kent **(Seattle South KOA)** oder Des Moines **(Saltwater State Park)** im Süden.

Pike Place Market
Pike Place, zw. 1st Ave. und Waterfront

Mo–Sa 9–18, So 11–17 Uhr
Traditioneller Farmers Market und mehr.

Das »sinnlich schlagende Herz von Seattle« – zum Schlendern, Schauen, Schmausen und Schoppen. Für Feinschmecker, gleich an **Pike Place: Le Panier**, die »sehr französische Bäckerei«; **Cucina Fresca**, mit »Fresh Pasta and Fine Cuisine to Go«; **Emmett Watson's Oyster Bar**, deren Gäste gerade auf den Geschmack von *oysters on the half-shell* kommen ...

Gibt es eine *Northwest cuisine*? In Seattle schon. Die progressive Küche läßt sich unter Begriffen wie »Pacific Rim«, »hybrides Kochen« oder *fusion* zusammenfassen. Was hier fusioniert, sind vorherrschende nordamerikanische Geschmacksrichtungen mit asiatischen Zubereitungsarten und Ingredenzien. Merkmal dieser Kochkunst ist, daß die Rohstoffe weitgehend naturbelassen bleiben, damit die stets frischen Zutaten – wie Obst, Gemüse, Fisch und Geflügel – vollstens zur Geltung kommen. Und was trinkt man dazu? Natürlich Wein aus Washington ...

Hervorragende Stätten dieser »Kernschmelze« von West und Ost sind Downtown-Lokale wie **Dahlia Lounge** (1904 4th Ave., ℂ 682-4142); **Wild Ginger Asian Restaurant & Satay Bar** (1400 Western Ave., ℂ 623-4450); **Flying Fish** (2234 1st Ave., ℂ 728-8595), **The Painted Table** (92 Madison St./Alexis Hotel, ℂ 624-3646) und **Etta's Seafood** (2020 Western Ave./Pike Place Market, ℂ 443-6000). Echte Feinschmecker besorgen sich den aktuellen *Gourmet Guide to Dining out in Seattle*, herausgegeben von der *Seattle Times*.

Bacco Cafe and Juice Bar
1st Ave./Stewart St. (im Hof des **Inn at the Market**)
Tägl. 7–15, Sommer bis 19 Uhr
Berühmtes Hotelfrühstück mit frischen Zutaten vom Markt. Ideal für ein zweites Frühstück. *Try the crab sandwich!* Frische Säfte. $

Cutter's Bay House
2001 Western Ave. (Pike Place Market)
ℂ 448-4884
Tägl. 11–1.30 Uhr (morgens)
Volkstümliches Seafood-Restaurant am Markt – ohne Tischdecken. Blick durch große Scheiben auf Elliott Bay.
   Wenn *Copper River king salmon* auf der Karte steht, müssen Sie zugreifen! Der wird nur drei Wochen im Mai/Juni gefangen, kommt mit Alaska Airlines geflogen und wird bei Cutter's über Apfelholz gegrillt. $$

Seattle Aquarium
1483 Alaskan Way, Pier 59 (Waterfront Park)
ℂ 386-4300 oder 386-4320
Im Sommer tägl. 10–19 (Memorial bis Labor Day), sonst bis 17 Uhr
Meeresfauna des Puget Sound. $ 7

Argosy Cruises
Pier 55, Suite 201 (Waterfront)
ℂ 623-4252
Hafenrundfahrt **(Harbor Cruise)** ab Pier 55: einstündig, häufige Abfahrten, ca. $ 14; Schleusenrundfahrt **(Locks Cruise)** ab Pier 57: Dauer 2¹/₂ Std., ca. $ 22. Tägl., ganzjährig, Reservierungen nicht nötig.

Elliott Bay Bookstore & Cafe
101 S. Main St./1st. Ave. S. (Pioneer Sq.)
Weitläufiger Buchladen im Backsteinbau, einer der besten im Nordwesten. Café im Keller ($).

Klondike Gold Rush Museum
117 S. Main St. (Pioneer Sq.)
ℂ 553-7220
Tägl. 9–17 Uhr
Kleinster Nationalpark der USA. Themen sind der Goldrausch am Yukon von 1897/98 und Seattle als »Tor zum Gold«. Eintritt frei.

Küche im International District:
Shanghai Garden (524 6th Ave. S., ℂ 625-1688); **Chau's Chinese Seafood** (310 4th Ave. S./S. Jackson St., ℂ 621-0006); **House of Hong (Kong)** (409 8th Ave. S./S. Jackson St., ℂ 622-7997); **Sea Garden** (509 7th Ave. S., ℂ 623-2100) und **Saigon Gourmet** (502 S. King St., ℂ 624-2611). Diese Restaurants decken ein Spektrum von asiatischen Landesküchen ab, wurden kürzlich getestet und sind preiswert.

Space Needle
Seattle Center (via Monorail)
ℂ 443-2111 (Information)
Tägl. 8–24 Uhr
Sensationeller Rundblick aus 184 m Höhe. Ca. $ 9

Tulio's (Hotel Vintage Park)
1100 5th Ave./Spring St. (Downtown)
ℂ 624-5500
Gemütlich, italienisch, auch für kleine Mahlzeiten. Feinschmecker willkommen: tägl. Frühstück, Lunch, Dinner. $$

McCormick's Fish House & Bar
722 4th Ave./Columbia St. (Downtown)
ℂ 682-3900
Wohl das populärste Seafood-Restaurant in Downtown. Tägl. neue Spezialitäten. Tip: gegrillten Fisch *(broiled)*, ohne Sauce; Sauerteigbrot probieren! $$

Gravity Bar
113 Virginia St. (Downtown)
ℂ 448-8826
Cool, intelligent, futuristisch und vegetarisch – das Nonplusultra an *health food* in Seattle; mit Saftbar. Lunch und Dinner. $ – Filiale auf Capitol Hill: Broadway Market/Harrison St.

Cafe Sophie
1921 1st Ave. (Pike Place Market)
ℂ 441-6139
Fine Dining mit Atmosphäre – elegant, romantisch, französisch. Bistro- und Dinnerkarte. Fr/Sa Live-Jazz. $$

Virginia Inn
1st Ave./Virginia St. (Downtown)
☎ 728-1937
Hübsche Kneipe, ganz zentral. Wechselausstellungen an den Wänden. Mikrobräu vom Hahn. $

The Seattle Weekly
Komplette Informationen zu Kultur und Unterhaltung. Näher am Puls der Szene ist *The Stranger*, der in Cafés und Clubs ausliegt. Die führende Tageszeitung ist *Seattle Post-Intelligencer*.

Grunge und Post-Grunge

Grunge und Seattle gehören zusammen, seit die Plattenfirma Sub Pop aus Seattle 1991 die Gruppe Nirvana herausbrachte. Diese trug ihre wilde Botschaft von Metal, Punk und Lebenstrauer in die Welt. Als sich der Leadsänger der Gruppe, Kurt Cobain, 1994 erschoß (»No, I don't have a gun«, singt er in einem seiner Songs), fragten sich seine Anhänger erschrocken, ob das die logische Folge seiner wütenden Vocals, gepreßten Schreie und grimmigen Gitarrenschläge war. Inzwischen hat das getrübte Lebensgefühl des *grunge rock* einer Art »Post-Grunge« Platz gemacht, der von Gruppen wie *Soundgarden, Pearl Jam* oder *Mudhoney* – alle aus Seattle – vertreten wird.

Auch die Fans haben sich geändert. Schlabberlook, ausgebeulte Hosen, grobkarierte Flanellhemden und klobige, schwarze Stiefel sind out, schicke Outfits in. In den Clubs von Seattle bemerken Beobachter eine Rückkehr zur gepflegten *lounge music* der 60er Jahre – sie nennen es »Cocktail Culture«.

Wo also sollten Sie hingehen? Ins **Crocodile Cafe** (2200 2nd Ave., ☎ 441-5611); **Moe's (Mo'roc'n Cafe)** (925 E. Pike St., ☎ 323-2373); **OK Cafe and Hotel** (212 Alaskan Way S., ☎ 621-7903); **Off Ramp** (109 Eastlake Ave., ☎ 628-0232). Topaktuelles verraten die Szene-Gazetten.

Unterwegs mit Metro Transit

Wozu ein Auto in Seattle, wenn die Straßen so voll, die Hügel so steil, die Parkplätze so teuer und das öffentliche Verkehrsnetz so dicht sind? Am besten, man übernimmt den Wagen erst, wenn man ihn braucht. Der Gray Line Airport Express bringt Fluggäste halbstündlich zu 14 größeren Hotels in Downtown. Nach einer aktuellen Studie ist der Autoverkehr in Seattle heute fast so schlimm wie in Los Angeles.

Das Busnetz in Seattle erhält landesweit gute Noten, ein Schienennetz gibt es allerdings nicht. Doch das war nicht immer so: Vorortzüge, Straßenbahnen und *cable cars* durchquerten die Stadt wie einst in San Francisco. Eine Werbeschrift von 1919 nennt »269 Meilen Straßenbahnstrecke« als Vorzug der Stadt.

Die Busse in Seattle sind nicht schlecht – wenn man sich auskennt. In der Innenstadt fährt man von 6 bis 19 Uhr gratis. Die meisten der von Nord nach Süd verkehrenden Linien laufen in einem Tunnel unter der 3rd Avenue zusammen. Doch wie kommen die Dieselbusse durch den Tunnel? Indem sie auf Elektrobetrieb umschalten. Die Verkehrsbehörde ist stolz auf ihre »Gelenkbusse« *(articulated buses)*, die 72 Fahrgäste befördern können – für Europäer nichts Neues.

Es ist gut, sich die Fahrpläne für ein paar wichtige Buslinien (und die Broschüre *Browse by Bus*) schon im Convention Center zu besorgen, weil die Karte *Metro Transit Map & Rider Guide* schwer zu lesen ist. **Bus 44** fährt zu den **Chittenden Locks** (ab Montlake); **Bus 5** zum **Woodland Park Zoo** (ab Downtown); **Bus 10** zum »hippen« **Broadway** (ab Downtown); **Bus 11** zum südlichen und **Bus 43** zum westlichen Rand des **Arboretums** sowie zur **Universität** (ab Downtown). Der **Bus 12** (über Marion Street) erspart den Steilanstieg zum **First Hill, Bus 43** (über Pike Street) den zum **Capitol Hill**.

Urlaubsstadt Nummer eins
Seattle

Die Skyline von Seattle, mit Space Needle und Mount Rainier

Wie denn das, bei all dem Regen? Halb so schlimm: Es sind nur 940 Millimeter im Jahr, und die fallen, schön gleichmäßig verteilt, hauptsächlich in der kühlen Jahreszeit. Das ist weniger als in New York, Washington (DC), Atlanta oder Houston und genausoviel wie in München.

Der Bürgermeister von Seattle jedenfalls, Norman Rice, lebt nicht nur hier, sondern macht hier am liebsten auch Urlaub (behauptet er zumindest im

Gleich wird er fliegen, der Lachs am Pike Place Market

Visitors Guide). Fünfmal schon wurde Seattle zur »schönsten Urlaubsstadt« der USA gekürt, und immer mal wieder wird Seattle, genau wie Portland, zur »Most Livable City« der USA erklärt. Gegen den Regen hat das Seattle News Bureau ein Rezept: Regenbekleidung von »Peter Storm, Inc.« oder »Weather or Not«, wenn das kein Witz ist ...

Ob Jetlag oder nicht, das Besucherbüro im Convention Center ist immer eine gute Adresse. Man geht zu Fuß die Pike Street hinauf oder hinunter, denn ein Auto ist in Seattle nur hinderlich. Außerdem gibt ein gut ausgebautes öffentliches Verkehrsnetz, in der Innenstadt zwischen 6 und 19 Uhr sogar kostenlos. Wer keine Stadtrundfahrt mit Gray Line bucht, schlendert unbekümmert und frei die Pine oder Pike Street in Richtung **Pike Place Market** hinunter. Er (»sie« ist immer mitgedacht!) schaut dabei vielleicht in die Schaufenster der Kaufhäuser von Downtown hinein, macht eine Stippvisite zum verkehrsberuhigten Westlake Center mit seinem bunten Treiben und beschnuppert die Kaffeesorten bei Starbucks ...

Apropos Starbucks: Seattle ist kaffeesüchtig. Seit die Firma 1971 ihren ersten Laden am Pike Place eröffnete, sind 116 *coffee stands* in Seattle hinzugekommen, das heißt, ein Starbucks für je zwei Häuserblocks. Das Novum waren: frisch geröstete, ganze Bohnen und Kaffee zum Probieren. Inzwischen ist die Kaffeewelle über den ganzen Nordwesten geschwappt, einige kleinere Ketten sind hinzugekommen. Beliebte Sorten sind *mocha*, *americano* und *espresso*, aber was die »Seattleites« am liebsten mögen, ist *caffe latté* (sic), eine Art Cappuccino mit viel Milch. Bei so viel Kaffee ist es kein Wunder, wenn man »Schlaflos in Seattle« ist.

Der Pike Place Public Market ist der älteste aktive Bauernmarkt in den USA.

Seit 1907 tragen hier Farmer und Fischer frisches Obst, Gemüse, Fisch und Fleisch aus dem Umland zu Markte. MEET THE PRODUCER – heißt das Eingangsmotto auf alten Fotos. Wer mit Augen, Nase und Gaumen genießen kann, für den ist der Markt sicherlich *die* Attraktion in Seattle. Kaum ist man von Pike Street in **Pike Place** eingebogen, da kommen die Feinschmecker auf ihre Kosten: Düfte von Röstkaffee, frischem Brot, gebratenem Fisch und Gewürzen, die ständig zu einem zweiten Frühstück animieren wollen.

Am Wochenende gerät der Markt zum Volksfest. An allen Ecken hört man dann Musik. Fünf schwarze Herren singen – a cappella – von Jesus dem Herrn. Schwarzhaarige Indios mit Zopf und Hut, zart wie Mädchen, spielen südamerikanische Folklore. Am Fuße der Pine Street sitzen die Zuhörer auf schrägem Pflaster und lauschen Little Bill & The Blue Notes, gesponsort von Seattle's Best Coffee. Bleich singt »Little Bill« einen mächtigen, schwarzen Blues ins Mikrofon.

Sonntags stauen sich die Leute am Stand der Pike Place Fish Company. Hier herrscht reger Flugverkehr, und das geht so: Ein Kunde sucht sich in den Auslagen einen Fisch aus – und was für Fische! King Salmon, Coho Salmon und andere Lachse, daneben Heilbutt, Seeteufel usw. Der Mann »draußen« schleudert den Fisch nun einem Kollegen »drinnen« zu, und der fängt ihn gleich in Wickelpapier auf, wiegt ihn, packt ihn ein. Aber die Jungs können nicht nur werfen, sie brüllen auch rhythmisch

Seeotter im Seattle Aquarium an der Waterfront

43

Boote, Stege, Häuser – alles schwimmt am Lake Union

dazu. Bisweilen lassen sie einen Monsterfisch an der Strippe zappeln – zum Schrecken der Kinder. Eine bühnenreife Show!

Im kleinen Steinbrueck Park am Nordende des Marktes öffnet sich der Blick auf Elliott Bay. Die Menschen hocken auf dem Rasen oder auf Bänken und knabbern an ihrem *Take-out*-Lunch vom Markt. Flinke Jungen kicken kleine, schlappe Bällchen durch die Luft. Victor Steinbrueck war Leiter der Bürgerinitiative, die den Markt in den 1970ern vor der Abrißbirne rettete. Doch die Bedrohung ist nicht vorüber. Smarte Stadterneuerer und Bauunternehmer haben Höheres mit dem Areal vor, sie sehen rentablere Nutzungsmöglichkeiten als den Markt mit seinen alten Schuppen.

Über den Pike Place Hill Climb gelangt man zum Waterfront Park und zum **Seattle Aquarium** (Pier 59) hinunter. Dieses stellt die Meeresfauna von Puget Sound vor – mit Rochen, Riesenkraken, Hundshaien, Seesternen, Aalen und Seeottern. (Aber das Aquarium in Newport an der Oregon Coast ist auch nicht schlecht.)

Auf dem Wege in südlicher Richtung an der Waterfront entlang begleiten den Besucher jetzt rechts die touristisch aufgemöbelten Piers 57 bis 54 und links das Gebrüll der Stadtautobahn auf Stelzen. Die steht hier schon seit 1953, weil die mündigen Bürger von Seattle wiederholt gegen die Schiene und für die Straße gestimmt haben. Ein Relikt aus reicher Straßenbahnvergangenheit tuckert alle 20 Minuten unter dem Freeway entlang: die **Historic Waterfront Streetcar**. Jetzt haben die Bürger ihre Nostalgiebahn (importiert aus Australien!) neben sich und das Brett des brausenden Freeway über ihrem Kopf.

Wer der bildenden Kunst besonders zugetan ist, muß jetzt die Stufen der **Har-**

bor Steps erklimmen, um noch rechtzeitig vor Schluß (Di–So bis 17, Do bis 21 Uhr) ins **Seattle Art Museum** zu kommen. Der sprudelnde Klettersteig wird hier gern mit der Spanischen Treppe in Rom verglichen. Droben markiert ein hammerschwingender Pappkamerad den Eingang zum Museum. (Siehe Zusatztag.)

»Seattle ist nirgends schöner als vom Wasser her« – meinen **Argosy Cruises** in ihrem Prospekt – und haben doppelbödig recht. Am Pier 55 starten die Schiffe ihrer weißen Flotte zur erholsamen Hafenrundfahrt (1 Std.). Wer auf die Abfahrt warten muß, kann ja mal bei **Ivar's Acres of Clams** hineinschauen. So abschreckend die Fish-and-Chips-Bude draußen ist, so interessant sind die historischen Fotos drinnen.

Der Kapitän von Argosy erzählt von Geschichte, Geographie und Wirtschaft der Region. Der anheimelnd altertümliche **Smith Tower** war 1914 mit seinen 42 Stockwerken der höchste Wolkenkratzer westlich des Mississippi. Die Gäste im Edgewater Inn bei Pier 67 konnten früher vom Hotelfenster aus angeln, der Hotelkoch briet ihnen die Fische. Große Containerschiffe liegen im Hafen, ein »Kreuzfahrer« vielleicht im Trockendock. Holz und Getreide gehen heraus, japanische Autos kommen herein. Da ist von den Stützen der Wirtschaft die Rede, von Boeing, vom Handel mit den Pacific-Rim-Staaten, von Mikrotechnologie und Tourismus. – Billiger als mit Argosy fährt man mit den **Washington State Ferries** (siehe Zusatztag).

Immer in Betrieb: die Chittenden Locks in Ballard

Ein kurzes Stück Weges, und man ist am **Pioneer Square**, wo einst geölte Baumstämme den Yesler Way hinunterglitten, direkt in Yeslers Sägemühle am Wasser. Damals hieß eine solche Straße »Skid Road«; heute bezeichnet der abgewandelte Begriff »Skid Row« ein heruntergekommenes Viertel im besonderen und sozialen Abstieg im allgemeinen. Kein Gebäude hier ist älter als von 1889. Warum? Weil 1889 die ganze hölzerne Innenstadt niederbrannte und aus rotem Backstein und Eisen wiederaufgebaut wurde.

Dicht beieinander liegen nun unten am Yesler Way das feine **Al Boccalino Ristorante** (klein, gemütlich, teuer), das kürzlich renovierte **Pioneer Square Hotel** (Backstein von 1914) und der **Pioneer Square Saloon** (eine richtige Kneipe). Am eigentlichen dreieckigen »Square« – der mit der eisernen Pergola – sammeln sich viele Obdachlose. Der Stadtführer meint: wegen der guten Sozialleistungen und des milden Klimas. Schilder wie ROOMS 75 CENTS und STEAM BATH um 1st Avenue und Main Street tragen der Tatsache Rechnung, daß im Historic District nichts verändert werden darf.

Wer einen der interessantesten Buchläden im Nordwesten besuchen will und einen Snack braucht, geht zu **Elliott Bay Bookstore & Cafe**. Die Buchhandlung ist eine Legende in puncto Auswahl und Atmosphäre. Wer etwas über die Geschichte von Seattle erfahren möchte, legt einen Zwischenstopp im **Klondike Gold Rush Museum** ein. Und wer sich von »Klein-Asien« und einem verspäteten Dim Sum Lunch (warme, chinesische Vorspeisen) angezogen fühlt, geht weiter stadteinwärts ins **International District** – so lautet die politisch korrekte Bezeichnung für Chinatown. Wer dabei die historische Straßenbahn benutzt, erspart

Straßenlokal am Pioneer Square

sich einen längeren Anblick des **King-dome.**

Wenn man sich zwischen 5th und 7th Avenue, Jackson und Weller Street müde gelaufen hat, wird man gern an der International District Station in den **Metro Transit Tunnel** hinuntersteigen. Viel Public Art im Tunnel – nicht immer vom besten! Ein Pulk von Bussen fährt wie eine U-Bahn durch die Röhre, sonn- und feiertags aber an der Oberfläche. Von Westlake Center läßt man sich mit dem **Monorail** in 90 Sekunden zum **Seattle Center** katapultieren. Die **Space Needle** steht da wie eine Frisbee-Scheibe auf Stäbchen. Soll man, soll man nicht – die 25 Dollar (für eine Familie mit zwei Kindern) ausgeben? Die Rückfahrt ist jedenfalls frei.

Natürlich fährt man hinauf, sonst wäre man ja nicht gekommen. Der Blick aus 184 Meter Höhe ist aufregend, gigantisch, atemberaubend. Man umrundet das Aussichtsdeck hinter Plexiglas mehrmals. Unten schlagen Liliputaner Rad und bleiben platt auf dem Rasen liegen. Fatale Gedanken schleichen sich ein. Werden die Kaskadenvulkane ruhig bleiben? Wird diese Raumkapsel auf Spinnenbeinen dem erwarteten »Big One« standhalten?

Ein Spiel mit Landkarte für die ganze Familie: Welcher Wolkenkratzer, Freeway, See usw. ist das? Wo liegt unser Hotel? Welches ist Mount Adams, welches Mount Rainier, und wo liegen die Olympics? Wo blitzt Lake Union in der Abendsonne, auf dessen Hausbooten der Film *Sleepless in Seattle* gedreht wurde? Wie abrupt sich der Übergang von der City zum Niemandsland der Cityrandzone unten vollzieht! »PI« steht übrigens für *Post-Intelligencer.* Aber Spiel beiseite. Wer gerne viel Geld ausgeben möchte, speist im Drehrestaurant unter der Plattform: Von Suppe bis Nachtisch entfaltet sich ein Panorama von 360 Grad.

Space Needle mit Skulptur

Sind Sie noch fit für eine Abendunterhaltung? Musikkneipen mit Post-Grunge oder Jazz gibt es in Belltown, auf Capitol Hill oder am Pioneer Square (das aktuelle Programm finden Sie im *Seattle Weekly*). Oder wollen Sie den Abend gemütlich ausklingen lassen, in einem Restaurant oder einer Kneipe? Für die untere Virginia Street ist ein »gastronomisches Ökotop« zu vermelden. Man startet mit Säften und exotischen Kreationen aus Soja, Buchweizen und Quinoa in der »coolen« **Gravity Bar.** Zum eigentlichen Dinner geht man ins europäisch-gepflegte **Cafe Sophie.** Zur Abrundung des Abends in künstlerisch angehauchtem Ambiente dürfte das **Virginia Inn** die richtige Adresse sein – mit aktueller Kunst an den Wänden und sieben Sorten Mikrobräu vom Hahn. ✜

Zusatztag – Programm: Seattle und Umgebung

Vormittag Besuch des **Seattle Art Museum**.

Mittag Lunch z. B. an der unteren Union St. (Wild Ginger, Léo Melina, Un Deux Trois).

Nachmittag Fahrt mit der Washington State Ferry nach Bainbridge Island; weiter mit dem Auto auf WA-305 North zum **Suquamish Museum** (Kitsap Peninsula).

Hinweis: Die Vorwahl für die Stadtregionen Seattle/Tacoma (einschl. Bainbridge Island) ist: ℂ 206. Für das übrige westliche Washington gilt seit 1995: ℂ 360. Achtung bei älteren Quellen!

Alternativen: Die folgenden sieben Alternativen bedienen sehr unterschiedliche Interessen; sie sind frei kombinierbar, auch als Vorspann für den 2. Tag. Das Programm selbst ist nur eine erste Wahl.

1. City Tour mit Gray Line

Systematischer Überblick über Seattle: Profil durch Downtown; historischer Pioneer Square und International District; Universitätsviertel und das noch immer leicht »schräge« Fremont (Berkeley von Seattle); Pause im Caffè Appassionato (Kaffeeprobe) und Besichtigung der Chittenden Locks; hübsches Wohnviertel Magnolia und Ausklang mit Blick auf Seattle von Magnolia Bluff. Warum »Magnolia«? Weil die Matrosen von Kapitän Vancouver 1792 die weiß blühenden Madrona-Bäume am Ufer mit Magnolien verwechselten. Wenn man »Glück« hat, versteht sich der Busfahrer als Entertainer, der sogar singt ...

Gray Line of Seattle – Sightseeing
720 S. Forest St.
ℂ (206) 626-5208 oder (800) 426-7532
Tickets und Abfahrt: Convention Center
City Tour (im Sommer) tägl. 9, 11.15, 13, 16, 18 Uhr: 3 Std. (ca. $ 23); **Locks**

Cruise (mit Argosy Cruises) mehrmals tägl.: 3 Std. (ca. $ 27); **Boeing 747/767/777 Tour** (im Sommer) Mo–Fr 14.30: 3 1/2 Std. (ca. $ 35). Vorteil der Boeing Tour: Man hat seinen Platz bei Boeing sicher.

2. Fährfahrt mit Washington State Ferries

Wer nur frische Luft und einen weiten Blick sucht, fährt mit der Fähre ab Pier 52 nach Bainbridge Island (Winslow) oder Bremerton. Das Auto bleibt stehen. **Winslow** (Überfahrt 35 Min., häufig) ist ein kleines Touristenziel geworden: Shops, Cafés und die Bainbridge Island Winery. **Bremerton** (Überfahrt 1 Std., ca. stdl.) bietet neben einer Downtown am Fährhafen ein Marinemuseum und alte Kriegsschiffe, darunter den Zerstörer »Turner Joy«, der im Golf von Tonkin 1964 zweifelhafte Berühmtheit erlangte. Der Fährpreis ist in beiden Fällen nicht zu schlagen: für Fußgänger *(walk-on)* $ 3,50 hin und zurück.

Streamliner Diner
397 Winslow Way
Bainbridge Island

ℂ (206)842-8595
»Mutters Küche mit Pfiff«. Frühstück und Lunch. Nichtraucher, kein Alkohol. $

Zusatztag – Programm: Seattle und Umgebung

  Bainbridge Island Winery
682 Hwy. 305
(¹/₄ Meile vom Fährhafen)
Winslow (Bainbridge Island)

✆ (206) 842-9463
Familienbetrieb. Kostproben nachmittags. Draußen Möglichkeit zum Picknick.

3. Besuch im Zoo

Woodland Park Zoo gilt als einer der zehn besten Zoos der USA. Konzepte wie *open environment* und *landscape immersion*: Man kommt ganz dicht an die Tiere heran. Also schaut man nicht in eine Voliere hinein, sondern steht mitten drin. Die Löwen der afrikanischen Savanne sieht man, ohne selber gesehen zu werden, durchs hohe Gras streifen – so arrogant gelangweilt, als befänden sie sich in der Savanne. Die *spotted owl*, Symboltier der Umweltschützer und Verdrußvogel der Holzlobby, hat sich verkrochen: Verstecke gehören zum Konzept. Verwahrung und Sortierung nach Spezies wie Raubkatzen, Bären usw. sind passé.

Naturgetreue Milieus: Die Tiefland-Gorillas haben ihren »Urwald mit Fluß«, die Vögel der asiatischen Baumwipfelzone (»Asian Canopy«) ihren »feuchtheißen Regenwald« (dem Besucher beschlägt die Brille). Klimaschleusen regeln den Zugang. Der Orang-Utan hängt mit langen, schwarzen Fingern am Gitter und schaut den Besucher an, als wolle er ein Gespräch mit ihm beginnen. Preisgekröntes Environment »Northern Trail« (hoher Norden von Alaska, Kanada und Rußland) mit Braunbär, Flußotter, Wolf, Schneeziege, Schnee-Eule, Weißkopf-Seeadler. Wer genug gesehen hat, geht ins Nachttierhaus: Dort sieht er nichts mehr.

 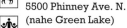 **Woodland Park Zoo**
5500 Phinney Ave. N.
(nahe Green Lake)
✆ (206) 684-4800
15. März–14. Okt. tägl. 9.30–18 Uhr,

15. Okt.–14. März 9.30–16 Uhr
Hochkarätiger Zoo im Norden von Seattle; Bus 5 ab Downtown. Tiere in ihrer »natürlichen« Umgebung. Eintritt $ 7.50 + $ 3.50 Parkgebühr.

4. Besuch im Arboretum

Ein Arboretum ist »ein lebendes Museum von Holzgewächsen zum Zwecke der Bildung, Erhaltung, Forschung und Präsentation« – so die Stiftung. Das **Washington Park Arboretum** ist vor allem ein wilder und schöner Park. East Arboretum Drive führt wie ein Gartenweg hinein, am Visitor Center erhält man ein Faltblatt zur Orientierung (Artengruppen wie Ahorn, Magnolien, Lärchen, Holzapfel). Für ein systematisches Studium der Bäume des Nordwestens scheint das Hoyt Arboretum in Portland allerdings besser geeignet.

Ein herrlicher Spaziergang auf dem breiten Grasweg des **Azalea Way** bietet sich an. Im Frühjahr findet man dort ein blühendes, duftendes Spalier von Azaleen, Rhododendren, Japanischen Kirschen und Dogwood. Im Herbst leuchten rot die Früchte der Ebereschen *(mountain ash)*. Einen Baum sollten Sie sich genauer ansehen: den Pazifischen Madrona-Baum *(Arbutus menziesii)*, der in einem schmalen Küstenstreifen des Pazifischen Nordwestens heimisch ist. Mit seiner sich schälenden Rinde erinnert er an Eukalyptus, im Frühling trägt er weiße Blüten, im Herbst orangerote Beeren, die bei Vögeln sehr beliebt sind.

Azalea Way war einmal Holztransportweg – von dem Nadelhochwald in der Umgebung von Seattle ist nichts übriggeblieben. Der gepriesene Waterfront Trail zur Union Bay und Museum of History & Industry? *Forget it.* Dahinter verbirgt sich eine künstliche Anlage aus Beton und Schwimmstegen, über dem Kopf hat man das pausenlose Gedröhne der WA-520!

Washington Park Arboretum
2300 Arboretum Drive E. (Visitor Center)
✆ (206) 543-8800
Park tägl. *dawn to dusk*, Visitor Center
Mo–Fr 10–16, Sa/So 12–16 Uhr

Bus 43 oder 11 ab Downtown. Sonst Zufahrt ab E. Madison St., dann Washington Blvd. links, dann Arboretum Dr. E.
Wilder, schöner, weitläufiger Park und botanischer Garten. Eintritt frei.

5. Ausflug zu den Hiram Chittenden Locks

Ein schönes Ausflugsziel für die ganze Familie: die Schleusen, der rege Schiffsverkehr auf dem Lake Washington Ship Canal, die Fischtreppe. Von Mitte/Ende Juni bis September sollten eigentlich die Lachse steigen, doch die *runs* werden immer dünner. Draußen lauern außerdem gefräßige Seelöwen aus Kalifornien, die sich die Fische holen. Wie sollte man die Lachse vor den Seelöwen schützen, die selbst geschützt sind? Im Mai 1996 fing man drei von ihnen und flog sie nach Florida aus. Dort sind sie bei Sea World in Orlando zu sehen.

Ein Rätsel: Warum die Schleusen, wo doch einst sowohl Puget Sound und Lake Washington von Gletschern ausgeschürft wurden und verbunden waren? Weil Lake Washington inzwischen Binnensee geworden war und sein Wasserspiegel sank, als 1917 der Kanal durchstochen wurde. Übrigens: Man kann auch mit Gray Line oder Argosy Cruises zu den Schleusen fahren.

  Hiram Chittenden Locks
(Ballard Locks)/Lake Washington
Ship Canal
3015 N.W. 54th St.
✆ (206) 783-7059 (Visitor Center)
Tägl. 7–21 Uhr

Bus 43 (ab Downtown) und Bus 44 (ab Montlake)
Freier Zugang zu Schleusen, Fischtreppe (Schaufenster) und Carl English Botanical Gardens. Vgl. Touren mit Gray Line oder Argosy Cruises.

6. Der Tierpark Northwest Trek

Ein Tiererlebnis für jung und alt (besonders für die jüngeren), aber es sind stramme 55 Meilen Fahrt bis dorthin. Cougar (Berglöwe), Luchs, Grizzlybär, Schwarzbär und Wölfe in Freigehegen sind von Sichtständen aus zu beobachten. Kommentierte Fahrt mit Wagenzug *(tram)* durch Wiese, Wald und Sumpf. Bisons, Elche, Hirsche, Dickhornschafe u.a. sind vom Wagen aus gut zu beobachten (und zu fotografieren). Ein Kanadakranich reagiert völlig unbekümmert auf den schnaufenden Dieseltriebwagen. Ein Ochsenfrosch sitzt auf seinem Stammplatz, einem Baumstamm im Wasser.

Die Weiterfahrt zum **Mount Rainier**, dem höchsten Berg des Pazifischen Nordwestens (4 392 m), ist möglich – über Eatonville, Elbe, Ashford. In Longmire ist eine Einführung durch Mitarbeiter der Ranger Station empfehlenswert, hier gibt es einen Lehrpfad zur Natur und Geschichte des Nationalparks. Mit einem Extratag könnte man im National Park Inn (Longmire) oder gar im Paradise Inn (Baumgrenze) übernachten.

  Northwest Trek – A Wildlife Park
11610 Trek Dr. E.
Eatonville, WA 98328
✆ (360) 832-6117 oder (800) 433-TREK
März–Okt. tägl. 9.30 Uhr (Juli/Aug. 8.30 Uhr) bis zur Dämmerung; sonst Fr/Sa/So und feiertags

55 Meilen südl. von Seattle, über I-5 South, I-405 North, WA-167 South und WA-161 South.
Tiere in ihrer natürlichen Umgebung (Freigehege). Tram Tours stdl. **Fir Bough Cafe** zur Einkehr.
$ 8

7. The Trouble with AMTRAK

In den USA Bahn fahren? Für die meisten ist dies eine abwegige Idee *(Why don't you take the car?)*. Doch es gibt tägliche Städteverbindungen von Seattle nach Los Angeles (über Tacoma, Olympia, Portland) und nach Chicago (über Spokane). Ein Tagesausflug nach **Vancouver (BC)** ist möglich (7.15 ab Seattle, 11.30 an Vancouver, 18 ab Vancouver, 22.30 an Seattle). Warum nicht einmal in die Landeshauptstadt **Olympia** reisen? Vier Züge tägl. (jede Richtung), Fahrtdauer 1 3/4 Std. (hin), Preise $ 16 (Mo–Do) und $ 22 (Fr–So) (hin und zurück).

Technisch geht es so: telefonische Reservierung über ℂ 800-USA-RAIL; mit der *reservation number* zum Reisebüro oder Schalter; dort kann man die Fahrscheine kaufen. Doch wie kommt man vom Bahnhof zur Stadt? *Nobody knows the trouble* ... In Olympia liegt der Bahnhof 8 Meilen (!) außerhalb, ein Bus fährt stündlich (!) zu irgendeinem Transit Center, ein anderer – irgendwann – zum hehren Capitol oder zum Freibier in die Olympia Brewery ...

Also Fehlanzeige? Jein. Es wäre Reisen mit Stil. Der Schaffner würde ein Treppchen an die Wagentür stellen, im komfortablen Oberdeck würde man sich entspannt zurücklehnen, das Signalhorn würde mit sonorem Vielklang die Fahrt begleiten – und man käme näher an den Sund heran, als es die Interstate je kann.

 AMTRAK
303 S. Jackson St./3rd Ave. S.
Seattle
ℂ (206) 464-1930 oder (800) 872-7245 (800-USA-RAIL)

Zusatztag – Programm: Seattle und Umgebung   Vorwahl: ℂ 206

 Seattle Art Museum
100 University St. (Downtown)
ℂ 654-3100 oder 654-3255
Di–So 10–17, Do bis 21 Uhr
Hervorragendes Kunstmuseum, besonders für die Bereiche Asien, Afrika, moderne nordamerikanische Kunst und Kunst der nordwestlichen Küstenindianer. $ 6 (Ticket gilt innerhalb von 2 Tagen auch für das **Seattle Asian Art Museum**.)

 Seattle Asian Art Museum
1400 E. Prospect St. (Volunteer Park)
ℂ 654-3100
Di–So 10–17, Do bis 21 Uhr
Bus 10 bis Volunteer Park, Capitol Hill. Kunst aus Japan, China, Korea, Indien, Himalaya und Südostasien für Kenner. Dazu über 30 Teesorten im **Tea Garden**. $ 6 (Eintrittskarte gilt innerhalb von 2 Tagen auch für das **Seattle Art Museum**.)

 Washington State Ferries
801 Alaskan Way (Colman Dock/Pier 52)
ℂ 464-6400 oder (800) 84-FERRY
Dies ist das größte Fährnetz der USA. Fahrpläne gibt es am Dock, im Visitor Center, im Hotel. Die Fährpreise, selbst mit Auto, sind moderat; unterschiedlich je nach Ziel, Saison und Zahl der Mitfahrer.

 Suquamish Museum
15838 Sandy Hook Rd.
Suquamish, WA 98392
ℂ (360) 598-3311, App. 422
April–Sept. tägl. 10–17, sonst 11–16 Uhr
Gute Einführung in die indianische Welt um Puget Sound.
$ 2.50

Weitere Informationen zu Seattle siehe 1. Tag, S. 35 ff.

Programm nach Wahl
Seattle und Umgebung

Ein Zusatztag in Seattle ist ein Geschenk, das man sich selber macht. Es gibt viele Möglichkeiten. Der Kunstliebhaber geht ins Seattle Art Museum, der Tierfreund in den Woodland Park Zoo, der Naturmensch ins Washington Park Arboretum, der Technikfreak zu Boeing (siehe 2. Tag). Wer sich für Indianerkultur interessiert, geht zu Chief Seattle über den Sund. Wer sich führen lassen möchte, begibt sich auf Stadtrundfahrt oder Schleusenfahrt mit Gray Line oder Argosy Cruises. Schiffsfreunde fahren mit der Fähre, Eisenbahnfans mit AMTRAK, und begeisterte Autofahrer »schrubben« bis Northwest Trek oder Mount Rainier durch. Übrigens: Morgen vormittag ist auch noch ein Tag ...

Ein Kunstmuseum im Nordwesten der USA besuchen, wo es so viel Natur gibt? Nein, danke, könnte man sagen, haben wir selber genug. Nun, das **Seattle Art**

Taumel der Perspektiven, mit »Hammering Man« vor dem Seattle Art Museum

Museum hat einiges, was wir nicht haben, insbesondere Sammlungen zur afrikanischen und amerikanischen Kunst, zur amerikanischen Moderne wie zur Kunst der Indianer der nordwestlichen Küste. Es sei im folgenden angenommen, den europäischen Besucher interessieren vor allem die »Americana«. Wenn dann noch Zeit für einen Seitenblick auf die famose afrikanische Sammlung bleibt, um so besser.

Am besten wählt man den Eingang an der 1st Avenue/Ecke University Street, der vom überlebensgroßen *Hammering Man* von Jonathan Borofsky markiert wird. Im Museumsgebäude von Robert Venturi (1991) empfängt viel freier Raum über einer Prachttreppe den Besucher. Diese führt, an marmornen Widdern und chinesischen Grabwächtern vorbei, hinauf zu den Galerien. Der Rundgang durch das Museum wird zu einem Fest des Raumes, so großzügig und weiträumig sind die Objekte gehängt und gestellt.

Ausdrucksstarke Totempfähle und Masken fangen den Blick bei den Küstenindianern. In den Pfählen hockt je ein Grizzlybär, darüber thront ein »Thunderbird« mit Krummschnabel. In grobes Holz gebannte Umwelt und Mythen! Man hat mühsam in der Ursprache beschriftet, mühsam auch für den Betrachter. Es gibt ferner geschnitzte Hauspfosten, Kanus, Kleider, Körbe, Matten und Taschen (für die Harpune mit Seil) zu sehen. Erstaunlich, wie diese vorindustriellen Handwerker ihre Textilien nur aus Wurzeln und Zedernrinde flochten! Der Totem-Baum der Nordwestindianer, die *western redcedar*, liefert das Material für Kanus, Körbe, Kleider. Traditionelle Indianerkunst wird später noch bei den Yakama, Colville, Warm Springs und Makah zu besichtigen sein.

Eine besondere Stärke des Museums liegt beim abstrakten Expressionismus, bei Pop Art und Minimalismus. Hier sind

Downtown Seattle

Kostproben von Jackson Pollock, Franz Kline, Mark Rothko, Jasper Johns, Robert Rauschenberg, Andy Warhol und Roy Lichtenstein zu sehen. Vielleicht ist es für manch einen hier die erste Begegnung mit dem Minimalismus: Welch karge Blüten die Kunst doch treiben kann! Ganz im Gegenteil: Am Ende einer Blickachse sitzt, erschreckend realistisch, ein Arzt im weißen Kittel auf einem Stuhl – *Medical Doctor* (1992).

Die regionale Kunst des Nordwestens ist gut vertreten, zum Beispiel durch Mark Tobey und Morris Graves. Ihre Eigenart? Die Kunstwissenschaftler meinen: asiatisch beeinflußte Ästhetik, mystischer Symbolismus und sparsamer Gebrauch von Farbe. Wenn sie es sagen ... (Auch das Museum of Northwest Art in La Conner zeigt nordwestliche Kunst; siehe

Eine Washington State Ferry unterwegs zu den San Juan Islands

2. Tag.) Ein Glaskünstler macht auf sich aufmerksam: der in der Region bekannte Dale Chihuly. Glasbläserei wird man in Cannon Beach an der Oregon Coast *in process* erleben. Eines fällt auf: Die Säle sind nicht nach Raffael, Renoir usw. benannt, sondern nach Washington Mutual, Weyerhaeuser ...

Nach dem Lunch wechselt der Kulturkreis: Es geht über den Sund zur Begegnung mit der Salish-Kultur der Suquamish und Duwamish im Suquamish Museum. Dieses liegt auf der nördlichen Kitsap Peninsula – ja, Halbinsel, denn das ausufernde Gebilde hängt unten am Festland dran. Am besten, man hält sich in diesem von Meeresarmen zerbuchteten Land an die dicken roten Linien auf der Highway Map – und die **Washington State Ferries**.

Die werben kühn mit dem Slogan: »The Beauty of Mass Transit« – die Schönheit des Massennahverkehrs! Ein Spaß ist es, auf die großen Schiffe zu steigen, durch die Decks zu streifen, Kind und Kegel zu beobachten, an der Reling im Wind zu stehen und der Skyline von Seattle nachzublicken. Man reiht sich unter die wartenden Autofahrer am Pier 52 ein, aber man wartet nicht lange: Die Fähre nach **Bainbridge Island** verkehrt im knappen Stundenrhythmus. Den Wagen braucht man drüben für die kurze Fahrt zum Museum. Platz auf der Fähre gibt es, da man antizyklisch gegen den Pendlerstrom fährt. Zurück könnte man die Fähre von Kingston nach Edmonds nehmen.

Die Überfahrt dauert 35 Minuten, dann geht es auf WA-305 North über Agate Passage, vorbei an der unvermeidlichen Bingo Hall (7 Tage in der Woche!) links ab zum **Suquamish Museum & Tribal Center**. Das renommierte Museum ist wohl das beste zur Geschichte und Kultur der Indianer am Puget Sound (das Smithsonian Institute hat es gelobt). Durch »The Eyes of Chief Seattle« erhält man Einblick in die Lebensbedingungen des 19. Jahrhunderts, handwerkliche Künste wie Kanubau, Weberei und Korbflechten. Auch der Niedergang dieser Salish-Kultur im Kontakt mit den Siedlern ist dokumentiert. In der preisgekrönten Medienshow »Voices of the Suquamish People« kommen die Stammesältesten zu Wort.

Mit den Augen von Chief Seattle ... Die Rede, die er 1854 an die amerikanische Regierung richtete, stand in den 1980ern bei allen Alternativen hoch im Kurs. Der politische Hintergrund war, daß die US-Regierung mit dem Treaty of 1855 erreichen wollte, daß die Suquamish ihr Land an der Bucht von Seattle abtreten. Die Vorstellung, Land (ebenso wie Luft, Wasser, Wild) überhaupt zu »besitzen«, war den Indianern fremd. »Wie kannst du die Luft besitzen? Wenn wir die Frische der Luft und das Glitzern des Wassers nicht besitzen – wie könnt ihr sie von uns kaufen? Denn das wissen wir – die Erde gehört nicht den Menschen, der Mensch gehört zur Erde.«

Ob die Rede nun echt ist oder halb echt, ihr Inhalt ist modern – wenn auch nicht mehrheitsfähig. Die Holzgesellschaften besitzen im Nordwesten viele Quadratkilometer Wald, ein ganzes Öko-system, das seit der Eiszeit gebraucht hat, um so zu werden – und schlagen ihn kahl. »Wir sind ein Teil der Erde, und sie ist ein Teil von uns. Die duftenden Blumen sind unsere Schwestern, die Rehe, das Pferd, der große Adler – sind unsere Brüder ... Was ist der Mensch ohne die Tiere? Wären alle Tiere fort, so stürbe der Mensch an großer Einsamkeit des Geistes ...« Sagte Chief Seattle.

Nicht weit vom Museum markiert ein großer Totempfahl den Abzweig von der WA-305 zum kleinen Friedhof der katholischen (!) Missionskirche St. Peter, wo Chief Seattle begraben liegt. Das Gerüst mit den beiden Einbaumkanus ist nicht zu übersehen. Der massive Grabstein trägt die Inschrift: »Sealth. Der feste Freund der Weißen, und nach ihm wurde die Stadt Seattle benannt.« Sic. Der feste Freund der Weißen hatte Frieden in der Region bewahrt, doch der »Große Häuptling in Washington« lohnte es ihm nicht. Als Sealth 1866 starb, waren die Suquamish und Duwamish schon auf das Reservat von Port Madison verbannt, wo Überreste des Stammes noch heute leben.

Das mit Hinweisen bedachte »Ole Man House« lohnt nicht die Anfahrt. Es ist ohnehin nur der Ort, wo das Longhouse der Suquamish einmal stand. Die US-Armee brannte es 1870 nieder, um solchen »kommunalen Wohnformen« Einhalt zu gebieten. Die Indianer sollten gefälligst Privatbesitz erwerben. Eingezwängt zwischen privatem Grund auf allen Seiten, liegt hier nun ein kleiner Park, gerade groß genug, daß zwei Autos parken können. Das zweite gehört einem älteren Ehepaar, das hier mit seinem Pudel spazierengeht. Der freut sich ob des kommunalen Geländes. ❖

Moderne Ansichten: Chieff Seattle

km/mi	Zeit	Route
0	9.00 Uhr	(Option: Besuch bei Boeing.) I-5 North bis Exit 182, dann WA-525 nach Norden zur Fähre
42/ 26		**Mukilteo – Clinton**. Übersetzen nach **Whidbey Island** und weiter auf WA-525 North zur alten Stadt
90/ 56	11.00 Uhr	**Coupeville** an der Penn Cove. Bummel um **Front St.** und historisches Pier. (Lunch hier oder Picknick später.) **Madrona Way** bis zur Einmündung in WA-20, auf WA-20 kurz nach links (Süden), dann rechts (Westen) in Libbey Rd. abbiegen und geradeaus zum kleinen Park
99/ 62	13.00 Uhr	**Libbey Beach**. Picknick und Rast im Grünen. Weiter zum
134/ 84		**Deception Pass State Park**. Blick von der Brücke; Spaziergang auf Nature Trail; Besuch des CCC Interpretive Center. Weiter auf WA-20 East bis
142/ 89		Abzweig nach Anacortes (links) oder Burlington (rechts). Weiter auf WA-20 East über **Burlington**, **Sedro Woolley** und **Hamilton**. (Abstecher) zur
200/125	17.30 Uhr	Baker Lake Rd. (ab Birdsview). Baker Lake Loop über Lehrpark **Shadow of the Sentinels** zum nördlichen **Baker Lake**; zurück über Upper Baker Dam und Baker River Rd. nach
238/149	19.30 Uhr	**Concrete**.

Weichenstellung: Spätestens heute früh muß man wissen, ob der **North Cascades Highway** (WA-20) frei ist. Kritisch sind die »Eckmonate« April bzw. November. Zentrale Auskunft über ✆ (206) 434-7277 oder (900) 407-7277. Will man am 3. Tag auf **Skagit Tour** gehen (4½ Std., mit Hähnchenessen), so muß man angemeldet sein (siehe dort). – Möchte man heute noch bis **Concrete**, so muß man sich rechtzeitig um ein Quartier bemühen (isolierte Lage!).

Alternativen und Extras: Ziel der Etappe ist **Concrete** an der Schwelle zu den Cascades. Alternative Übernachtungsorte, mit wachsender Entfernung zum Zielort, sind: **Sedro Woolley**, **Mount Vernon**, **La Conner** und **Anacortes**. Alternativen in Concrete zur Not: Mt. Baker Cafe & Hotel, ✆ (360) 853-8200 (sehr einfach); Eagles Nest Motel & RV, ✆ (360) 853-8662.

Für eine alternative Reiseform (mit Fähre und Fahrrad) ist es fast noch zu früh auf dieser Reise, aber der Absprung zu den **San Juan Islands** liegt günstig: Abzweig auf

2. Tag – Route: Seattle – Whidbey Island – Burlington – Sedro Woolley – Concrete (238 km/149 mi)

WA-20 SPUR nach Anacortes. Voraussetzung: ein ruhiger Wochentag, möglichst außerhalb der Saison.
La Conner ist eine feine und teure Option für einen Extratag im Kaskadenvorland (s. u.); auch als Sprungbrett zu den San Juans geeignet.

Die Option La Conner

Man kommt durch die Hintertür: durchs Reservat der Swinomish-Indianer via Reservation Road. Da wird es plötzlich beinahe unheimlich ruhig. Ein »neuenglisches Fischerdorf« soll es sein, sagen die Quellen – mit vielen Booten, Bootshäfen, Köderläden, Galerien, Antiquitätengeschäften ... Also eine Touristenfalle? Ganz so schlimm ist **La Conner** nicht. Es hat solide Unterkünfte, gute Restaurants, eine Mikrobrauerei und zwei bemerkenswerte Museen zu bieten. Und ein gewisses künstlerisches Flair, seitdem sich in den 1940ern kreative Geister hier niederließen.

Die Maler haben es sogar zum Begriff gebracht – mit der »Skagit Valley School«. Gepflegt bietet das schöne, neue **Museum of Northwest Art** die regionale Kunst des Nordwestens dar, William Blake und die Surrealisten sollen sie beeinflußt haben. Das **Skagit County Historical Museum** dagegen glänzt besonders mit historischen Fotos. Aber wie kommt es zu dem romanisch anmutenden Ortsnamen? »La« steht für Louisa A., Gattin von John Conner, der den Ort 1869 gegründet hat.

In La Conner wohnt man gut, aber teuer. Dasselbe gilt für die gehobenen Restaurants. Wer knapp bei Kasse ist, kann sich auf die Kneipe der La Conner Brewing Company verlassen.

La Conner, WA 98257

 La Conner Chamber of Commerce
4th/Morris Sts.
℘ (360) 466-4778

 La Conner Channel Lodge
205 N. 1st St.
℘ (360) 466-1500, Fax 466-1525
Komfortables Waterfront-Hotel von 1991 mit Balkon und (leider) Gaskamin. Schöner Blick auf Swinomish Channel. 40 Zimmer. $$$$

 Hotel Planter
715 S. 1st St.
℘ (360) 466-4710 oder (800) 488-5409
Fax 466-1320

Historisches Wohnen im Gasthof von 1907, romantisch renoviert. 12 Zimmer mit Vollkomfort. Nichtraucher. $$$

  Palmers Restaurant & Pub
2nd/Washington Sts.
℘ (360) 466-4261
Gemütlich wie eine deutsche Weinstube. »Progressive cuisine« – nordwestlich und europäisch. Mikrobräu vom Hahn.
$$–$$$

  La Conner Brewing Company
117 S. 1st St.
℘ (360) 466-1415
Ordentliche Pizza, über Apfelholz gebacken, frisches Bier. *Try the pale ale.* $

Museum of Northwest Art
121 S. 1st St.
✆ (360) 466-4446
Di–So 10–17 Uhr
Stilvolles Museum für die Kunst des
Nordwestens (noch im Aufbau). Museumsladen mit Kunsthandwerk. $ 3

Skagit County Historical Museum
501 S. 4th St.
Di–So 11–17 Uhr
Museum auf dem Hügel, mit Aussicht.
Indianer- und frühe Siedlungsgeschichte; feine historische Fotos. $ 2 (mit
Tee)

Besuch bei Boeing
Die Firma Boeing bietet
Werksführungen an, wochentags, stdl., 1¹/₂stündig, gratis. Voranmeldungen nicht möglich;
es gibt also keine
Gewähr, daß man an
der Führung teilnehmen kann. Wer sichergehen will, muß die
Tour bei Gray Line in
Seattle buchen (siehe
Zusatztag Seattle). Keine Kinder unter 10 Jahren oder 1 m, keine
Kameras. Gezeigt wird die Montagehalle für Jumbojets (bzw. »777's«), ferner zwei
Videos, darunter ein PTQ (Put Together Quickly) über die Montage eines Jumbos im
Zeitraffer. Highlights: Montagehalle mit elf Stockwerken – größtes Gebäude der
Welt; gleichzeitige Montage von acht Großraumflugzeugen – phasenverschoben;
»777« (mit zwei Triebwerken) darf ab sofort Transozeanflüge durchführen; Boeing ist
größter Arbeitgeber der Region ...

The Boeing Company – Everett Plant
Hwy. 526 (Tour Center)
Everett
✆ (206) 342-4801

Mo–Fr (außer feiertags) 9–15 Uhr
Ab Seattle: I-5 North bis Exit 189, dann
3 Meilen auf WA-526 West bis BOEING
TOUR CENTER (nicht Visitor Parking)

Besichtigung bei Microsoft
Alternative zur Alternative: Wer in Seattle Boeing sagt, muß auch Microsoft sagen.
Doch was sollte eine Software-Firma den Touristen zeigen? Ihre Abteilung für
Produktion und Vertrieb in Bothell, dazu ein Video über die Firmengeschichte.
Außerdem kann man einen Blick über die Schultern der Mitarbeiter ins interne

Projekt-Management-Programm werfen. Übrigens: Bill Gates baut sich ein durch-programmiertes Haus am Lake Washington.

 Microsoft Corporation
1 Microsoft Way
Redmond, WA 98052-6399
ℂ (206) 487-5113 (Carolyn Anderson)

Fax 936-7329
Führungen Di, Mi, Do 9.30 und 13.30 Uhr (1stündig). Maximal 15 Personen, minde-stens 2 Wochen im voraus reservieren.

Die oben genannte Telefon-Vorwahl gilt nur, wenn nicht anders angegeben.

 Cascade Loop Association
P.O. Box 3245
Wenatchee, WA 98807
ℂ (509) 662-3888
Publiziert jährl. die Broschüre *The Cascade Loop Travel Guide* (gratis), die in Hotels etc. entlang der Route ausliegt.

 Coupeville Cafe & Harbor Store
26 Front St.
Coupeville
Terrassenrestaurant am Ende des alten Piers. Küche mit asiatischem Touch, z. B. *mussel chowder* und *stir-fry*. $

 Knead & Feed
Under 4 Front St.
Coupeville
Gut für leichten Lunch mit *homemade bread*, Kuchen, Suppen und Salaten. $

Deception Pass State Park
ℂ 675-2417
WA-20, 9 Meilen nördl. von Oak Harbor
Zwei Teile, nördl. und südl. von Deception Pass. Einer der beliebtesten (und schön-sten) State Parks in Washington. Viele Erholungsmöglichkeiten, naturkundlich interessant. 251 Stellplätze, keine Hook-ups. Im Nordteil Interpretive Center des CCC (ℂ 355-5578; Mi–So 10–17 Uhr).

 North Cascades National Park – Headquarters
2105 State Route 20 (westl. von Sedro Woolley)
Sedro Woolley, WA 98282

ℂ 856-5700
Mo–Do 8–16.30, Fr bis 18 Uhr; im Sommer auch Sa
Auskunft über Straßenverhältnisse und Wanderwege. Karte vom North Cascades National Park (gratis). Schönes Wandre-lief der North Cascades. Für Touristen ergiebiger: Visitor Center in Newhalem.

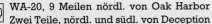 **Three Rivers Inn & Restaurant**
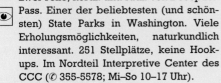 210 Ball St. (Hwy. 20, nahe WA-9)
Sedro Woolley, WA 98284
ℂ 855-2626 oder (800) 221-5122, Fax 855-1333
Neues Motel mit 40 geräumigen, komfor-tablen, sauberen Zimmern in »verkehrs-günstiger« Lage. Pool & Jacuzzi, RV-Park-platz. Restaurant: Standard. $$

 Baker Lake Resort
 Baker Lake Rd., 20 Meilen nördl. WA-20
P.O. Box 100
Concrete, WA 98237
ℂ und Fax 757-2262
April–Okt. tägl., im Winter nur an Wo-chenenden
RV-Plätze mit Hookup, Zeltplätze, Cabins ($$); Duschen, Bootsverleih, Laden, Café.

 North Cascade Inn – Restaurant & Lounge
4284 Hwy. 20 (westl. von Concrete)
Concrete, WA 98237
ℂ 853-8870 oder (800) 251-3054; Restau-rant 853-8771
Ordentliches Motel mit 14 Zimmern. Aus-gestattet mit Antiquitäten aus der Region. Frühstück ab 5 Uhr (morgens!). $–$$

 Rockport State Park und Howard Miller Steelhead Park (siehe 3. Tag, S. 68).

Annäherung an die Kaskaden

...mit Zwischenstopps am Sund

Der Morgen in Seattle ist kostbar. Vielleicht nutzt man ihn noch zu einem Abschiedsbummel durch Downtown, über den Markt, für einen Gang durch die Idylle des Arboretums, für einen Zwischenstopp an den Chittenden Locks (vgl. Zusatztag Seattle) – bevor man der Stadt per I-5 North Lebewohl sagt. Wer noch zu Boeing will, muß sich allerdings sputen.

Auf jeden Fall nimmt man die Kaskaden nicht im Sturm, dazu sind sie zu schade. Zu schaffen wäre es, von Seattle über den North Cascades Highway bis Winthrop sind es »nur« 196 Meilen. Doch das haben sie nicht verdient. Lieber streift man noch ein wenig durch die Küstenebene und läßt die Berge die Fahrt im rechten Wagenfenster begleiten. Außerdem: Die Inselwelt am Puget Sound hat auch ihre Vorzüge.

Auf Interstate I-5 North (WA-99 ist auch nicht schöner) geht es ohne Umschweife zur Fähre nach Mukilteo, falls man nicht den Flugzeugbauern in

Mukilteo, Sprungbrett nach Whidbey Island

Alter Pier mit Gastronomie, Coupeville an der Penn Cove

Everett die Ehre erweisen will. Die Fähre von Mukilteo nach Clinton verkehrt halbstündlich und braucht 20 Minuten für die Überfahrt nach **Whidbey Island**. Vier Dollar pro Auto mit Fahrer ($ 4,80 in der Saison) sind fürwahr ein fairer Preis. Dann ist man auf der schönen, grünen Insel, der längsten der USA, nachdem man Long Island bei New York zur Halbinsel erklärt hat.

Schön und grün – wenn man über die vielen Baumstümpfe hinwegsieht. Der Inselführer bemerkt trocken:»Die meisten Waldgebiete auf Whidbey Island waren bis 1900 abgeholzt oder abgebrannt. Das verbliebene Waldland besteht aus Douglastannen, Zedern und Erlen der zweiten oder dritten Generation. Rhododendron und Madrona sind auf Zentral-Whidbey heimisch und verbreitet.«

Am besten fährt man durch zum hübschen, historischen, gemütlichen »Kapitänsstädtchen« **Coupeville**, immerhin schon 1852 gegründet – sieben Jahre nachdem die ersten Siedler nach Tumwater Falls (bei Olympia) kamen. Vielleicht ist es hier nicht immer so ruhig wie an diesem Wochentag im Mai, denn eilige Großstädter aus Seattle machen am Wochenende gerne einen Tagesausflug zur Insel (und zurück über I-5).

An der alten **Front Street** läßt sich schön promenieren, dabei können Sie in Toby's Tavern und Captain's Galley hineinschnuppern oder gar im Knead & Feed oder Coupeville Cafe & Harbor Store zum Lunch einkehren. Letzteres liegt am Ende des »historischen« Piers; auf seiner Terrasse kann man die Wellen klatschen und die Wasservögel schreien hören. Wenn auch noch Appetit auf nordwestliche Heimatkunde besteht, wäre das Island County Historical Society Museum die richtige Adresse. Auch die gepflegten Viktorianerhäuschen auf der Hochfläche vertiefen den Eindruck.

61

Oder man hebt ihn sich (den Appetit) für ein Picknick im Grünen auf. Die schöne Allee des **Madrona Way** führt an der Penn Cove entlang, am vielgerühmten Captain Whidbey Inn, der sogar aus Madrona gebaut ist, vorbei – über Libbey Road geradewegs zum Meer (aber es ist nur die Strait of Juan de Fuca).

Der kleine, sanfte Park von **Libbey Beach** steht in keinem Reiseführer. Es gibt Picknicktische, einen Unterstand, wenn es regnet, und eine Toilette. Sobald die Vorräte aus Kühltasche und Kofferraum auf dem Tisch stehen, kommt ein Hase aus dem Gebüsch und schaut zu. Menschen sieht man kaum. Einzig ein älterer Herr mit seiner Sozia dreht mit dem Chopper eine Runde. Der Strand ist steinig. Die Küste hier besteht aus abgerutschten Sedimenten, man möchte darauf herumklettern. Oben auf der Klippe stehen windzerzauste Fichten.

Ein paar Freiübungen auf dem Rasen, und weiter geht es (zurück zur WA-20) nach **Deception Pass**. Man kann das Auto auf einem der seitlichen Parkstreifen vor der Brücke abstellen, dann schaut man in den Abgrund. Tief unter der Brücke wirbeln die Gezeitenströme durch die Passage: Die Flut drückt sie mit bis zu neun Knoten hindurch. Und das hat Kapitän Coupe einst mit dem Viermaster bewältigt! Den Namen hat ihr allerdings Kapitän Vancouver verliehen, als er 1792 seinen Irrtum erkannte, Whidbey für eine Halbinsel zu halten – daher eben »Deception« Pass.

Mit über 3,5 Millionen Besuchern pro Jahr ist **Deception Pass State Park** der meistbesuchte State Park in Washington. Das merkt man an den vielen jungen Leuten, die sich vor den Kugelzelten die Fische braten, die sie am Steg gefangen haben. Dem Besucher bietet sich ein naturkundlicher Nature Trail (1/4 Meile, 30 Minuten) oder ein Weg vom Scenic-Vista-Parkplatz hinunter zu den Strudeln der Meerenge.

Ganz andere Aspekte kommen im **Interpretive Center** des **Civilian Conservation Corps (CCC)** im Nordteil des Parks zum Tragen. Der CCC hat – unglaublich billig – 1935 die Brücke über Deception Pass und so manches andere im Park gebaut.

Etwas vom Pathos der großen Gemeinschaftsaufgaben unter Franklin Roosevelt und dem New Deal schlägt durch: in Themen wie »The Best Time of My Life«, »Building Men« und »Glimpses of Camp Life«. Pfadfinderromantik? Sozialutopie? Der Tourismus im Pazifischen Nordwesten verdankt den Programmen der 1930er erstaunlich viel – wir werden noch darauf zurückkommen.

Etwas nördlich passiert man Gisela's Cafe mit »German and American Food«, aber daran besteht ja wohl noch kein Bedarf. Es kommt zum Scheideweg: Links geht es nach Anacortes und zu den San Juan Islands, rechts nach Burlington und in die North Cascades (und wieder rechts nach La Conner).

In der Schwemmebene des unteren Skagit River, zwischen La Conner und Mount Vernon, kann man im Frühjahr sein blühendes Wunder erleben. Von Mitte März bis Anfang Mai blühen Osterglocken, Tulpen und Iris – in dieser Reihenfolge. Zum Skagit Valley Tulip Festival (in den ersten beiden Aprilwochen) blüht noch dazu der Fremdenverkehr; dann wird es eng auf Straßen und in Unterkünften. Mitten im Tulpenland lockt **Roozengaarde** mit einem Schaugarten. Name, Tulpen und die eingedeichten Marschen verraten eine Dutch Connection. Inzwischen ist Roozengaarde von der Washington Bulb Company übernommen worden, dem größten Versandhaus für Tulpenzwiebeln der Welt.

Doch nicht nur Blumen wachsen am unteren Skagit, sondern auch Obst und

Die Brücke über Deception Pass – CCC was here ▷

Gemüse, wie man bei Country Farms Produce in **Burlington** sehen kann. Man biegt mit WA-20 scharf in den Burlington Boulevard ein und findet einen prächtigen, gut sortierten, altmodischen Obst- und Gemüsestand direkt an der Straße. Man kaufe nach Möglichkeit die Produkte der Region, sagt der Manager, und so wird der Stand auch nur von April bis Oktober geführt. Also: Vitamine tanken für die Kaskadenüberquerung! Das Tanken von Benzin hat noch bis Sedro Woolley Zeit.

Nun folgen die Gleise der Burlington Northern parallel und schnurgerade dem Highway. Die Bahn verband seit 1901 Rockport mit Anacortes: Aus den Kaskaden holte sie das Holz, in umgekehrter Richtung schaffte sie Material, Maschinen und Versorgungsgüter zu den Dammbauten am oberen Skagit. Kurz vor dem Ortseingang nach Sedro Woolley befindet sich die Zentrale des **North Cascades National Park** – vielleicht ist sie noch geöffnet.

Sedro Woolley selbst war einmal das Zentrum der Holzwirtschaft in diesem Raum. Die Zedern *(western redcedar)*, die im Tal wuchsen, dienten zur Herstellung von Schindeln *(shakes)*, mit denen wetterexponierte Häuserwände überall im Nordwesten gedeckt sind. Zedernholz enthält einen Stoff, der witterungsbeständig macht. Für die Indianer war die Zeder die Grundlage ihrer materiellen Kultur: Aus der Rinde fertigten sie Kleider und deckten Häuser; aus den Wurzeln flochten sie Körbe; aus dem Stamm schnitzten sie Einbaumkanus und Totempfähle.

Heute erinnert nur noch der Ortsname daran, und der ist noch falsch geschrie-

Holzschnitzer und Fan: Open House der Künstler auf San Juan Islands

ben: Gemeint ist das spanische *cedro* (für englisch *cedar*). Überhaupt, was macht eine Holzfällerstadt ohne Wald? Die bescheidene *Walking Tour Through Logging History* des Chamber of Commerce bietet nichts wirklich Interessantes, außer der großen Baumscheibe am Visitor Center (in der Gabel zwischen WA-20 und Ferry Street). Um 1100 hat die Douglastanne gekeimt, 1948 wurde sie gefällt. Ein Prospekt feiert das als »Zähmung der Wildnis«. – Man sollte allmählich ans Auftanken für die Kaskadenüberquerung denken.

Weiter östlich ist ein ELK CROSSING angezeigt. Wieso Elche? Gemeint sind Hirsche. Sieben Meilen östlich von Sedro Woolley kann man auf die ländliche **Lyman-Hamilton Road** ausweichen. (Es genügt auch eine Stichfahrt steil nach Süden von WA-20 nach **Hamilton**.) Dieses immer wieder von Überschwemmungen heimgesuchte Nest (gegründet 1877) war einmal eine Boomtown mit Eisenschmelze und dem stolzen Titel: »Pittsburgh des Westens«. Jetzt kann man angesichts seiner Reste einem »schwindenden ländlichen Lebensstil« – so ein Besucherblättchen – nachtrauern. Das Postamt verkauft jedenfalls noch gültige US-Briefmarken.

An der Stichstraße liegt ein kleines Sägewerk. Es fabriziert *shakes* und *shims*, Schindeln und Scheite aus Zedernholz, die dem Zimmermann zum Ausgleichen von Fugen dienen. Die Mienen der Belegschaft künden von Niedergang; auch die drei Hunde schleichen deprimiert herum. Mit Maschinen von 1906 und 1925 spant man hier das Holz – aber nicht mehr lange, wie der Besitzer meint. »Weil die Umweltschützer der Welt mir meinen Rohstoff nehmen wollen« (als ob das nicht längst die Holzkonzerne getan hätten!). Der Duft des fertigen Scheits bringt ein Lächeln in das Gesicht des Mannes: »*Well, it's a nice-smelling product.*«

Wenn schon Fast food, dann kann es auch ein Hamburger von Birdsview Burgers sein; im Inneren der Bude hängen historische Fotos. Von Birdsview führt die **Baker Lake Road** zunächst zu einem kleinen Park, **Shadows of the Sentinels** – »Schatten der Wächter«. Der kurze Lehrpfad durch *old-growth forest* führt die Charakterbäume des Nordwestens vor: *Douglas-fir, western hemlock* und *western redcedar*; hinzu gesellt sich hier noch *Pacific silver fir*. Wenn man auf den gestürzten Bäumen entlangläuft, merkt man erst, wie lang sie sind.

Zwanzig Meilen von WA-20 entfernt, passiert man Baker Lake Resort. An einer nicht weiter identifizierten Stelle mit Blick auf den See zeigt sich die »Glory of Logging« (gängiger Topos) einmal anders. Aus dem gesunkenen Wasser des Stausees ragen Hunderte mächtiger Baumstümpfe, dicht an dicht, wie Denkmäler, Grabsteine. Zu Beginn des Jahrhunderts geschlagen, können sie dank ihrer natürlichen Konservierungsstoffe nicht verrotten. Man stellt seinen Picknickkorb auf einen »Baumstumpf« am Ufer, breit und ausladend wie eine Rittertafel.

Der **North Cascade Inn** empfängt in seinem Restaurant mit Erinnerungsstücken und Kuriositäten aus vergangener Zeit. Von Wänden und Decken hängen die Grubenlampen der Bergleute, die großzahnigen Blattsägen (»*misery whip*«) und eisernen Haken der Holzfäller, die Utensilien der Pioniere und sogar ein Ofen. So nimmt man mit dem Dinner die Wirtschaftsgeschichte der North Cascades in sich auf. Larry und Einar sind freundliche Wirte, die gerne Auskunft über die Region geben. Wie man hört, nehmen hier auch Europäer Quartier, die gerade in Vancouver eingeflogen sind. ✴

3. Tag – Route: Concrete – Marblemount – Newhalem – Diablo – Mazama – Winthrop (166 km/104 mi)

km/mi	Zeit	Route
0	9.00 Uhr	(Option: Stadtbummel durch **Concrete**.) **North Cascades Highway** (WA-20 East) nach
14/ 9		**Rockport**. Im **Rockport State Park** wandern; Besuch im **Howard Miller Steelhead Park** (schauen, ob Adler da sind). (Option: Auto-Wander-Tour über FS-1030 zum **Sauk Mountain Overlook**.) Weiter nach
27/ 17		**Marblemount**. (Option: Auto-Wander-Tour über Cascade River Rd. nach **Cascade Pass**.) Stippvisite am **Goodell Creek Campground**, dann weiter zum
53/ 33	12.00 Uhr	**North Cascades Visitor Center** in **Newhalem**. (Option: **Skagit Tour** in Diablo.) Weiter zum
109/ 68	15.00 Uhr	**Rainy Pass**. Wanderung (1 Meile) zum **Rainy Lake**. (Option: Gebirgswanderung nach Lake Ann, Heather Pass und/oder Maple Pass.) Weiter zum
117/ 73		**Washington Pass Overlook** mit Lehrpfad und Aussicht. Durch Early Winters und Methow Valley abwärts nach Mazama oder
166/104	19.00 Uhr	**Winthrop**. Abends Bummel durch die Kulissen der »Western Town«.

Weichenstellung: Im Zweifel Wetter- und Straßeninformationen einholen: ✆ (206) 434-7277 oder (900) 407-7277 oder bei Ranger Stations und Visitor Centers. – Auftanken! Zwischen Marblemount und Winthrop (86 Meilen) gibt es keine Tankstellen. Ein Picknick vorbereiten, da es kaum Gastronomie im Park gibt. Auf den Campingplätzen des Nationalparks wird man zum Picknick geduldet, Übernachtungsgäste haben jedoch Vorrang.

Alternativen und Extras: Eine Durchquerung der Kaskaden an einem Tag – ohne Wanderung – ist nur das halbe Erlebnis. Naturfreunde bleiben länger und mieten sich auf einem der schönen Campingplätze ein. Kürzere Zwischenstopps sind im Text beschrieben; weitere Wanderwege ab Campgrounds siehe Informationen. Die im folgenden aufgeführten »Extratouren« verändern den Zeitplan.

3. Tag – Route: Concrete – Marblemount – Newhalem – Diablo – Mazama – Winthrop (166 km/104 mi)

Für zünftige Hochgebirgswanderer gibt es viele Optionen, davon zwei:

1. Easy Pass Trail. Keineswegs *easy*, es geht nämlich 2 Meilen steil bergauf, von 1120 m auf 1980 m; auf selbem Weg zurück. Trailhead 6 Meilen westl. von Rainy Pass.

2. Lake Ann – Maple Pass Loop. Anspruchsvolle Rundwanderung von 7½ Meilen (die aber verkürzt werden kann). Ab Rainy Pass (1481 m) 2 Meilen durch dichten Wald zum Karsee **Lake Ann** (leicht); 1 Meile weiter zum **Heather Pass** (1890 m) und noch 1 Meile zum **Maple Pass** (1920 m). Ranger vorher nach dem Wetter und dem Zustand der Wege fragen.

Wer keine extra Autofahrten scheut, hat mindestens zwei Auto-Wander-Touren zur Auswahl:

1. Sauk Mountain Overlook (ca. 4 Std.). Ab WA-20 am Westrand von Rockport State Park auf Sauk Mountain Rd. (FS-1030) nach Norden; auf Schotterstraße in Serpentinen 7½ Meilen bis Trailhead; dann 2 Meilen auf steilem Pfad über Almwiesen zum Kamm, dann zum Gipfel (1689 m). Herrliche Aussicht – bis zu den San Juan Islands.

2. Cascade Pass (ca. 5 Std.). Ab Marblemount 22 Meilen auf Cascade River Rd. bis Trailhead; dann 4 Meilen zu Fuß zum Paß.

Die Skagit Tours von City Light

Die Elektrizitätsgesellschaft »Seattle City Light« bietet bei **Diablo** eine **Family Meal Tour**. Die Führung beginnt mit einem Video zur Geschichte der Region und der Dammbauten am oberen Skagit. Dann befördert sie die Teilnehmer per **Incline Railway** (Waggonaufzug) 103 Höhenmeter an der Flanke des Sourdough Mountain aufwärts, fährt sie per Schiff auf **Diablo Lake** spazieren und führt ihnen die Kraftwerksanlagen von **Ross Dam** vor – freundliche Begleitung und fachliche Kommentierung inbegriffen. Zum Schluß der Höhepunkt: ein geselliges *chicken dinner – all you can eat* (für Vegetarier Spaghetti) nebst Apfeltorte à la mode.

Will man sich keiner Führung anschließen, so darf man doch per Incline Railway die Aussicht genießen oder – *self-guided* – ein Stück den **Diablo Dam Trail** hinaufgehen. Oder man nutzt die Gegebenheiten von City Light zum Picknick.

 Seattle City Light – Skagit Tours
Diablo (ab Hwy. 20, MP 126)
(Reservierungen: 500 Newhalem St.,

 Rockport, WA 98283)
℡ (206) 233-2709 (Reservierung) oder
(206) 684-3030 (Auskunft)

Ab WA-20 nach Diablo zum TOUR CENTER. **Traditional Meal Tour** Mitte Juni–Sept. Do–Mo (Sept. nur Wochenenden); Beginn 11 Uhr, Dauer 4 Std., Preis $ 25 (Reservierung erforderlich!); kleinere **Diablo Tour:** 1½ Std., $ 5 (ohne Reservierung).

Eine Übernachtungsalternative zu Winthrop ist das Mazama Country Inn in **Mazama**, 14 Meilen vor (westl. von) Winthrop, nahe WA-20.

3. Tag – Informationen

 Schriftliche Anfragen zum **North Cascades National Park** an Headquarters in Sedro Woolley (siehe 2. Tag).

 Die Campingplätze des Nationalparks (Goodell Creek, Newhalem Creek, Colonial Creek) praktizieren *first come, first served*, d. h.: keine Reservierungen.

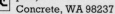 **Rockport State Park**
5051 Hwy. 20 (1 Meile westl. von Rockport)
Concrete, WA 98237
© (800) 562-0990 (WA State Parks)
April–Mitte Nov. Schöner Park unter alten Bäumen; 50 RV-Hookups. *First come, first served.* Auffahrt zum Sauk Mountain.

 Howard Miller Steelhead Park
P.O. Box 127
Rockport, WA 98283
© (360) 853-8808
Ganzjährig. Schöner County Park am Skagit River nahe WA-20/WA-530. Picknick, Camping (49 Hookups); Reservierung möglich. Im Winter: Adlerbeobachtung.

 Buffalo Run Restaurant (vormals **Mountain Song**)
5860 Hwy. 20
Marblemount
© (360) 873-2461
Tägl. 8–21 Uhr (im Winter geschl.)
Angenehmes Lokal mit alternativem Touch. Nordwestliche Küche mit selbstgebackenem Brot und Kuchen und – *buffalo burger*. $

 Goodell Creek Campground
(National Park Service)
Hwy. 20, MP 119 (westl. von Newhalem)
Ganzjährig, auch im Winter bei Schnee.
22 einfache Stellplätze (für kleinere Wohnwagen geeignet). Riesenzedern am Fluß. Einlaßstelle für Schlauchboote.

 North Cascades Visitor Center
Hwy. 20, ab MP 119 (westl. von Newhalem, rechts über die Brücke)

Newhalem
© (206) 386-4495 oder (206) 856-5700
Im Sommer tägl. 8.30–18 Uhr (sonst Öffnungszeiten erfragen)
Zentrale Anlaufstelle für Touristen. Massiver Balkenbau, ansprechende Ausstellung, ungewöhnliche Medienshow. Hinter dem Haus: Plankenweg zur Aussichtsplattform.

 Newhalem Creek Campground
(National Park Service)
Hwy. 20, MP 120
(Südufer des Skagit bei Newhalem)
Newhalem
Mai–Sept.
129 Plätze; keine Hookups. An Wochenenden im Sommer *campfire talks* der Rangers. **Trail of the Cedars** erklärt Lebenszyklus der *western redcedar*.

 Colonial Creek Campground
(National Park Service)
Hwy. 20, MP 130 (10 Meilen östl. von Newhalem bei Diablo Lake)
Memorial Day bis Labor Day
164 Plätze; keine Hookups. Im Sommer tägl. *campfire talks* der Rangers. **Thunder Woods Nature Trail** (Rundweg, 2 Meilen; Broschüre am Weganfang) oder **Thunder Creek Trail** (etwa bis zur Brücke: 1 Meile).

 Mazama Country Inn – Restaurant & Lodging
42 Lost River Rd. (14 Meilen nördl. von Winthrop)
Mazama, WA 98833
© (509) 996-2681 oder (800) 843-7951
Fax 996-2646
Sportorientierter Gasthof in Flußnähe. 14 Zimmer, klein und kompakt im Haupthaus, geräumig (aber laut) im Annex. Sauna, Hot Tub, Pferde- und Fahrradverleih. Nichtraucher. Für Restaurant ($$) Tischbestellung erforderlich. $$ (Sommer)

 Mazama Store
50 Lost River Rd.

3. Tag – Informationen

Mazama
℡ (509) 996-2855
Tägl. 7–19 Uhr
Kaffeebar, Campingartikel, Lebensmittel,
Benzin.

Winthrop, WA 98862

 River Run Inn & Resort
(1/2 Meile westl. von Winthrop ab WA-20)
27 Rader Rd.
℡ (360) 996-2173 oder (800) 757-2709
Motel und B&B. Schöne Lage am Fluß, in
Fußgängerentfernung zu Winthrop. Komfortable, geräumige Zimmer; Möbel im
»Blockhausstil«. Swimmingpool innen. $$

 Sun Mountain Lodge
P.O. Box 1000 (9 Meilen südwestl. von
 Winthrop, über Twin Lakes und Patterson
Lake Rd.)
℡ (360) 996-2211 oder (800) 572-0493
Fax 996-3133
Ganzjährig geöffnetes, komfortables, so-
lides Ferienhotel mit Aussicht. Hotelhalle
mit Kunst und Kunsthandwerk aus der Re-
gion. Komplettes Freizeitangebot: Swim-
mingpool, Tennis, Radfahren, Reiten, Ski-
langlauf. Feines Restaurant ($$$). Erheb-
liche Rabatte im Vorfrühling/Spätherbst.
$$-$$$$

 Wolf Ridge Resort
412-B Wolf Creek Rd. (5 1/2 Meilen nord-
westl. von Winthrop, über Twin Lakes
und Wolf Creek Rd.)
℡ (360) 996-2828 oder (800) 237-2388
Schöne Ferienanlage direkt am Methow
River. Idealer Standort zum Wandern,
Radeln und Skilanglauf. Großes Gelände
mit Spielplatz, Swimmingpool, Warmbad
(spa). Komfortable Zimmer in Blockhäu-
sern. $$

 Pearrygin Lake State Park
Route 1, Box 300 (5 Meilen nordöstl. von
Winthrop, über Eastside Chewuch Rd. zur
Pearrygin Lake Rd.)

℡ (360) 996-2370
Campingplatz in schöner Lage am See,
mit Badestrand; sehr beliebt, mit Reservierung. RV's (mit Hookups) stehen
weiträumig verteilt zwischen bewässerten Grünflächen. – Ebenfalls am Perrygin
Lake: **Derry's Resort** mit 63 *full* Hookups
(℡ 996-2322).

Kaskadentransversale
Durch die North Cascades zum Methow Valley

Würde sich **Concrete** mit dem schicken »Fischerdorf« La Conner und der pittoresken »Western Town« Winthrop an beiden Enden der Kaskadenroute vergleichen, so müßte es sich verschämt hinter seinem wuchtigen Betonsilo verstecken. Der entbietet mit großen Lettern sein WELCOME TO CONCRETE – und die stammen noch aus einem Hollywoodfilm. Concrete ist so solide, wie der Name sagt: Sogar die Häuser in Uptown sind aus Beton, nachdem die hölzerne Downtown 1921 abgebrannt war.

Seit die Zementwerke in den 1960ern geschlossen wurden, besinnt sich die einstige Arbeiterstadt auf sich selbst; die Touristen halten sich eher an den Highway. »Es ist eine Stadt für das eigene Umland, die eigenen Leute«, sagt die Dame vom Chamber of Commerce. Sie nennt uns einen **Department Store** an ihrer Main Street – wie aus den 1940er Jahren. Seit 1919 in Familienbesitz, beteiligt sich sogar die Chefin an der Suche nach passenden Schnürsenkeln. Nebenan, im **Cascade Supply**, werden die Nägel noch nach Gewicht verkauft, und das **Cement City Theater** sorgt seit 1922 für Kultur. Im **Mount Baker Cafe & Hotel** sind ab 5 Uhr morgens deftige Röstkartoffeln zu haben, und sicher erfüllt auch der Liquor Store seine historische Aufgabe.

Eine Wirtschaft fällt ins Auge: das **T.P. Inn**. Der Name steht nicht etwa für *tepee* (Indianerzelt), sondern für *Thuja plicata*, englisch *western redcedar*, bei uns als Riesen-Lebensbaum, Rot-Zeder oder schlicht – Zeder (wie in diesem Buch) übersetzt. Dem Charakterbaum des Skagit Valley ist damit doch noch ein Denkmal gesetzt. – Nach der Sprödigkeit der Zementstadt bekommt man richtig Lust auf die wilde Natur der Kaskaden ...

Heute ist das »Medium die Botschaft«, die Straße das Ziel. Der **North Cascades Highway** gilt als eine der schönsten Gebirgsstrecken des Landes. Man kann sich zurücklehnen, aus dem Fenster schauen und die Landschaft wie im D-Zug genießen – so elegant ist die Straße geführt. Sie hebt den Reisenden in luftige Paßhöhen und läßt ihn jenseits des Kammes wieder sanft herabschweben. Die Kaskaden streichen vorbei wie ein Film.

Die **North Cascades** sind ein Wanderparadies für den Sommer. In ihren Wilderness Areas finden Backpacker unberührte Natur – und stoßen auf die Spuren früheren Bergbaus. Auf den Campingplätzen des Parks werden viele Freizeitmöglichkeiten geboten. Es gibt Lehrpfade, Vorträge der Rangers ... Das Picknick im Freien ist auf dieser Strecke Programm.

Geöffnet ist der Nationalpark täglich – »ganzjährig«, doch von Mitte/Ende November bis Mitte April versinkt der North Cascades Highway im Schnee. Auch sind die Wanderwege in höheren Lagen oft erst im Hochsommer (Juli bis September) passierbar. Wenn hier im Winter alles dichtmacht, kommen die

Fingerzeig zu einem Scenic Highway der Spitzenklasse

Adler. Von Dezember bis Februar hocken sie um Rockport in den Bäumen.

Zunächst zieren noch kahle Bergflanken die Route, doch im **Rockport State Park** taucht man unter moosverhangene, 300jährige Douglastannen; sie blieben durch eine Spende der Holzgesellschaft erhalten. Im Halbdunkel des Waldbodens gedeihen noch Farne. Der Park ist durch ein fünf Meilen langes Wegenetz erschlossen; im Büro erhält man dazu ein Faltblatt.

Einen schönen Kontrast bildet der offene **Howard Miller Steelhead Park** bei **Rockport**, der sich am Fluß entlang erstreckt. Grüne Wiesen und verstreut stehende Riesenbäume laden zum Picknick ein. Gänse wackeln durchs Gras. Wenn die Witterung stimmt, springen und klatschen die Fische im Fluß. Im Winter

sind hier die Adler; ihnen ist die **Upper Skagit Bald Eagle Natural Area** zwischen Rockport und Marblemount gewidmet.

Die Winterwanderung der Weißkopf-Seeadler aus Alaska und British Columbia fällt von Dezember bis Februar mit den Laichzügen der Lachse *(chum salmon)* im Skagit und Cascade River zusammen. Die Fische laichen ab, treiben ermattet den Fluß hinunter und sterben; die Adler lauern auf sie in den höchsten Ästen der Pappeln und Erlen am Ufer. Der Wappenvogel der USA jagt, frißt Aas und räumt dabei in der Natur auf. Im Winter wird hier Adlerbeobachtung vom Kajak oder Schlauchboot aus angeboten.

Drei Meilen hinter Rockport sticht der auffällige **Cascadian Farm & Fruit Stand**

71

Gehöft am North Cascades Highway

ins Auge. Die Firma erzeugt und vertreibt inzwischen landesweit Bio-Produkte. Für den Reisenden heißt es: Vorräte aufstocken – Marmelade, Säfte und eingelegtes Gemüse *(pickles)*. In der Saison gibt es Erdbeeren, Himbeeren und Blaubeeren zum Selberpflücken.

In **Marblemount** stehen die letzte Tankstelle, das letzte Restaurant und die »letzten« Unterkünfte (bis Mazama/Winthrop). In den 1890ern schwärmten von hier die Prospektoren in alle Ecken der North

Cascades aus. Damals (1890) wurde auch das solide **Log House Inn** aus Zedernstämmen gefügt. In den Täfelungen seiner urigen, altersschiefen Gästezimmer tritt die Holzstruktur grafisch hervor – so alt ist sie.

Im **Buffalo Run Restaurant** läßt es sich angenehm speisen. Vielleicht liegt das am »nordwestlichen« Baustil, mit viel Holz, massiven Balken und hohen Giebeln, vielleicht auch an der rauchfreien Atmosphäre. Historische Fotos sorgen

72

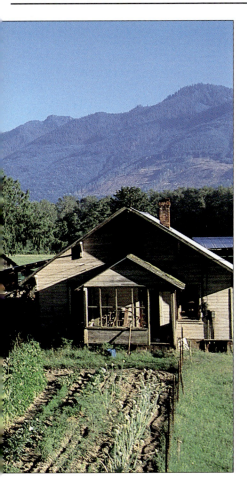

Newhalem, ist ein Juwel. Zwischen uralten, bemoosten Bäumen schweben die Zeltplätze fast über dem Fluß. Aus alten Baumstümpfen sprießt neues Leben. Im Sommer tummeln sich hier die Wildwasserfahrer. Am »Put-in« schicken Outfitter und Riverguides ihre Schlauchboote auf die spritzige Fahrt – Schwimmwesten sind Pflicht! Wen die Nervenkitzel-Schreie von den nahen Stromschnellen beflügeln, der mag sich im Visitor Center in Newhalem eine Liste der Veranstalter geben lassen. Ihre Lunchpause nehmen die River Rafters gewöhnlich bei Damnation (!) Creek, »Take-out« ist bei Copper Creek.

Das neue **North Cascades National Park Visitor Center** ist eine Attraktion für sich. Es bietet Prospekte, Karten und Auskünfte zu Wanderwegen, Campingplätzen und Veranstaltungen und führt geradezu »atmosphärisch« in Natur und Geschichte der Region ein. Die DiaSchau soll ganz im Stile des New Age geschneidert sein ...

Keine Sorge, wenn es bei der Weiterfahrt jetzt regnet, stürmt oder schneit – jenseits der Berge wird es sonnig, mild und warm sein. Nach der Brücke über Gorge Lake gewinnt die Straße schnell an Höhe. Unten trägt Diablo Dam an der Dammkrone spitze Türmchen à la Art déco. Vom **Diablo Lake Overlook** (links) blickt man auf einen smaragdgrünen See hinunter, aus dem kleine Bauminseln herausragen. Warum so grün? Das liegt an den Partikeln von Gneis, über den die Gletscher oben schrammen.

Nur 1/3 Meile kurz ist der **Happy Creek Forest Walk** (rechts), dazu höchst bequem über Planken geführt und sogar mit dem Rollstuhl zu befahren. Schulbuchhaft führt er die Baumarten der Westseite der Cascades vor: *Douglas-fir*, *western hemlock* und *western redcedar*. Daneben plätschert – glücklich – Happy Creek.

für lokales Kolorit, die Küche setzt weiter auf »selbstgemachte, heimische Speisen«. An einer Wand des Gastraumes hängt ein mächtiger Büffelkopf. *Bison bison*, das Totem-Tier der Großen Ebenen, vermischt mit Rind, wird hier als *buffalo burger* serviert. Wie es hier im Winter aussieht? Gegen Ende Oktober, wenn die Pässe verschneien, »macht hier alles dicht«.

Der kleine **Goodell Creek Campground** am Skagit River, ein paar Meilen vor

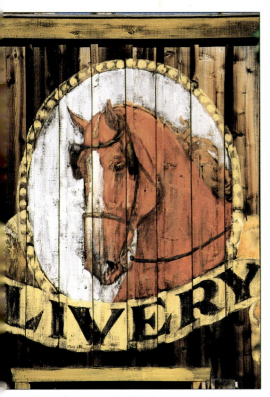

Fassadenmalerei in Winthrop

Nach **Ross Lake Overlook** geht es, Granite Creek folgend, gerade und stetig bergauf. Es wird frischer, bald säumen Schneereste die Straße (im Juni). In dieser Höhe werden *Pacific silver fir* und *mountain hemlock* dominant, während zur Baumgrenze hin *subalpine fir* überwiegt. Die Silbertannen sehen aus wie spitze Kirchtürme – und die Gebirgslärchen (*mountain larch* oder *tamarack*) foppen den Betrachter: Im Herbst rostigbraun und scheinbar sterbenskrank, sind sie im Sommer wieder grün.

Bei **Rainy Pass** (1481 m) bündeln sich die Wanderwege. Der bequeme, ebene, geteerte **Rainy Lake Trail** führt zum hübschen **Rainy Lake** (1 Meile), bequem allerdings nur von Juli bis September, denn sonst holt man sich im Schnee nasse Füße. Wer richtig ausschreiten will, startet von hier zur **Lake Ann – Maple Pass Loop** (siehe Alternativen, oben).

Beim **Washington Pass Overlook** (1669 m) erreicht der North Cascades Highway seinen höchsten Punkt. Der Lehrpfad geleitet zu einem Granitfelsen, von dem man die Schlucht von Early Winters und den steilen Liberty Bell Mountain überschaut. Die Straßenbauer haben viel Gestein bewegt, damit sich der Reisende mit 30 mph elegant in die »Haarnadelkurve« legen kann.

Drüben ist alles anders. Wichtigster Faktor ist der Niederschlag, der von 2000 Millimeter jährlich an der Westflanke auf 400 Millimeter im Osten (Winthrop) abnimmt. Schon fünf Meilen nach dem Paß, am **Lone Fir Campground**, mischen sich erste Kiefern unter die Tannen; am Early Winters Campground herrscht bereits lichter Ponderosa- und Tannenwald; und bei Winthrop überzieht das Oliv des Sagebrush (*Artemisia tridentata*), Leitpflanze der High Desert, trockene Hänge. Auch das Wetter hellt sich auf: Bald scheint die Abendsonne nur noch gegen Wolkenfetzen.

Die Straße nähert sich **Mazama**. Aus den waldigen Höhen steigt das Wild herab zur Tränke im Fluß. Schilder mahnen: DEER MIGRATION NEXT 14 MILES. NIGHT 45 MPH. Die Maultierhirsche *(mule deer)* und Weißschwanzrehe *(white-tailed deer)* werden trotzdem in großer Zahl überfahren. Tiefschwarze Bremsspuren künden von *roadkill*. Eine gute Chance, die Tiere lebend zu sehen, bietet die stille Lost River Road, die ab Mazama parallel zur WA-20 verläuft. Dort äsen sie in der Flußniederung. Hält man an, so stellen sie ihre riesigen Ohrenfächer auf und staksen geziert davon.

Im Methow Valley fällt die Wahl der Unterkunft schwer – so gut sind die Alternativen. Man könnte bereits im **Mazama Country Inn** absteigen, in dessen gediegenem Restaurant vor dem hochgemauerten, russischen Kamin zu Abend speisen und morgens zum Fluß spazieren. Dabei stieße man auf den **Mazama Store**, der an der Kaffeebar vier Sorten Espresso anbietet, dazu Sandwiches aus besten bio-dynamischen Zutaten, Riechöle, Campingbedarf … Einen schlichten Pancake bekäme man allerdings nicht. Vielleicht ginge man mit den **Mazama Troutfitters** (sic!) auf Angeltour …

Fährt man in Richtung Winthrop weiter, so zweigt kurz vor dem Ort (rechts) die Einfahrt zum **River Run Inn** ab. Dort lernt man schätzen, was »rustikal-komfortabel« heißt. Die Möbel sind aus massivem Naturholz gezimmert, die Teppiche dick. Will man nur einen der beiden Nachttische anheben, so muß man gut gefrühstückt haben. (Das kann man am nächsten Morgen tun, falls man B & B gebucht hat.) Heute soll der Tag gemütlich ausklingen. Dazu muß man nur einen Stuhl ans Ufer stellen und dem Rauschen des Methow lauschen. ✤

Alpenfahrt zum Cascade Pass

Die Ranger-Lady in Marblemount hatte sie mit Verve empfohlen, die Tour zum **Cascade Pass**: Die Berge seien mit neuem Schnee überpudert (im Oktober), die Strecke »nur« 22 Meilen lang … So steht man denn in Marblemount an der Brücke und weiß nicht, ob man den geraden oder den krummen Weg wählen soll. Der »krumme« geht links ab nach Newhalem, Diablo und Winthrop; der »gerade« führt über die Brücke und die Cascade River Road zum Paß. Vom Ende der Straße sind es dann noch knapp vier Meilen zu Fuß hinauf.

Nach einstündiger Fahrt steht man am windumtosten Parkplatz im weiten Trogtal. Gegenüber am Johannesburg Mountain lecken die Eiszungen. Der Weg windet sich in Serpentinen durch Bergwald aus *Pacific silver fir* und *mountain hemlock*. Die kompakt-runden Zapfen der schönen, kerzengeraden Tannen mit den typischen Harzblasen am Stamm liegen am Wege. Oben geht es durch offenes Gelände zum 1 653 Meter hohen Paß (die rund 550 Höhenmeter sind in eineinhalb bis zwei Stunden zu überwinden). Am Paß, der ein Sattel ist, schweift der Blick über zwei Trogtäler, das eine links, das andere rechts. Es weht gewaltig. Die *subalpine firs* hier oben sind bizarr verbogen.

Als erster Weißer schritt Alexander Ross hier 1814 »übers Gebirg«, um neue Pelzquellen für die North West Fur Company zu erschließen. Die Indianer benutzten den Paß von alters her, um mit den Küstenindianern Waren auszutauschen. Lange war der Paß als mögliche Transkaskadenroute im Gespräch, doch dann bekam die Route über Washington Pass den »Zuschlag«. So trifft man hier oben also nur Backpacker, die zum oder vom Stehekin Valley unterwegs sind. *Einer* Sorte Spaziergänger möchte man lieber nicht begegnen. Das ansonsten seriöse *Tourbook* der AAA schreibt ungerührt: »Grizzlybären gehören zu den gewöhnlichsten Tieren *(the most common animals)* im Park.«

4. Tag – Route: Winthrop – Pateros – Orondo – Dry Falls – Grand Coulee (277 km/173 mi)

km/mi	Zeit	Route
	Früher Morgen	Morgen am Fluß – bei Mazama, Wolf Ridge oder irgendwo am Methow Valley Community Trail.
	Vormittag	Bummel durch **Winthrop** (Riverside Avenue). Besuch im Visitor Center, City Park und (ggf.) Shafer Museum.
0	13.00 Uhr	Über Eastside Winthrop-Twisp Rd./County Rd. 9129 (statt WA-20 East) nach **Twisp**. Dort ggf. Lunchpause in einem Café an der Glover St. Weiter auf WA-20 East, dann Abzweig zur WA-153 South und über Carlton, Methow und Pateros zur US-97 South nach
142/ 89	16.00 Uhr	Orondo. US-2 East durch Orondo Canyon auf das Waterville Plateau und zur WA-17 South, dann rechts bis
222/139	17.00 Uhr	**Dry Falls**. Interpretive Center, Fußwanderung oder Autofahrt (über Sun Lakes State Park) in den Krater. Dann WA-17 North, US-2 East (durch Coulee City) und WA-155 North an Banks Lake entlang nach
277/173	19.00 Uhr	**Grand Coulee/Coulee Dam**. Ggf. Laser Light Show.

Alternativen und Extras: Eine Übernachtung und ein Vormittag sind zuwenig für Methow Valley! Eine von vielen Wandertouren: Ab Mazama mit dem Auto 12 Meilen über Mazama Road (unbefestigt) zu den Campingplätzen von Ballard und River Bend (primitiv). Über FS-060 zum **Trail 480**, der dem jungen Methow River fast bis zum Pacific Crest Trail folgt. Auskünfte zu Wanderwegen in den Ranger Stations von Early Winters (WA-20, bei Mazama, ✆ 509-996-2534) und Winthrop (ab W. Chewuch Rd., ✆ 509-996-2266).

Für Autofahrer hält das Gebiet zwei höchst unterschiedliche Tages- bzw. Halbtagestouren bereit: 1. hoch hinaus zum **Harts Pass** oder 2. gemütlich um die **Chewuch Loop**.

Wer hoch hinaus will, geht auf Geländefahrt zum **Harts Pass**. Ab Winthrop über WA-20 West und Goat Creek Rd. nach Mazama (14 Meilen); dann auf geteerter Straße bis Lost River (12 Meilen); dann ab Ballard 12 Meilen auf steiler, enger, rauher Schotterstraße (FS-5400) zum Harts Pass (1 889 m). Der Abgrund am Deadhorse Point heißt nicht zufällig so. 3 Meilen weiter auf FS-700 finden sich Spuren der einstigen

4. Tag – Route: Winthrop – Pateros – Orondo – Dry Falls – Grand Coulee (277 km/173 mi)

Boomtown **Barron**, damals mit Wiegeamt (fürs Gold), Handelshaus, Tanzhalle – heute 2 Hektar durchwühltes Gestein, wie auf dem Mars. Von Harts Pass weitere 3 Meilen zum **Slate Peak** (2 268 m), dem höchsten Punkt, der in Washington mit dem Auto zu erreichen ist. Der Ausblick ist phänomenal. Beste Reisezeit: Mitte Juli – Ende Sept.

Chewuch Loop folgt auf 37 Meilen (hin und zurück) Hügeln und Auen des Chewuch River. Ab Winthrop auf Eastside Chewuch Rd. 19 Meilen flußauf, dann nahe FS-800 auf einspuriger Brücke über den Fluß und auf Western Chewuch Rd. nach Winthrop zurück. An der Route einfache Campingplätze, Ponderosawald und Espenhaine am Talboden. Will man es bequemer, dann wechselt man schon nach 8 Meilen über den Fluß und geht in **Pearrygin Lake** baden (im Perrygin Lake State Park, 5 Meilen nordöstlich von Winthrop).

4. Tag – Informationen   Vorwahl: ℂ 509

ℹ️ Die Aussprache von »Methow« ist: MET-how.

ℹ️ **Methow Valley Information Center/ Twisp Chamber of Commerce**
201 S. Methow Valley Hwy. (Methow Valley Community Center)
Twisp, WA 98856
ℂ 997-2926
Gut ausgestattetes Informationsbüro, touristisch für die ganze Region zuständig.

Winthrop, WA 98862

ℹ️ **Methow Valley Central Reservations**
P.O. Box 505
ℂ 996-2148 oder (800) 422-3048
Besorgt alle Arten von Unterkunft, bucht Touren usw.

ℹ️ **North Cascades Scenic Highway Visitor Center – Methow Valley**
Hwy. 20 (nahe Barn und City Park)
ℂ 996-3194
Von Westen kommend, vor der Brücke nach Downtown. Prospekte und Karten. Nach Wegekarten der MVSTA fragen!

ℹ️ **Methow Valley Sport Trails Association** (MVSTA)
P.O. Box 147
ℂ 996-3287 oder (800) 682-5787 (Wege- und Loipenauskunft)
Entwickelt, unterhält bzw. spurt ein Wege- und Loipennetz im Methow Valley von 175 km. Überquerung von Privatland auf Skiern ist geregelt.

🏛 **Shafer Museum**
Castle Ave. (über der Stadt)
ℂ 996-2712
Heimatgeschichte im alten Blockhaus von Guy Waring (1897). Schweres Bergbaugerät, jederzeit zu besichtigen. Weiter Blick. Eintritt: Spende

🎁 **Last Trading Post**
Riverside Ave. (Downtown)
ℂ 996-2103
Liebenswürdiger Kramladen und Galerie für Indianerkunst. Besitzer Robert Hult weiß alles über Winthrop.

🍴 **Riverside Grill**
162 Riverside Ave. (Downtown)
ℂ 996-2444

Tägl. Lunch und Dinner – *bistro style*. Selbstgemachte Pizza, Suppen, Salate; Mikrobräu. Möbel aus schwerem Naturholz – »Blockhausstil«. $

Osprey River Adventures
Route 1, Box 997
Twisp, WA 98856
ℭ 997-4116
Experten für River Rafting auf dem Methow River. Saison: April–Juli/Aug. Motto: »Das Strömen des Flusses beschwichtigt den Geist.«

Rendezvous Outfitters
P.O. Box 728, Winthrop
ℭ 996-2148 oder (800) 422-3048
Langlaufskitouren *from hut-to-hut*.

Confluence Gallery & Art Center
104 Glover St. (Downtown)
Twisp
ℭ 997-2787
Galerie tägl. 10–15 Uhr
Zentrum der regionalen Kunstszene. Café **Queen of Tarts** für Frühstück und Lunch. $

Cafe Bienville
Methow (am Hwy., ganz zentral)
ℭ 923-2228
Dinner Mi–Sa. *Cajun cuisine* aus Louisiana, beste Weine. Auswahl an Gerichten größer als die Zahl der Tische! Gute Atmosphäre.
$$

Dry Falls Interpretive Center
Sun Lakes State Park
(WA-17, 4 Meilen südwestl. von Coulee City)
Coulee City, WA 99115
ℭ 632-5583
14. Mai–30. Sept. tägl. 10–18 Uhr
Sensationeller Blick auf den Grund der einstigen Fälle. Ausstellung zur Geologie der Coulees. Video. Fußpfad zum Kratergrund oder Zufahrt über Sun Lakes State Park.

Coulee Dam, WA 99116

Ponderosa Motel
10 Lincoln St.
ℭ (800) 633-6421
Zentral, komfortabel. Swimming- und Whirlpool $$

Coulee House Motel
110 Roosevelt Way
ℭ 633-1101 oder (800) 715-7767
Guter Blick auf den Damm und die Laser-Show. In den Zimmern Kühlschrank, Fernseher, Telefon und alter Plüsch. $$

Four Winds Guesthouse B & B
301 Lincoln St.
ℭ 633-3146 oder (800) 786-3146
Einst Ingenieursunterkunft, heute 11 Zimmer mit großem Gemeinschaftsraum. Der Wirt zeigt Video über die Große Flut.
$–$$

Sun Lakes State Park
WA-17 (7 Meilen südwestl. von Coulee City)
ℭ 632-5583
Coulee City
Vielseitiges Erholungsgebiet nahe Dry Falls – mit Picknick- und Bademöglichkeit, Pferde-, Fahrrad- und Bootsverleih. Camping (181 Plätze, 18 Hookups) und Cabins.

Spring Canyon Campground
Ab WA-174 (3 Meilen östl. von Grand
Coulee)
ℭ 633-9441 oder 633-9188 (Park Ranger)
Grand Coulee
Am Lake Roosevelt, prima für Picknick und zum Baden. 78 Plätze, keine Hookups; keine Reservierung.

Laser Light Show
Grand Coulee Dam
Juni/Juli tägl. 22, Aug. 21.30, Sept. 20.30 Uhr
Die Geschichte des Columbia River wird gegen die Staumauer projiziert; Dauer: 36 Minuten. Kostenlose Freilichtveranstaltung für Touristen.

Täler, Coulees und Plateaus

Vom Methow Valley zum Grand Coulee Dam

Owen Wister erlebte das Methow Valley als »ein lächelndes Land, das beim ersten Anblick das Herz gewann.« Er war hier zweimal, 1892 und 1898, dann schrieb er den klassischen, ersten Western-Roman *The Virginian* (1902). Sogar sein spröder Gastgeber Guy Waring schied nach dem Scheitern seiner Geschäfte 1917 ohne Reue: »Ich ging fort mit angenehmen Erinnerungen an das Klima; und mit Liebe für die Schönheit des Landes.«

Der Pionier Waring kam 1891 ins Methow und baute seinen Trading Post in die Gabel zwischen Methow und Chewuch (oder Chewack) River. Er hatte einen Vorteil gegenüber heutigen Touristen: Ihm verwehrte kein PRIVATE PROPERTY den Zugang zum lieblichen Flußufer. Betrachtet man die Karte vom Okanogan National Forest, so ist um Winthrop alles weiß. Weiß bedeutet: Privatbesitz. Und so ist das Thema am Methow: Zugang und Zugänglichkeit. Gemeint ist nicht der Blick vom Wagenfenster auf die schöne Landschaft. Gemeint ist Hören, Schnuppern, Greifen, Waten und Steinchenwerfen über den Fluß.

Auf Staatsland wie National Forests oder State, County oder City Parks ist »Zugang« kein Problem. Auf Privatland muß man als Gast ein Zimmer buchen. **Mazama Country Inn** ist schön gelegen. Wenn man am Morgen dem Rauschen folgt, gelangt man durch offenen Kiefernwald zum quirlig frischen Methow. Der springt in der glitzernden Morgensonne munter über die Kiesel in seinem Bett – ein herrlicher Anblick.

Am **River Run Inn** stellt man sich einen Balkonstuhl ans Ufer und lauscht und schaut. »Man kann am Fluß entlang bis Winthrop gehen,« sagen die Wirtsleute, »die Nachbarn haben nichts dagegen«; ausprobiert haben sie es nicht. Abends im **Wolf Ridge Resort**. In der Dämmerung steigt am anderen Ufer ein Reh durch die Gerölle – so leichtfüßig, als ginge es über Rasen. Es sucht, taucht bis zum Bauch ins Wasser und watet durch den Fluß. Es beginnt auf der großen Wiese zu weiden. Aufgeschreckt, springt es davon und schwenkt den Weißschwanz wie ein Hund.

Die Hauptstraße in Winthrop heißt **Riverside Avenue**, doch die Riverside ist fest in privater Hand. Die anrainenden Geschäftsleute tun sich schwer, »ihr« Land für einen öffentlichen »River Walk« abzutreten. Unweit des **Methow Valley Visitor Center** (WA-20) liegt der City Park. Dort stehen hübsche Tische und Bänke unter hohen Ponderosa-Kiefern. Vom Parkplatz der **Barn** führt ein Brückchen hinein in die Gabel zwischen Methow und Chewuch, das heißt, wenn die Flüsse nicht gerade Hochwasser führen (im Juni). Dann treiben Kinder in Autoschläuchen die Parkwege hinunter.

Die Methow Valley Sport Trails Association (MVSTA) fördert eine »umweltverträgliche, nicht-motorisierte Nutzung der Wege für Erholungszwecke«. Inzwischen betreut sie ein öffentliches Wegenetz von 175 Kilometern um Winthrop und Mazama. Von dem geplanten Ski-Resort am Sandy Butte und einem Ski-»Zirkus« à la Aspen, Colorado, halten sie nichts – sehr zum Ärger des Bürgermeisterkandidaten von Twisp:»Die verhindern den Lift und schaden dem Geschäft.« Im Sommer dienen die Trails zum Wandern und Radfahren, im Winter als Loipen.

Geht man von Wolf Ridge Resort am Westufer des Methow ein Stück flußauf, so gelangt man bald zu einer Stelle, wo ein Kabel über den Fluß gespannt ist. Im Fahrkorb dieses *people mover* oder *cable tram* kann man sich selber über den Fluß kurbeln; Halterungen für Fahrräder oder Skier sind vorhanden. Dieser Teil des kürzlich eingerichteten Community Trail der MVSTA ist einer der schönsten Abschnitte am Fluß.

Die **Sun Mountain Lodge** ist ein Ziel für sich. Der visionäre Jack Barron hat sie 1968 erbaut – und Maßstäbe für Resorts im Nordwesten überhaupt gesetzt; 1989 wurde sie in renovierter Fassung neu eröffnet. Sie ist aus mannsdicken, geschälten Stämmen gefügt und innen mit regionaler Kunst geschmückt (ähnlich Timberline Lodge auf Mount Hood). Die Möbel sind aus massivem, behauenem, gebogenem Naturholz. Draußen gibt es jede Menge Sportmöglichkeiten, drinnen *creature comforts* – also komfortable Zimmer, gutes Essen, Live-Musik in der Lounge ...

Was macht das Land am Methow so anziehend? Das sonnige Klima, das freie Leben, der nachbarschaftliche Geist – sagen die Neusiedler. Meist scheint die Sonne, so daß man eine Schirmmütze braucht, um nicht zu blinzeln. Bei einer Höhenlage von 540 Metern (wie München) sind die Tage im Sommer lang und warm, aber nicht zu heiß, die Nächte kühl. Der Herbst bringt das reine Gold – goldene Espen, goldene Hügel, goldene

Spätsommertage. Ein ergiebiger Schneesturm im Dezember genügt, um das Tal für den ganzen Winter in trockenen Pulverschnee zu hüllen (im Schnitt 80 Zentimeter im Jahr!). Der Frühling bringt Regen und Blumen.

Dem Touristen bietet das Tal »sanfte« Erholung: Wandern (im Okanogan National Forest), Mountainbiking, Ausritte zu Pferde, Flußfahrten auf dem Methow River (Mitte Juni bis Ende August), Skilanglauf (Mitte Dezember bis Mitte März). Beste Reisezeiten sind Frühjahr und Herbst, denn in der Hauptsaison im Sommer wird es voll. Dann stauen sich die Wohnmobile auf der Riverside Avenue.

Richtig angeschoben hat den Tourismus erst die Eröffnung des North Cascades Highway im Jahre 1972. Gleichzeitig schlüpfte **Winthrop** in seine neue Haut als Mining Town der 1890er Jahre. Architekt dieser Verwandlung war Robert Jorgensen, der auch Leavenworth gestaltet hat. Winthrop ist ein sympathischer Ort. Die Kulissen sind unaufdringlich. Während man über die Bohlenwege spaziert, trifft man dieselben Leute mehrmals. Und wenn man eine Auskunft braucht, dann geht man zu Robert Hult im **Last Trading Post**, der weiß es bestimmt!

Freundlichkeit ist Trumpf in Winthrop; im **Riverside Grill** mit seinem *Warm & Friendly Service* ist sie sogar Programm. Drinnen gibt es gute Pizza aus eigenem Ofen – in vernünftiger Größe (20 cm Durchmesser)! Das Mobiliar ist im »Blockhausstil« gezimmert, nämlich aus massiven Ästen und Stämmen. Urheber dieses ansprechenden, knorrigen Inventars ist der Wirt vom Wolf Ridge. So greift in der kleinen Western Town alles ineinander. Nach der Pizza empfiehlt sich ein »Outlaw Pale Ale« aus (oder in) der neuen **Winthrop Brewing Company** schräg gegenüber.

Man verläßt Winthrop am besten auf der Eastside Winthrop-Twisp Road am

Ein Loch im Plateau: Coulee bei Dry Falls nahe Coulee City

linken Ufer (statt WA-20). Kaum befahren und doch gut geführt, überschaut sie das Tal wie von einem Sims. Unten schlängelt sich der Fluß durch bewässerte Wiesen und mäandriert über eigene Kiesbänke. Ein paar zehntausend Jahre früher sah das hier aus wie in Grönland: Nur die Bergspitzen blickten aus dem Gletscher.

In **Twisp** eignet sich **Confluence Gallery & Art Center** für eine Lunch- oder Kaffeepause. Hier ist das Zentrum der recht aktiven Kunstszene im Methow. Wenn die Künstler geschlossen haben, empfiehlt sich die **Cinnamon Bakery** (auch Glover Street): Die Zimtschnekken schmecken hier ganz besonders gut.

Ab Twisp flechten sich Fluß und Highway ineinander wie ein Zopf. Im Tal kreisen die Wasserwerfer, und die Wellen des Flusses blitzen im Gegenlicht. Über den Hängen liegt ein Hauch von Toskana, doch das Oliv stammt nicht von Zypressen, sondern vom Sagebrush. Bei Carlton gibt es rechts einen Hinweis auf PUBLIC FISHING. Über eine kurze Schotterpiste gleitet man hinab, dann hat man ein sandiges Plätzchen unter Pappeln. Im Fluß kann man die Füße kühlen.

Es tauchen die ersten Apfelplantagen auf. Die Obststände am Wege führen oft nur wenige Sorten – Großvater hat sie gepflanzt (sagen die Kinder). Talabwärts kommen »feinere« Sorten hinzu, zum Beispiel »Fuji«. Dieser Prachtapfel wird während seiner Reifezeit zweimal umhüllt, um ihn vor allen Makeln zu schützen, die ihm der Kunde im Supermarkt anlasten könnte. Nun flattern die Folien durch die Landschaft.

Im Ort **Methow** gibt es eine Überraschung. Hier hat sich ein Gastwirtspaar aus New Orleans niedergelassen, das in dieser ländlichen Gegend plötzlich *Cajun cuisine* anbietet – mit *gumbo* und *Louisiana fried catfish*. Das **Cafe Bienville** muß nicht werben, die Aufkleber aus *Best Places* an der Tür sprechen für sich. Und so steigen nun vor dem kleinen Restaurant ausgesuchte Gäste aus ganz Central Washington aus schweren Wagen, feingemacht und erwartungsvoll wie zum Opernbesuch.

Die Plantagen werden üppiger, die Hügel kahler. Am »Rest Awhile Fruit Stand« kann man die Produkte der Region im großen Überblick betrachten (und kaufen). Bei Pateros trifft man auf den Columbia und die US-97 South, und bei Wells Dam schwimmen große Lachse hinter Gittern. Während man durch das breite Flußtal südwärts gleitet (bei Chelan Falls wechselt man das Ufer), wird klar, daß der Columbia hier ein Fremdlingsfluß ist, gespeist aus fernen Schneeschmelzen. An den Hängen gegenüber erkennt man die Spuren des Waldbrandes von 1994, der über 500 Quadratkilometer Wald zwischen Chelan und Entiat vernichtete.

Etwa 17 Meilen südlich von Chelan (noch vor Orondo) geht es links in die Hügel zu einem der feinsten Golfplätze des Landes – **Desert Canyon**. Unter dem Motto »Sonne, Sand und Sagebrush« haben Gartenarchitekten hier gezaubert: die Pflanzen der heimischen Vegetation so elegant in die saftig grünen Rasenflächen des Golfplatzes eingefügt, daß sie nun um so deutlicher zur Geltung kommen. Wem es hier gefällt, der kann sich im nagelneuen Steppendorf eine Villa, einen Bungalow oder eine Eigentumswohnung kaufen.

Der Orondo Canyon fräst sich über sechs Meilen mit steter Steigung in die

Hochfläche des Waterville Plateau. Oben dehnen sich Weizenfelder, die nach Dry-Farming-Methoden bestellt werden. Im Frühling sind sie grün, im Sommer goldbraun, im Winter weiß; die Stoppeln bleiben zur Bodenpflege häufig im Boden. Wieso »*Water*ville« – auf diesem wasserlosen Plateau? Weil man hier 1886 einen ergiebigen Brunnen erbohrte. Douglas duckt sich in eine Mulde. In seinem

Landschaft bei Chelan

General Store (von 1904!) gibt es Kaffee aus Styroporbechern und *old fashioned ice cream*, heißt es.

Dann führt die US-2 schnurgerade nach Osten, bis sie in einen tiefen Canyon taucht, der sich querlegt – **Moses Coulee**. Dieses Trockental mit seinen steilen Basaltwänden ist ein Relikt eiszeitlicher Fluten. Auf dem Plateau liegen Gesteinsbrocken, die zerbröseln:

Findlinge, die auf Eisschollen hierher gelangt sind. Kenner sagen, die Hochfläche sei wie Kansas. Am blauen Himmel sollten hohe, weiße Cumuluswolken stehen.

Am Ostrand des Plateaus öffnet sich die Landschaft: Links erscheint die Grand Coulee, gefüllt mit Banks Lake, und rechts ein weiter Hohlraum, in den »Inseln« eingestreut sind. Doch es fließt

83

kein Fluß! Ein paar Meilen weiter südlich (via WA-17) liegen **Dry Falls**, ein geologisches Phänomen ersten Ranges. Angesichts der Geländeformen in diesem Raum folgerte der Geologe Harlen Bretz in den 1920ern:»Ich konnte mir keinen anderen geologischen Prozess vorstellen, der diese Topographie hervorgebracht haben könnte, als gewaltige, heftige Fluten von enormer Wucht und Gewalt.«

Schmelzwässer aus Lake Missoula im fernen Montana ließen den Columbia in der Späteiszeit anschwellen, ein Eislobus im Westen blockierte seinen Lauf. Also bahnte er sich einen Weg über das Plateau, schürfte dabei die Grand Coulee aus und sprang bei Dry Falls über eine Stufe im Basalt. Wo die Wasser auftrafen,

kolkten sie tiefe Strudellöcher aus, die heute mit Seen gefüllt sind. Als der Fluß in sein altes Bett zurückkehrte, blieben Dry Falls »auf dem trockenen«. Der Krater der einstigen Fälle hat einen Durchmesser von fünf Kilometern und eine Tiefe von 120 Metern (Niagara: 50 Meter). Dry Falls sind in der Tat einer der mächtigsten Wasserfälle der geologischen Weltgeschichte.

Das Interpretive Center liefert den fachlichen Hintergrund. Ein Abstieg zu Fuß (ab Gazebo am Parkplatz) in den Krater ist möglich. Eine Autofahrt über **Sun Lakes State Park** in den Talgrund hinein zeigt eine Szenerie wie Monument Valley.

Bei der Weiterfahrt entlang Banks Lake auf WA-155 North werden Canyons und

---

Siedler und Indianer ...

Schon die Indianer mochten das Tal. Im Winter zogen sie sich in mildere Gegenden zurück, aber im Frühjahr kamen sie wieder, um bis zum Herbst Wurzeln und Beeren zu sammeln. Und was es für Beeren gab! *Currant, raspberry, serviceberry, strawberry, thimbleberry, huckleberry, chokecherry, gooseberry, elderberry* ... (wer will, schlägt im Wörterbuch nach). Ihre Speisekarte ergänzten sie mit Reh und Lachs.

Das Methow wurde relativ spät (ab 1887) besiedelt, nachdem nämlich die Moses Reservation wieder aufgelöst wurde. Die Indianer wären gern geblieben. Zunächst kamen sie trotzdem weiterhin in »ihr« Tal. Die Siedler wunderten sich, wenn sie ins Blockhaus traten – ohne anzuklopfen. Darauf angesprochen, meinte einer der Besucher:»Wir leben in Zelten. An Zelte kann man nicht klopfen, und deshalb klopfen wir nicht.«

Bei Silver (südlich von Twisp an der WA-153) entstanden um 1890 der erste Handelsposten und das erste Postamt im Methow. Der Ort lebte vom Bergbau. Das Silbererz aus der Red Shirt Mine wurde erst zerkleinert, dann per Fuhrwerk zum Columbia gebracht, auf einen Dampfer nach Wenatchee verladen und mit der Great Northern zur Verhüttung nach Everett transportiert ... Pionierzeiten!

Nachts in Grand Coulee: Laser Light Show an der Staumauer

Coulees nun fast schon Routine. Den berühmten **Steamboat Rock** kann man befahren, besteigen, bewohnen (im Steamboat Rock State Park) oder links liegenlassen. Am Ziel der Etappe muß man zwischen den Gemeinden Electric City, Grand Coulee und Coulee Dam unterscheiden, um sein Motel zu finden. Kaum hat man den gewaltigen Damm entdeckt, da ist man auch schon an ihm vorbei. Unter dem Damm liegt das inzwischen lauschige Städtchen Coulee Dam, in dem die Ingenieure einst ihre Quartiere hatten.

Ein Abendprogramm für **Grand Coulee**? Die kulturelle Dürre des weiten Ostens macht sich bemerkbar. Von Electric City könnte man mit der »Coulee Queen« auf Banks Lake auf Dinner Cruise gehen. Vielleicht tritt die ganz junge Tanzgruppe der Colville-Indianer im Village Cinema in Coulee Dam auf ...

Nach Einbruch der Dunkelheit startet (im Sommer) die **Laser Light Show.** Dabei wird 36 Minuten lang die Geschichte des Columbia an die Staumauer projiziert – mit Lichteffekten, Computergrafik, Filmmusik, begleitet vom sonoren Bühnenbariton eines Sprechers, der den Fluß in Ich-Erzählung darstellt. Das mag technisch ganz nett sein, ansonsten ist es brav und patriotisch. Die Show fällt noch blasser aus, wenn nicht genug Wasser für die »Leinwand« im See ist.

Gleich danach scheppert es im Coulee Dam Casino wie verrückt, nämlich wenn die Münzen in die Blechwannen schlagen. Hier holen sich biedere Motelgäste ihre *cheap thrills.* ❖

5. Tag – Route: Grand Coulee – Nespelem – Keller Ferry – Wilbur – Spokane (210 km/131 mi)

km/mi	Zeit	Route

Vormittag **Visitor Arrival Center** des Bureau of Reclamation in Grand Coulee (unter dem Damm): Ausstellung, Führung, Filme. Dann über die Brücke (WA-155 North) nach Coulee Dam zum **Colville Tribal Museum**: Ausstellung und Gift Shop.

0 — **Mittag** — Lunchpause in Grand Coulee oder Picknick/Baden am **Spring Canyon Campground**. WA-155 North nach

26/ 16 — **14.00 Uhr** — **Nespelem** (Chief Joseph Memorial). Weiter auf Cache Creek Rd. nach Osten in Richtung Keller und Republic (WA-21); Rast auf Kammhöhe unter Kiefern. WA-21 South über Keller zur

80/ 50 — **16.00 Uhr** — **Keller Ferry**. Nach Überfahrt auf WA-21 South weiter nach Wilbur, dann US-2 East über Creston, Davenport und Reardon nach

210/131 — **19.00 Uhr** — **Spokane**.

5. Tag – Route: Grand Coulee – Nespelem – Keller Ferry – Wilbur – Spokane (210 km/131 mi)

Weichenstellung: Für die einsame Fahrt durch das Reservat sollte man Benzin im Tank und etwas Eßbares im Kofferraum haben. Ein Picknick unter Kiefern ist vielleicht reizvoller als ein »*Sit-up*«-Lunch in Grand Coulee?!

Alternative: Wer es eilig hat, nimmt den kürzesten Weg in die Hauptstadt des Inland Empire: WA-174 bis Wilbur, dann US-2 nach **Spokane**. Wem es im Kiefernwaldland gefällt, der dehnt die Strecke aus über WA-21 North, Bridge Creek Rd., Twin Lakes, die altertümliche **Gifford Ferry** und die ländlich-waldige Stevens County und rollt auf US-395 South von Norden her nach Spokane ein. Dort empfängt ihn ein kilometerlanger *business strip*, der sich gewaschen hat.

5. Tag – Informationen   Vorwahl: ℂ 509

Grand Coulee, WA 99133

[i] **Grand Coulee Dam Area Chamber of Commerce & Visitor Information Center**
306 Midway (Hwy. 155)
ℂ 633-3074
Hier waltet Trina Dice, im ganzen Lande geschätzt wegen ihres freundlich-blonden Wesens.

Grand Coulee Dam – Visitor Arrival Center
Hwy. 155 (unter dem Damm)
ℂ 633-9193 oder 633-9265
Im Sommer tägl. 8.30–23 (Ende Mai–Juli), bis 22.30 (Aug.), bis 20.30 (Sept.); übrige Jahreszeit 9–17 Uhr. Historische Fotos, Filme. Führungen ganzjährig, im Sommer stündl. 10–17 Uhr. Tägl. 13.30 Uhr **Spillway Show** (falls Wasser vorhanden). Im Sommer **Laser Light Show**.

New Flo's Café
316 Spokane Way
ℂ 633-3216
Mo–Fr 5.30–14, Sa/So bis 13 Uhr
Sympathisches Frühstücks- und Lunch-Café, macht seit einigen Jahren (fast) alles *from scratch* (d. h. »selbst«). $

Stuck's Tavern
122 Spokane Way
ℂ 633-9815
Tägl. 6.30–2 Uhr (morgens)
Urige Kneipe mit preiswertem Essen. $

Rock'n Robin Drive-In
121 Bridgeport Hwy. (Kreuzung WA-155/WA-174)
ℂ 633-1290
Ein richtig altertümliches Drive-in mit »Car Hop Service« aus den 50er Jahren. $

[i] **Lake Roosevelt National Recreation Area – Headquarters/National Park Service**
1008 Crest Dr.
Coulee Dam, WA 99116
ℂ 633-9441
Ganzjährig Mo–Fr 7.30–16 Uhr
Auskunft über Erholungsmöglichkeiten auf und um den Roosevelt Lake.

Colville Confederated Tribes Museum & Museum Store
512 Mead Way (ehemalige kathol. Kirche)
Coulee Dam
ℂ 633-0751, Fax 633-2320
Mai–Sept. tägl., sonst Mo–Sa 10–18 Uhr
View Our Past – Kultur der Plateauindia-

ner vor Ankunft der Weißen. Videos. **Gift Shop** mit Kunsthandwerk der Region; Bücher, CDs.

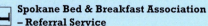

Spokane, WA

 Spokane Bed & Breakfast Association – Referral Service
627 E. 25th Ave.
Spokane, WA 99203
ℂ 624-3776
Vermittelt kostenlos B & Bs.

 Die Kettenmotels reihen sich an und um 2nd und 3rd Ave. Am besten nimmt man Exit 281 zur Division St. (= US-2, US-395) und fährt 2nd Ave. hinunter und 3rd Ave. hinauf. Da sind auch die Pizza-Hütten und Burger-Könige nicht weit ...

 Cavanaugh's Inn at the Park
W. 303 North River Dr.
 Spokane, WA 99201
ℂ 326-8000 oder (800) THE-INNS
Fax 325-7329
Großes Haus in bester Lage am Riverfront Park. 402 Zimmer. $$$

 Fotheringham House B & B
2128 W. 2nd Ave. (Browne's Addition)
Spokane, WA 99204
ℂ 838-1891, Fax 838-1807
Bürgermeisterhaus im »späten Queen-Anne-Stil« von 1891. Schönste Lage am Coeur d'Alene Park. 3 Zimmer. $$

 Hostelling International Spokane (Brown Squirrel House)
930 S. Lincoln St. (South Hills)
Spokane, WA 99204
ℂ 838-5968
Angenehme, renovierte Herberge auf dem Hügel in ruhigem Wohnviertel. 22 Betten; Reservierung empfohlen. $

 Campingplätze liegen im größeren Umkreis um Spokane, außer:

 Riverside State Park
N. 4427 Aubrey White Pkwy. (6 Meilen nordwestl. von Spokane)
Spokane, WA 99205, ℂ 456-3964
Günstig (per Auto) zur Downtown. 101 Plätze, keine Hookups. Nahe **Spokane House Interpretive Center**.

 Fort Spokane Brewery
401 W. Spokane Falls Blvd. (Downtown)
ℂ 838-3809
Brauereikneipe nahe Riverfront Park mit ordentlichem Imbiß und Blues-Musik. $

Luigi's Italian Restaurant & Lounge
113 N. Bernard St.
ℂ 624-5226
Tägl. 11–22 Uhr (Late Night Lounge bis später)
Pasta, Minestrone, Sauerteigbrot. $$

Patsy Clark's Mansion
2208 W. 2nd Ave. (Browne's Addition)
ℂ 838-8300
Lunch und Dinner in Prachtvilla des Minenzaren von 1898. Fisch, Pasta und Weine aus Washington; gepflegte Atmosphäre. Lektüre zum Mahl: *Patsy Clark's: The Man and the Mansion*. $$

Durchs Land der Stämme
Von Grand Coulee nach Spokane

Vom Roosevelt Memorial Park über der Dammkrone überschaut man **Grand Coulee Dam** in seiner ganzen, nüchternen Zweckmäßigkeit. Der Riesenbronzekopf von Franklin Roosevelt schaut eher nachdenklich als triumphierend. Ihm, FDR, wird viel Ehre zuteil am Damm. Der Stausee hinter dem Damm ist nach ihm benannt, und das Arrival Center stellt seine politische Leistung in Fakt und Film (z. B.: *Columbia – Fountain of Life*) positiv dar. Woodie Guthrie singt die Begleitmusik dazu – und lobt die Errungenschaften:

Arbeitsbeschaffung, Stromgewinnung und Bewässerung.

Soviel Ehre für FDR ist nicht selbstverständlich »in der Fläche«, wo sonst Rinderbarone, Holzkönige und Minenzaren das Sagen haben, die bei jedem staatlichen Eingriff in die Wirtschaft um ihre republikanischen Rechte fürchten. Die Erklärung ist einfach. Mit der Weltwirtschaftskrise im Rücken konnte Roosevelt die Regierungsprogramme des New Deal durchsetzen. Für die Arbeitslosen der 1930er bedeutete der Dammbau von 1933 bis 1942 Lohn

Roosevelt Lake, vormals Columbia River, oberhalb Grand Coulee

und Brot. In der heißen Phase (August 1938) waren 7 800 Männer am Damm beschäftigt.

Der Betonklotz von Grand Coulee ist auch technisch eine Großtat: 168 Meter hoch, 169 Meter dick an der Basis und 592 Meter lang; 24 Millionen Tonnen Beton und Stahl wurden verbaut. Warum so viel? Weil sich der Damm nicht wie ein Gewölbe gegen den Wasserdruck stemmt, sondern ihm kraft Masse standhält. Die Indianer fanden den Damm weniger großartig. Sie verloren für alle Zeiten ihre Wasserfälle und Fischgründe am Columbia. Über *den* Damm steigt kein Lachs mehr! Die Fische bleiben sowieso schon ein Stockwerk tiefer hängen, am Chief Joseph Dam – ausgerechnet!

Der Stausee **Roosevelt Lake** erstreckt sich 200 Kilometer fast bis nach Kanada hinauf und bietet viel Erholung – mit Campingplätzen, Badestellen, Bootssport, Wasserski und (neuerdings) Hausbooten. Der See hat seinen Preis. Zwar findet man den Namen »Columbia River« noch in den See gedruckt, doch ist er längst in seinem eigenen Wasser ertrunken. Kettle Falls sind verschwunden – die Celilo Falls der Indianer des Ostens. Nur bei Sturm regt sich Columbia noch und nagt wie wild an seinen ehemaligen Ufern.

Das **Visitor Arrival Center** erkennt man am pompös-modernen Baustil, mit dem sich die Behörde ein Denkmal gesetzt hat. Ansonsten lenken die Ranger des »Bureau« die Touristenströme – durchs Haus, in die Führungen, zu den Medien. Als Highlights am Damm gelten das Pumpwerk (Pump Generator Plant), der Wasserüberlauf (Spillway) und die Generatorenhallen (etwa die Third Powerplant). *Eine* Wirkung des Dammes bleibt unsichtbar: die 200 000 Hektar bewässerten Landes mitten im Columbia Basin.

Wen Technik nicht interessiert, der geht ins Kino, das heißt: in den Filmsaal des Arrival Center. Dort läuft in kurzen Intervallen ein phantastischer Film über die großen, eiszeitlichen Fluten am Columbia: *The Great Floods – Cataclysms of the Ice Age*. Diese »Sturzfluten« aus dem fernen Lake Missoula (Montana) haben im mittleren Washington Coulees, Scablands und »Dry Falls« geschaffen sowie die Columbia Gorge »einschneidend« verändert. In Ritzville ist ein Institut dabei, die Fluten zur Touristenattraktion zu stilisieren, nach dem Vorbild des »Oregon Trail« ...

Columbia River unterhalb Grand Coulee

Das kleine **Colville Confederated Tribes Museum** in Coulee Dam führt an die Kultur der Plateauindianer heran. Nähe zur Erde spricht aus den Camas-Knollen, die gemahlen mit Wasser zu *mush* verkocht wurden, aus getrockneten *bitterroots* und *foamberries*. Fotos zeigen das Stammesleben, markante und schöne Gesichter, springende Lachse bei Kettle Falls ... Es existiert ein Video vom Leben am Columbia *vor* dem Dammbau, man kann es sich zeigen lassen. Der Gift Shop bietet Kunsthandwerk der Region, beson-

ders Glasperlenschmuck, und eine gute Auswahl an Büchern. Woher die Perlen kommen? Aus Tschechien, lautet die unsichere Antwort.

Wen weder Technik *noch* Geschichte interessiert, der geht im großen Stausee baden. Von der WA-174 nach Wilbur schraubt sich eine Zufahrtsstraße durch karges Terrain zum reizvollen **Spring Canyon Campground** hinunter. Da gibt es Sand, Strand und Schatten – auch fürs Picknick. Will man die Vegetation der Gegend studieren, so geht man den Lehrpfad zur **Bunchgrass Prairie**, sollte allerdings auf Klapperschlangen achten. Übrigens muß ein niedriger Seespiegel (im Juni) nicht Wassermangel bedeuten, im Gegenteil: Die Ingenieure senken ab, um große Mengen Schmelzwasser aus Kanada aufnehmen zu können. Wer es noch nicht bemerkt hat: Eine gastronomische Durststrecke hat begonnen. Die wird sich durch den gesamten Osten der Region ziehen und erst in Portland enden. Die »City« von Grand Coulee um Spokane Way ist ein *case in point*. Die Stadt lebte vom Dammbau – von Arbeit, die schon getan ist.

New Flo's Cafe bietet ordentliche Hausmannskost und ist zu einem Treff der Einheimischen geworden – immer ein gutes Zeichen. **Stuck's Tavern** ist eine echte Arbeiterkneipe mit langer Theke und Trommeln mit Glückslosen dahinter. Ein »Swiss Steak« ohne Finessen, aber mit Püree und Salat, gibt auch dem einen Kalorienschub, der knapp bei Kasse ist. Das originelle **Rock'n Robin Drive-In** verkündet: WELCOME TO THE 50's. Hier kommen die Girls tatsächlich mit dem Münzwechsler ans Auto und hängen das Tablett ins Fenster. Drinnen hängen Motive von Elvis, Marilyn und den Chromkreuzern der 50er.

Zeit zum Aufbruch! Am nördlichen Ortsausgang von Coulee Dam steht ein verblichenes Holzschild: COLVILLE INDIAN RESERVATION. 1.3 MILLION ACRES. ESTABLISHED 1872. Eine Weile noch folgt die Straße dem träge dahinstrudelnden Columbia, dann schwenkt sie nordwärts nach **Nespelem** ab. Dort markieren Buden den Platz, wo alljährlich um den 4. Juli zehn Tage lang das »Pow-Wow« gefeiert wird – Gäste willkommen. Stammesunternehmen der Colville werden genannt: Log Homes, Sawmill, Green House, Meat Plant. Überall stehen Pferde auf den Weiden.

Die 7 700 Angehörigen der Colville Confederated Tribes sind der kümmerliche Rest von elf Stämmen aus Ost-Washington und Nordost-Oregon, die hier ab 1872 angesiedelt wurden: Wenatchee, Entiat, Chelan, Methow, Okanogan, Nespelem, San Poil, Lakes, Moses, Palouse und Nez Percé. Den Namen haben sie von Fort Colvile bei Kettle Falls, und das bekam ihn von einem Kaufmann der Hudson's Bay Company. Die Stämme waren Nomaden, die im Wechsel der Jahreszeiten von Wurzeln, Wild und Lachsen lebten. Kettle Falls war ihr zentraler Aufenthaltsort.

Die Highway Map von Washington zeigt bei Nespelem einen roten Punkt: **Chief Joseph Memorial**. Dies ist das Grab von Häuptling »Young Joseph«, der die Nez Percé 1877 auf dem Rückzug vor der US-Armee fast bis Kanada führte, aber geschlagen, gefangengenommen und nach Oklahoma verbannt wurde. Mit 150 Stammesgenossen durfte er 1884 zum Colville-Reservat »zurückkehren«, wo er 1904 starb. Heimat der Nez Percé war bis 1877 das Wallowa Valley.

Das Grab ist nicht leicht zu finden. Der junge (weiße) Mann vom Obststand an der Kreuzung weiß auch nicht, wo es ist – und fügt hinzu: »Ich lass' ihn lieber in Ruhe, ich will nicht auf ihn treten.« In Nespelem ab WA-155 rechts in die Cache Creek Road einbiegen, dann die erste Querstraße links bis zum Ende, dann rechts in einen Sandweg, dann neben dem Friedhof parken. Beim Aussteigen fliegen dohlenartige, schwarze Vögel kreischend auf, wie zur Verteidigung. Das kleine Marmormonument von 1905 stiftete die Washington Historical Society. Es trägt den englischen und den indianischen Namen von Chief Joseph.

Die rustikale **Cache Creek Road** führt von Nespelem in Richtung Keller nach Osten, zunächst durch offenes Weideland, dann durch den Wald. Die Strecke ist eine der einsamsten der ganzen Route. Es kommt höchstens einmal ein Holztransporter oder ein Indianer im Pickup entgegen. Die paar Schlaglöcher sind nicht tragisch. Hier wird selektiv gerodet, was entweder für die Vernunft der Colville Tribal Enterprises spricht – oder für eine schonende Waldwirtschaft, wo Niederschläge fehlen.

Auf Kammhöhe, die nur von einem gelben Schild markiert ist, das Lastwagen vor der kommenden Gefällstrecke warnt, läßt man den Wagen auf einem holprigen, sandigen Parkplatz ausrollen. Prächtige, reife Ponderosa-Kiefern – *yellowbellies* – umrahmen den Platz. Rechts geht eine Sandstraße nach KELLER L.O. (Lookout?) ab. Geht man ein Stück durch den offenen Wald, dann glaubt man, in der Mark Brandenburg zu sein. Es ist still, nur eine leichte Brise streift die Kiefern. Kein PRIVATE PROPERTY, kein NO TRESPASSING stehen einem Waldspaziergang nach deutscher Art im Wege.

Unten geht es auf WA-21 South rechts ab nach Keller, Wilbur und Spokane – bis dort sind es noch 98 Meilen! Man passiert den lauschigen Camping- und Picknickplatz **San Poil Keller Park** am Sanpoil River, der sich hier schon zum Stausee weitet. Es ist einer von 35 einfachen Campingplätzen um Roosevelt Lake, alle ohne Hookups und Reservierung. Die beschauliche Fahrt mit der **Keller Ferry** über den Stausee ist ein Service des State Highway Department von Washington.

Dann klettert die Straße in Haarnadelkurven auf die Höhe des Basaltplateaus. Starke Farben im Abendlicht! Rötlich, Blaßgrün, Tiefgrün, Braun und dazwischen das Grau des Basalts. Oben beginnt sogleich der Weizenanbau. Dann führt die Straße schnurgerade nach Wilbur. Im schrägen Licht der Abendsonne erscheinen Konturen in den Feldern. Sind das

Denkmal für Chief Joseph In Nespelem, mit Guide

etwa die »Riesenrippelmarken« aus der Theorie von Bretz?

In Wilbur stößt man auf den Hinweis: »*Big Bend* Golf & Country Club«. Wer oder was macht hier eine »große Biege«? Ein Fluß auf dem Plateau? Jawohl, der Goose Creek windet sich, wie andere Wasserläufe weiter östlich, von Nordost nach Südwest über die Fläche. Genau das war die Fließrichtung der Schmelzwässer aus Lake Missoula, die auf dem Plateau Fließrinnen (*channels*) ausschürften. An der Straße links stehen hohe Sumpfgräser und Weidenbäume in flachen Niederungen.

Die weitere Fahrt auf US-2 nach Spokane zeigt bisweilen unruhige Topographie. Da schieben sich zwischen die Weizenfelder feuchte Senken mit Wasserlöchern darin, Täler ohne Flüsse mit scharfen Rändern, Klippen und felsige »Inseln«. Aus dem Weideland beißt immer wieder nackter Fels, so als seien die Gletscher gerade erst darübergefahren.

Es ist ein Teil der *channeled scablands* des östlichen und zentralen Washington: von Fließrinnen durchschnittenes, abge-

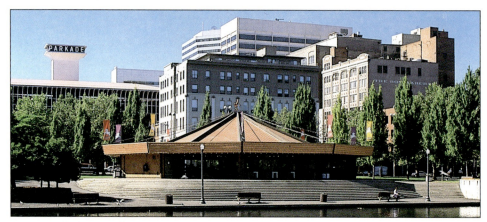

Riverfront Park in Spokane

schabtes Grundgestein. Im Originalton: *The land has been scabbed to bedrock.* Sogar der Große Langenscheidt würdigt die Eigenart dieser Landschaft: *scabland* – »Lava-Plateaulandschaft (bes. in den nordwestl. USA)«.

Ihre Entstehung hat Harlen Bretz erklärt. Im Grenzgebiet von Idaho und Montana staute ein Eiskorken glaziale Schmelzwässer im eiszeitlichen Lake Missoula. Als der Eisdamm brach, strömte das Wasser explosionsartig ab: in einer Flutwelle, Hunderte Meter hoch, 100 Kilometer pro Stunde schnell, die nach zwei bis fünf Tagen abgeflossen war. Die Schmelzwässer gravierten Coulees und Scablands in die Plateaus, ihre Eisschollen trugen Findlinge bis ins Willamette Valley. Diese katastrophalen Fluten wiederholten sich viele Male während der Eiszeit, zuletzt vor etwa 12 000 Jahren.

Und die Riesenrippelmarken? Die erkannte man erst auf Luftbildern. Sie waren für Bretz der letzte Beweis, denn solche regelmäßigen Bodenwellen werden von fließendem Wasser erzeugt ...

Creston empfängt mit Getreidesilos, dann Davenport, dann Reardan. Schließlich geht die US-2 in eine überbreite Ein-fallstraße nach **Spokane** über – Auto-handlungen, Fast-food-Schuppen, die ersten Motels. Die US-2 vereinigt sich mit I-90, und beide zusammen führen die Skyline von Spokane vor (links). Doch herunter muß man, und so nimmt man am besten die Ausfahrt zur Division Street (US-2/US-395 North) – dann ist man gleich mitten im Ort.

Vielleicht möchte man ganz »herausragend« in **Cavanaugh's Inn at the Park** wohnen, einem hochkarätigen Busineß-Hotel im grünen Herzen der Stadt. Dann könnte man am Abend noch über den Spokane River und durch **Riverfront Park** nach Downtown spazieren und in der **Fort Spokane Brewery** einen Drink oder bei **Luigi's** einen späten Imbiß nehmen (z. B. *stuffed vegetable pocket* mit Pilzen, Zwiebeln, Tomaten, Oliven plus drei Käsesorten auf frischem Sauerteigbrot).

Oder man wohnt in einer Villa mit Patina und Bed & Breakfast unter alten Bäumen in **Browne's Addition**. Dann hat man **Patsy Clark's Mansion** zum Dinner und das **Cheney Cowles Museum** zur Erbauung am nächsten Morgen vor der Tür. ❋

6. Tag – Route: Spokane – Steptoe Butte – Colfax – Clarkston-Lewiston – Enterprise/Joseph (347 km/217 mi)

km/mi	Zeit	Route
	Vormittag	**Riverfront Park** und **Skywalk** (Downtown). Dann über Riverside, Sprague oder 2nd Ave. nach **Browne's Addition** (1 Meile westl.). Besuch des **Cheney Cowles Museum**, Gang durch **Coeur d'Alene Park**, (ggf.) Lunch in **Patsy Clark's Mansion** oder **Elk Cafe**.
0	13.30 Uhr	US-195 South über Spangle (The Harvester) zum **Steptoe Butte** (Umweg 12 Meilen; ca. 1 Std.): Rundblick über die Palouse Hills. 5 Meilen südl. von Colfax (ggf.) auf County Rd. 3 1/2 Meilen nach Westen zum erholsamen **Klemgard County Park** (Umweg 7 Meilen; ca. 1 Std.): Rasten. Weiter zum
181/113	18.00 Uhr	**Lewiston Hill**: Blick von Frontage Rd. auf das Snake River Valley. Über **Old Spiral Highway** (Lewiston Hill Hwy.) abwärts nach Clarkston, dann

US-12 West durch Clarkston, WA-129 South über Asotin, Anatone, **Fields Spring State Park** (ggf. Rast), durch Canyon des Grande Ronde River nach Oregon; dort auf OR-3 weiter über Enterprise nach

| 347/217 | 21.00 Uhr | **Joseph** im **Wallowa Valley**. |

Weichenstellung: Wem der Osten zu weit und zu dürr ist, der legt den Schnellgang ein und fährt über I-90/I-84 direkt nach Portland. Er hält am **Wallula Gap**, durch den einst die Fluten schossen: 270 m hoch, 100 km/h schnell, nach 2–5 Tagen vorbei. – Da die Etappe lang ist, am Ziel eine mögliche späte Ankunft ankündigen – aber nicht zu spät: Die Serpentinen am Grande Ronde sollte man bei Tage fahren.

Alternativen und Extras: Wenn man schon in Spokane ist, muß man auch **Coeur d'Alene** (Idaho) gesehen haben – meinen die Ratgeber: die 33 Meilen, der schöne große See, das Resort ... Man *muß* gar nicht. Coeur d'Alene ist ein ausgewachsenes Ferienzentrum. Auf der schwimmenden Strandpromenade (»der größten der Welt«) drängen sich die Touristen. Man spricht Deutsch.

6. Tag – Route: Spokane – Steptoe Butte – Colfax – Clarkston-Lewiston – Enterprise/Joseph (347 km/217 mi)

Hell's Canyon I

Lewiston nennt sich »Tor zum **Hell's Canyon**«. Für eine Exkursion mit dem Jetboat oder Schlauchboot braucht man eine Übernachtung in Clarkston-Lewiston und (mindestens) einen Extratag. Auskunft über Unterkünfte und Veranstalter geben die Chambers of Commerce: 502 Bridge St., Clarkston, WA 99403 (℡ 509-758-7712 oder 800-933-2128); oder 2207 E. Main St., Lewiston, ID 83501 (℡ 208-743-3531 oder 800-473-3543). Die Tourangebote reichen von Tagestouren bis zu 5-Tages-Touren; Abfahrt ist meist vor 8 Uhr morgens.

 Hell's Canyon National Recreation Area – Snake River Office
2535 Riverside Dr.
Clarkston, WA 99403
℡ (509) 758-0616

 Beamer's Landing – Hell's Canyon Tours
P.O. Box 1223, Lewiston, ID 83501

 1451 Bridge St., Clarkston, WA 99403
℡ (509) 758-4800 oder (800) 522-6966
Großes Angebot an Touren, darunter One Day Tour (7–18 Uhr), Mail Run (Mi/Do, ganzjährig), Boat and Float (5 Tage). Abfahrt: Red Wolf Marina, 1550 Port Drive, Clarkston, WA. Anmeldung erforderlich.

Alternative: Hell's Canyon ab Hell's Canyon Dam bei Oxbow in Oregon besuchen (siehe 7. Tag).

6. Tag – Informationen

Spokane, WA Vorwahl: ℡ 509

 Spokane Visitor Information Center
201 W. Main St.
Spokane, WA 99204
℡ 747-3230 oder (800) 248-3230; Internet: http://www.spokaneareacvb.org
Wichtiges touristisches Utensil: die *Tourmap* von Spokane.

 Burlington Coat Factory
811 W. Main Ave. (Skywalk/Downtown)
℡ 747-2628
Mo–Fr 10–21, Sa 9.30–19, So 11–18 Uhr
Nützliches Textilkaufhaus mit solider, preiswerter Kleidung.

 Auntie's Bookstore & Cafe
402 W. Main Ave. (Downtown)
℡ 838-0206
 Nicht nur der beste Buchladen in Nord-ost-Washington, sondern auch nettes Café mit gesunder Kost und kleinem Lunch (tägl.). $

 Davenport Hotel
807 W. Sprague Ave. (Downtown)
℡ 455-8888
 Grand Hotel von 1914; wird renoviert. Freitag abends 18.30 Uhr »Tea Dance«.

Great Harvest Bread Company
816 W. Sprague Ave. (Downtown)
℡ 624-9370
Mo–Fr 6.30–17.30 Uhr
Vollwertbäckerei mit Lunch. Auf den Namen sollte man im Nordwesten achten! $

 Cheney Cowles Museum & Historic Campbell House
2316 W. 1st Ave. (Browne's Addition)
℡ 456-3931
Di–Sa 10–17 (Mi bis 21), So 13–17 Uhr

Historisches Museum über Spokane und Inland Empire; ferner zeitgenössische Kunst. Auch Bestände des (geschlossenen) Museum of Native American Culture werden periodisch gezeigt. Nebenan: **Campbell House** (1898), mit Plüsch und Pomp des »Age of Elegance«. $ 3

Elk Cafe

1931 W. Pacific Ave. (Browne's Addition)
✆ 456-0454
Tägl. 9–21 (So bis 15 Uhr); Frühstück bis 11.30 Uhr
Freundliches Nachbarschaftscafé in altem Drugstore. Leichte Kost *from scratch*, eigene Bäckerei. $

The Harvester

Spangle (US-195, 15 Meilen südl. von Spokane)
Uriges Landgasthaus im Weizenland. Schlichte, reelle, preiswerte Kost für jedermann. $

Steptoe Butte State Park

Hume Rd. (12 Meilen nördl. von Colfax, östl. US-195)
✆ 549-3551
Zufahrt über Hume Rd., dann McCroskey Rd. Vom Gipfel famose Aussicht. Unten Picknicktische und Toiletten, ganzjährig; keine Übernachtungsmöglichkeit.

Fields Spring State Park

P.O. Box 86 (WA-129, 4½ Meilen südl. von Anatone)
Anatone, WA 99401
✆ 256-3332
Ganzjährig. 20 Stellplätze mit Tisch und Feuerstelle, keine Hookups. Trinkwasser und Duschen. Sehr bescheiden, sehr abgelegen, sehr schön.

Wallowa County Chamber of Commerce/ Visitors Information Center

107 S.W. 1st St.
Enterprise, OR 97828
✆ 426-4622 oder (800) 585-4121
Mo–Fr 10–15 Uhr

Besucher-Informationen in der Wallowa Valley Mall, zentral in Enterprise.

Joseph, OR 97846   **Vorwahl: ✆ 541**

Wallowa Lake Lodge

60060 Wallowa Lake Hwy. (6 Meilen südl. von Joseph)
✆ 432-9821
Traditionsreiches Hotel (1923) am Südufer von Wallowa Lake. Gemütliche Lobby, großer Kamin, winzige Zimmer (ohne Telefon und TV). Cabins am See. Nichtraucher. Restaurant mit solider Küche, Bier, Wein und Seeblick. Zum Frühstück: *hazelnut pancakes*. $$–$$$

Indian Lodge Motel

20 Main St.
✆ 432-2651, Fax 432-4949
16 Zimmer – renoviert, sauber, komfortabel. $-$$

Chandler's Bed, Bread & Trail Inn (B & B)

700 S. Main St.
✆ 432-9765 oder (800) 452-3781
5 hübsche Zimmer mitten in Joseph; üppiges Frühstück und hilfreiche Auskünfte zum Ferienziel. $$

Wallowa Lake State Park

72214 Marina Lane (6 Meilen südl. von Joseph)
✆ 432-4185 oder (800) 452-5687
Beliebter Erholungspark am Südufer von Wallowa Lake (600 000 Gäste im Jahr!). 121 RV-Plätze (*full* Hookups), 90 Zeltplätze. Baden, Picknick, Bootsverleih. Reservierung möglich.

Vali's Alpine Deli & Restaurant

59811 Wallowa Lake Hwy.
✆ 432-5691
Dinner Di–So 17–20 (auf Bestellung), Frühstück 9.30–11 Uhr
Trotz des Namens: feines Speiselokal mit ungarisch-deutscher Küche und Tradition. $-$$

Inland Empire
Spokane und die Palouse

Pomp der Gründerjahre, Spokane

Es ist schon ein Phänomen, wie weit es diese Stadt, tief im Binnenland gelegen, ohne Meer und schiffbaren Fluß, gebracht hat: Symphonieorchester, Jazzorchester, Theaterensemble, »gotische« Kathedrale, Davenport Hotel von 1914 und Weltausstellung von 1974. **Spokane** ist mit seinen 400 000 Einwohnern (County) die zweitgrößte Metropole Washingtons.

Die **Spokane Falls** waren schon für die Indianer ein erstklassiger Standort, wegen der Lachse. Die Siedler nutzten die Wasserkraft der Fälle (ab 1872), um Holz zu sägen und Getreide zu mahlen; die Eisenbahnen kamen rechtzeitig (1881), um beide abzutransportieren. Der Goldrausch von 1883 brachte den Bergbau nach Coeur d'Alene (Idaho), Spokane profitierte davon, gelangte zu Wohlstand und wurde zum Handels- und Dienstleistungzentrum der Region: Hauptstadt des Inland Empire.

Daß Spokane eine Einkaufsstadt ist, sieht man an den geballten Konsumburgen in Downtown – und ihren Parkhäusern. Die Touristen profitieren auch davon, wenn sie finden, was sie suchen. Brauchbar ist jedenfalls das Textilangebot der **Burlington Coat Factory** – kein Firlefanz! – zu günstigen Preisen. Insgesamt 15 City-Blocks sind in Höhe des ersten Stocks durch den **Skywalk** verbunden; so kommt man trockenen Fußes hinein, hindurch und auch wieder heraus.

Riverfront Park soll der »wohl schönste Stadtpark Amerikas« sein ... als Rummelplatz, vielleicht. Man schuf ihn auf dem Gelände eines Rangierbahnhofs zur Weltausstellung 1974. Heute birgt er ein IMAX-Kino, Spielplätze, Grünflächen, Spazierwege, Skulpturen – und eine Perle: das alte **Looff Carousel** (1909) mit seinen 54 handgeschnitzten, buntlackierten Pferdchen. Ein Uhrturm aus Bahnhofs Zeiten steht so funktionslos herum wie ein Kaiser-Wilhelm-Denkmal.

Beachtenswert sind die **Spokane Falls**, in deren schäumenden Strudeltopf einst die Indianer fischten. Man kann sie mit einer – pardon – völlig überflüssigen Gondelbahn besichtigen, sieht sie jedoch genausogut von der Monroe Street Bridge. Die Amerikaner sind eben besessen von *rides*, ob Dinner Train, Dune Buggy, Jetboat – oder Gondelbahn!

Downtown ist von Parkplätzen durchsiebt wie ein großporiger Schwamm, zwischendrin gibt es ein paar gastliche Stätten: **Auntie's, Luigi's,** die **Great Harvest Bread Company** oder **Fort Spokane Brewery**. Das alte **Davenport Hotel**, 1914 als »Grand Hotel« erbaut, ist ein urbanes Fossil. Portland opferte sein Portland Hotel 1951 einem Kaufhaus, Baker City eröffnet sein Geiser Grand neu, das alte Davenport wurde von den »Friends of the Davenport« gerettet. Es fand sich ein Investor, man renoviert, kämpft mit Widrigkeiten. Drinnen blickt man in eine andere Zeit: Täfelungen, Stukkaturen, Marmorböden, Ballsäle und ein »Mezzanin«, auf dem die Handelsvertreter einst ihre Waren präsentierten. Zum »Tea Dance« darf man hinein.

Man hätte also Spokane schnell abgehakt, gäbe es nicht **Browne's Addition**. Im schönen, alten Wohnviertel liegt das Gute dicht beisammen: Museum, Restaurants, B&Bs und Park. Im **Coeur d'Alene Park** blüht im Mai der Flieder (Spokane ist die Stadt des Flieders), und das Betreten des Rasens ist durchaus erlaubt. Durch ruhige Wohnstraßen unter Ahorn, Kastanien und Kiefern schlendert man beschwingt zum **Cheney Cowles Museum.**

Das zeichnet »Portraits of the Inland Empire«. Erst waren hier zur Lachssaison die Plateauindianer, dann kamen Bergleute, Holzfäller und die Landwirtschaft. Grell warben die Plakate der Eisenbahngesellschaften um Siedler: *There is Ample Room for Millions of Settlers!* (Northern Pacific). Teils grandios, teils kurios zeichnen die monumentalen Historienbilder von Edward Grigware (1953) das Geschehen nach. Auf einem Wandbild begrüßen Lewis und Clark 1805 in heroischer Pose das Inland Empire. Auf dem anderen erhebt sich Spokane nach dem Brand von 1889 aus der Asche und nutzt seine Ressourcen (siehe oben); ein Propellerflugzeug schwebt krönend am Himmel.

An der verkehrsberuhigten Kreuzung Pacific/Ecke Cannon Street bietet das **Elk Cafe** einen leichten Lunch oder Brunch. Es ist ein richtiges Kiez-Lokal, dieser ehemalige Drugstore des Viertels. Poster aus den 1920ern zieren die Wände, ein »historischer« *soda fountain* spendet Getränke. Die Speisen sind frisch, Brot und Kuchen selbstgebacken. Ein Stammgast sagt, er würde dem Café »vier Sterne« geben. Im Sommer sitze man draußen, im Winter blicke man durch die Scheiben in den Schnee.

Höchste Zeit zum Aufbruch nach Oregon! Wer in Spokane den Lunch verpaßt hat, bekommt in **The Harvester** bei Spangle (US-195) noch eine Chance. Dort, wo das Weizenland der Palouse beginnt, steht dieser »Landgasthof« im amerikanischen Sinne. Country Boys, Farmerfamilien und durchreisende Senioren lassen sich in schwammige Plastikpolster fallen – *as American as it gets.*

Weizen mit Linsen – Landpartie durch die Palouse

Die runden Hügel der Palouse bestehen aus Sand und Löß, die in den Zwischeneiszeiten aufgeweht wurden. Sie blieben von den »schabenden« Fluten aus Lake Missola verschont. Als die französischen Pelzhändler die ondulierende Büschelgras-Prärie entdeckten, nannten sie sie *pelouse* – »Rasen«. Unter dem Pflug liefern die Hügel die höchsten Weizenerträge der Welt (ohne Bewässerung); Linsen und Erbsen ergänzen das Programm. Wenn Cowboys eines der gefleckten Pferde der Palouse sahen, riefen sie: *a pelousey* – »Appaloosa«.

Bei Jeanne und Kent Kjack von **Country Tours** ist man »auf dem Lande«. Gleich hinter dem Haus leben die Tiere: Ziegen und Zicklein, Hühner und Küken, Katzen und Hund. Die 55 Rinder trinken aus der natürlichen Quelle, die der Farmer gefaßt hat. Wo *scabland* ausstreicht, weiden sie; sonst baut er Winterweizen, Gerste und Erbsen an. Die Vegetationsperiode dauert 90 Tage, der Jahresniederschlag beträgt 400 bis 460 Millimeter, die Winter sind streng.

Gäste wohnen im ausgebauten Trailer der Kjack's (als B&B). Jeanne Kjack führt selbst. Wie ein Schlauchboot steuert sie ihren großen Van über rauhe Straßen, erzählt von dem früheren Eisenbahnknoten Malden, der »Indianerschlacht« bei Steptoe Butte, den Bäumen, die die Homesteader pflanzen mußten, um ihre Claims zu behaupten ... Bei Hole in the Ground mündet Pine Creek in die Schlucht von Rock Creek. Oben streicht Basalt aus *(scabrock)*. Dies ist die Grenze zwischen der Palouse und den Channeled Scablands.

Will man das Land auf eigene Faust erkunden, so wird man die »alten« Landstädte besuchen, wie Oakesdale (mit Joseph Barron's Getreidemühle von 1890) Garfield, St. John oder Dusty. Oder man besichtigt das bizarre Naturschauspiel von **Palouse Falls** oder die alte Eisenbahnstadt **Dayton**; oder man geht am **Boyer Park & Marina** bei Almota am Snake River zelten, bootfahren, baden ...

 Country Tours (Historic Tours of the Palouse) & B&B
P.O. Box 221
Malden, WA 99149
☎ (509) 569-3312

Jeanne Kjack kennt das Land und führt durch die Palouse: Historic Palouse, Palouse Falls, Barn Tour ... B&B auf einer Farm.
$$

Das Kombinationsgericht aus Gemüsesuppe und deftigem Beef-Sandwich für 3,50 Dollar ist unschlagbar; die Bedienung ist ländlich-freundlich.

Alsbald bestimmen die weichen Linien der Palouse das Landschaftsbild. Ins Grün des jungen Weizens (im Juni) mischen sich rötliche Töne aus alten Stoppeln. An den Böschungen blühen die buntesten Blumen. Vor Rosalia legt sich der »Chan-nel« des North Pine Creek quer; die Rinder ahnen nichts von den Fluten, die ihn schufen. Wer die Palouse von nahem sehen will, biegt bei Rosalia auf der Malden Road nach **Malden** ab und geht mit **Country Tours** auf Tour.

Die Getreidesilos von Cashup ziehen vorüber, **Steptoe Butte** taucht auf. Man könnte jetzt gut »nach Sicht« fahren, nimmt aber besser die beschilderte

Die sanften Rundungen der Palouse, near Snake River

Zufahrt ab Steptoe (Ort). Sie führt im großen Bogen von Osten her, am **Steptoe Butte State Park** vorbei, an den Berg heran. Vom Gipfel (1 101 m) geht der Blick hundert Kilometer weit in alle Richtungen. Es ist, als schwebe man über einem grünen Meer von Wellenbergen und Wellentälern. Von fern dröhnt milde der Highway. Dank »Steptoe« haben die Geologen jetzt einen Begriff für jeden Sockel aus Urgestein, der sich über jüngeren Schichten erhebt.

Bald hinter Colfax muß man sich entscheiden, ob man im Albion (nach links) oder Klemgard Park (nach rechts) Rast machen will. Es ist eine Unsitte der

Behörde, die Entfernungen zu verschweigen! Durch die saftige Palouse geht es 3 1/2 Meilen zum **Klemgard County Park** im grünen Tal des Union Flat Creek. Am Ufer quaken die Frösche, und die *red-winged blackbirds* lassen ihr melodisches Schnarren vernehmen. Picknicktische, Spielplätze, ein Nature Trail und ein Plumpsklo sind vorhanden. Der Rundweg (1 Meile, ca. 20 Minuten) liefert zwar keine Erklärungen, ist aber gut für den Kreislauf des Autotouristen.

Pullman bleibt zur Linken liegen, in Uniontown blitzen die Aluminiumsilos in der Sonne. Am Aussichtspunkt von

101

Lewiston Hill (840 m) bietet sich ein sensationeller Blick tief und weit ins Snake River Valley. Links unten im Bild liegt der Seehafen (!) Lewiston, Idaho, seit 1975 mit direktem Zugang zum Pazifik.

Nun aber nicht über US-195 wie auf der Brennerautobahn zu Tal rollen, sondern mit Gefühl den **Old Spiral Highway** hinuntergleiten. Dieses Straßenbaukunstwerk von 1914 überwindet die 600 Meter Höhenunterschied des Lewiston Grade mit vielen Kurven bei gleichbleibendem Gefälle auf zehn Meilen Strecke. Blumen färben die Hänge lila, Straßenschäden, Hangrutschungen und Engstellen nimmt man in Kauf.

Wer nicht in der Doppelstadt bleiben will, um am nächsten Tag Hell's Canyon zu bereisen, läßt jene schnell hinter sich. Bei Asotin kommt die »letzte Tankstelle auf 77 Meilen«: Man darf sich auf eine stramme Fahrt von netto zwei Stunden bis zum Ziel gefaßt machen. WA-129 biegt scharf rechts nach Anatone ab und erklimmt mit langer Steigung die Hochfläche – es ist nicht die letzte auf dieser Strecke. Weideland, Weizenland, sogleich weht frischer Wind übers Land und bringt einen Hauch von Lavendel herein. Anatone meldet 57 Einwohner (1994), mit sinkender Tendenz. Der offene Wald bestätigt das Paradox des Waldes im Nordwesten: Wo er spärlich wächst, steht er am besten. Rattlesnake Summit: 1209 Meter.

In einer der menschenleersten Ecken der Region liegt **Fields Spring State Park**: eine Meile Zufahrt durch hohen Wald, 20 Stellplätze (plus zwei für Radler), Tepees mit Etagenbetten und eine »Lodge«. Ein Wanderweg führt zum Overlook auf Puffer Butte (1 Meile, 10 Grad Steigung). Es gibt Bären im Park, man sollte den Proviant wegschließen. Ein Paradies für Naturliebhaber – ohne Hook-

ups, aber mit Trinkwasser und einer anständigen Dusche!

Tief steigt die Straße ins Tal des Grande Ronde River hinab, steil klettert sie drüben wieder hinauf. An jeder Kehre zeigt sich die zerrissene Erosionslandschaft in neuem Licht: Badlands, keine Siedlungen, »Wilder Westen« im Osten. An der Brücke unten steht ein Café. Auf halber Höhe drüben wechselt der Staat: WELCOME TO OREGON. Die WA-129 heißt jetzt OR-3.

Auf der Hochfläche fährt man wie auf einem Dach. Im **Joseph Canyon** überwinterte Chief »Old Joseph«, der sich nicht mit den Weißen schlagen wollte, mit seinen Nez Percé. In einer Höhle wurde sein Sohn Chief »Young Joseph« geboren, der sich mit den Weißen schlagen mußte. Herrlich geführt, läuft die Straße nahe dem Plateaurand durch offenen Wald. Auf Wildwechsel muß man achten. Plötzlich recken sich im Süden die schneebedeckten **Wallowa Mountains** in den Himmel. Man gleitet in ein breites Hochtal mit Almwiesen, dann zeigen Lichterpunkte **Enterprise** an. Man ist in der Heimat der Nez Percé, die Chief Joseph um keinen Preis aufgeben wollte.

Sechs Meilen sind es noch bis **Joseph**, und weitere sechs Meilen bis zum Südende von **Wallowa Lake**. Die **Wallowa Lake Lodge** (1923) mit alten Bäumen und Garten am See ist wie ein Hafen nach einer langen Reise. Im gemütlichen Gästeraum flankieren Hirsch- und Elchgeweihe den Kamin und erinnern an die alte *hunting lodge*. Es wurden Bäder in die Zimmer eingefügt, jetzt sind es Zimmerchen. Wahrscheinlich ist es fürs Dinner im **Camas Dining Room** zu spät, aber ein Bier aus dem Kühlschrank wird man noch kriegen. Frösche quaken im Teich hinter der Lodge, ein Wasserfall rauscht ... nein, es ist der schnell fließende Wallowa River. ❖

km/mi	Zeit	Route
	Vormittag	**Bummel um Wallowa Lake State Park**, Bootfahren auf Wallowa Lake o. ä. (Ggf. Gondelfahrt auf Mt. Howard.) Besuch der Bronzegalerien in **Joseph** (evtl. Führung durch eine Gießerei). Bei längerem Aufenthalt im Wallowa Valley: Visitor Center in Enterprise ansteuern. Früher Lunch – oder Picknick unterwegs.
0	12.00 Uhr	Ab Joseph auf WA-350 nach Osten zur **Wallowa Mountain Loop** (FS-39). Little Sheep Creek südwärts über Lick Creek, Gumboot Creek, Dry Creek; auf Hell's Canyon Rim Rd. (FS-3965) zum
74/ 46	14.00 Uhr	**Hell's Canyon Overlook**: Lehrtafeln, Picknick, Toiletten. FS-3965 nach Süden zur FS-39, dann OR-86 West über Halfway und Richland zum
214/134	16.00 Uhr	**Oregon Trail Interpretive Center** auf Flagstaff Hill. Weiter nach
222/139	18.30 Uhr	**Baker City**.

Weichenstellung: Zieluhrzeit ist spätestens 16 Uhr am **Oregon Trail Interpretive Center** (weil es im Sommer um 18 Uhr schließt). – Für die **Wallowa Mountain Loop** (Joseph bis Halfway, 73 Meilen) muß ausreichend Benzin im Tank sein!

Alternativen und Extras: Die Strecke am Folgetag ist lang! Wer sich im Wallowa Valley kurz faßt, gewinnt Zeit für das Oregon-Trail-Museum, macht Rast in Baker City und fährt noch am Abend bis **Prairie City** oder **John Day** durch. Dort geht man ins Motel – und spart am nächsten Tag 80 Meilen. Unterkunft in diesem Fall in Prairie City, OR 97869, z. B. im **Strawberry Mountain Inn B & B** (HCR 77, 940 Hwy. 26 E., ✆ 541-820-4522 oder 800-545-6913, $$) – mit Super-Frühstück und Blick auf die Strawberry Mountains. Oder in John Day, OR 97845, in **Dreamer's Lodge** (144 N. Canyon Blvd., ✆ 541-575-0526 oder 800-654-2849, Fax 575-2733, $–$$); oder **Best Western Inn** (315 W. Main St., ✆ 541-575-1700, $$). – Kompromiß: In Sumpter, OR 97877, im **Depot Inn Motel** (179 S. Mill St., ✆ 541-894-2522 oder 894-2250, $) – mit 14 großen, komfortablen Zimmern.

Für Bergwanderungen in der **Eagle Cap Wilderness** (günstiger Standort: südl. Wallowa Lake) ist ein Extratag erforderlich; Tourenvorschläge im Visitor Center.

Hell's Canyon II

Exkursionen in oder um **Hell's Canyon** erfordern einen oder mehrere Extratage. Ausgangspunkt für Touren mit Schlauchboot oder Jetboat ist Hell's Canyon Creek Recreation Site (bei **Hell's Canyon Dam**): 23 Meilen nördl. von Oxbow (OR-86), ℂ (541) 785-3395 (Zufahrt auf der Idaho-Seite). Übernachtung in **Copperfield** am Snake River (Camping) oder **Halfway**; Outfitter vermitteln Unterkunft. – Übrigens: »Raften« kann man auch noch in Central Oregon ...

Hell's Canyon Adventures
4200 Hell's Canyon Dam Rd.
Oxbow, OR 97840
ℂ (541) 785-3352 oder (800) 422-3568
Fax 785-3353
Ende Mai – Ende Sept.
Hell's Canyon Adventures offeriert ein flexibles Angebot an Touren mit dem Schlauchboot oder Jetboat. Sie haben die Wahl zwischen 2–3stündigen und 1–2tägigen Exkursionen.

Copperfield Campground
Copperfield/Oxbow (Ende OR-86)
ℂ (541) 785-3323 oder (800) 521-9102
(Idaho Power Co.)
Schöner, grüner Campingplatz am Snake River: 72 Plätze. Kleine Mahlzeiten im **Hell's Canyon Inn** (ℂ 541-785-3393) – 5 Meilen flußab auf der Idaho-Seite in Richtung Hell's Canyon Dam: **Hell's Canyon Campground**, 60 Plätze (mit Hookups), ganzjährig.

Wer abenteuerliche Geländefahrten schätzt, braucht viel Bodenfreiheit am Auto und extra Zeit. Zwei Geländetouren zum Canyon, jeweils ab **Imnaha** (30 Meilen nördl. von Joseph via OR-350), führen tief in oder über den Canyon.

1. Dug Bar, in Flußhöhe am Snake River: 27 Meilen nach Norden, am Imnaha River (zunächst) entlang (FS-4260); Zelt mitnehmen.

2. Hat Point (2 128 m über NN), Aussichtspunkt über dem Canyon: 23 Meilen auf steiler, enger Schotterstraße (FS-4240/315 = Hat Point Road) hinauf; Fahrtdauer 1¹/₂ bis 2 Std. hin, passierbar nur Juli–Nov. Auskunft über Wetter- und Straßenverhältnisse im Visitor Center.

Die Wallowas mit Hell's Canyon sind ein Sommerreisegebiet: Campingplätze, Aussichtspunkte und die Wallowa Mountain Loop sind generell nur von Juni bis November geöffnet. Wer dennoch zur falschen Jahreszeit kommt, findet Skilanglauf bei Salt Creek (ab Joseph) oder Clear Creek (ab Halfway). Oder: Er sucht sich eine heiße Quelle, z. B.: **Lehman Hot Springs**, OR-244 zwischen La Grande und Ukiah (ganzjährig, ℂ 541-427-3015); **Ritter Hot Springs**, US-395 zwischen Ukiah und Long Creek – »Wasser wie in Baden-Baden« (Mai–Sept., ℂ 541-421-3846); **Blue Mountain Hot Springs**, 10 Meilen südöstl. von Prairie City (ganzjährig, ℂ 541-820-3744). – Die Eastern Oregon Visitors Association weiß mehr (siehe Infos S. 107).

Die Option Halfway

Halfway liegt auf halbem Wege – zu was? Zum Hinterland Amerikas. Die südlichen Wallowas sind so fern aller Zentren, daß sie kaum zugänglich sind. Dabei war Cornucopia in den Eagle Mountains am nördlichen Straßenende einmal ein Zentrum des Goldbergbaus (ab 1880). Das sieht man heute noch an den von Bohrschächten durchsiebten Bergflanken. Im Winter schneit hier alles zu.

Auf der **Clear Creek Farm** trifft man das ländliche Amerika. Die Besitzerin zog sich auf diesen abgelegenen Vorposten zurück, weil ihr Bend in Central Oregon »zu voll«, der Boden dort »zu dünn« war, so daß keine Blumen wuchsen. Die Unterkunft ist schwer zu finden, äußerst schlicht und sehr familiär. Farmer Mike Curless zeigt seine Bisons. Die sind zwar neugierig, halten aber Abstand. Nur »Papa Earthwalker«, Stammvater der Herde, kommt auf Fütternähe heran. Einmal in Fahrt, läuft die Herde donnernd ihre Runden, die Kälbchen in der Mitte. Zum Dinner gibt es – buffalo stew; am Morgen ein wunderbares ländliches Frühstück.

 Clear Creek Farm (B & B)
Rt. 1, Box 138 (5 Meilen nördl. von Halfway)
Halfway, OR 97834
✆ (541) 742-2238 oder (800) 742-4992
Fax 742-5175
Schwierige Anfahrt: Ortsdurchfahrt Halfway in Richtung Cornucopia, dann Abzweig nach East Pine Rd., Fish Lake, Clear Creek Snowpark.

5 sehr einfache Zimmer in Haus, Scheune und Speicher. $$

 Amador's of Halfway
166 N. Main St.
Halfway
✆ (541) 742-2025
Feines Restaurant. Kleine, gute Auswahl. Kein Alkohol.
$$

7. Tag – Informationen
Vorwahl: ✆ 541

 Wallowa Mountains Visitor Center (Forest Service)/Hell's Canyon National Recreation Area – Headquarters
88401 Hwy. 82 (am Hang, nahe westl. Ortseinfahrt)
Enterprise, OR 97828
✆ 426-5546 (Visitor Center), 426-4978 (N.R.A.)
Sommer Mo–Sa 8–17, So 12–17 Uhr; sonst Mo–Fr 8–17 Uhr
Reliefmodell der Region, historische Fotos, Wanderauskünfte. Vor dem Center: besonders schöner Blick auf die Seven Devils Mountains, Idaho.

Joseph, OR 97846

 Wallowa Lake Marina
✆ 432-9115
Sommer 8–20, sonst 9–17 Uhr
Im Wallowa Lake State Park. Bootsverleih, auch stundenweise.

 Wallowa Lake Tramway
59919 Wallowa Lake Hwy. (6 Meilen südl. von Joseph)
✆ 432-5331
Mai, Juni, Sept. tägl. 10–16, Juli/Aug. 9–18 Uhr

Steilste Gondelbahn der USA zum 2 515 m hohen Mt. Howard. Oben Rundblick und sanfte Wege. $ 12

Valley Bronze of Oregon
18 S. Main St. (Galerie)

307 W. Alder St. (Gießerei)
☎ 432-7445 (Galerie), 432-7551 (Gießerei)
Ganzjährig tägl. Führungen durch die Gießerei (Dauer 2 Std.). Motive: Grazien, Hirsche, Pferde, Reiher – internationale Aufträge.

Bronze Coast Gallery
2 S. Main St.

☎ 432-1290 oder (800) 430-1290
Diverse Motive, nicht nur gegenständlich.

The Manuel Museum
(Nez Percé Crossing Museum)
400 N. Main St.
☎ 432-7235
Tägl. 9 Uhr bis zur Dämmerung
Ausgestopfte Tiere, alte Kutschen, kolo-

rierte Bronzen; Skulpturengarten. Eindrucksvoll: Objekte der Nez Percé. $ 5

Common Good Marketplace
100 W. Main St.
Enterprise
☎ 426-4125
Mo–Sa 9–17.30 (Lunch bis 15.30 Uhr)
Frisch zubereitete, vielseitige gesunde Kost: Suppen, Salate, Sandwiches; Espresso & Juice Bar. $

Sonita's Cafe Ole
107 S.W. 1st St.
Enterprise
☎ 426-4888
Amerikanische und mexikanische Küche. $–$$

Baker City, OR 97814

National Historic Oregon Trail Interpretive Center

Flagstaff Hill (OR-86, 5 Meilen östl. von Baker City)

Lebensecht: Tiere und Menschen im Museum zum Oregon Trail

☎ 523-1843
Mai–Sept. tägl. 9–18, sonst 9–16 Uhr
Imposante Ausstellung über den Oregon
Trail. Detailfreudige Darstellungsform,
gute Dokumentation in Text und Bild.
Objekte zum Anfassen für Kinder. Lehr-
pfade zu Wagenspuren im Original; Berg-
werksstollen. Eintritt frei.

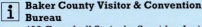

**Baker County Visitor & Convention
Bureau**
490 Campbell St. (nahe Sunridge Inn)
☎ 523-3356 oder (800) 523-1235
Fax 523-9187
Mo–Fr 8–18, Sa bis 16 Uhr
Hier gibt es ein Faltblatt für einen Rund-
gang durch das historische Baker.

Eastern Oregon Visitors Association
P.O. Box 1087
☎ 523-9200 oder (800) 332-1843
Fax 523-2603
Kümmert sich um Touristenwerbung für
die 9 Counties von Ost-Oregon.

Best Western Sunridge Inn
1 Sunridge Lane (I-84, City Center Exit 304)
☎ 523-6444 oder (800) 233-2368
Fax 523-6446
Modern, komfortabel, angenehm. 156
ruhige Zimmer, teils zum grünen Innen-
hof hin gelegen. Geheizter Swimming-
pool. $$

Warner Slough House
Rt. 2, Box 135 (7 Meilen nördl. von Baker
City)
☎ 523-6196
Ein Original: 150 Jahre alte *working
ranch*; soll ein »echtes Western-Erlebnis«
sein ...

Geiser Grand Hotel
1996 Main St.
☎ 523-1889, Fax 523-1889
Gründlich renoviertes, klassisches Stadt-
hotel von 1889. Neu eröffnet 1996 (Marke-
ting durch Heathman Hotel, Portland).
Restaurant & Bar. $$-$$$

The Phone Company Restaurant
1926 1st St.
☎ 523-7997
Lunch und Dinner. Weißgekalkter Back-

stein, altmodische Lampen und Bilder,
nordwestl. Küche, feine Weine und Biere.
$$

Baker City Coin Laundry
815 Campbell St.
☎ 523-9817 oder 523-6485
Tägl. 7–22 Uhr
Äußerst nützlich. Man kann auch waschen
lassen.

Union Creek Campground
HCR 87, Box 929A
Baker City (Postadresse)
☎ 894-2260 oder 894-2210
Mitte April – Okt.
OR-7 West, 15 Meilen westl. von Baker
City am Phillips Reservoir. 58 RV-Plätze
(z. T. *full* Hookups). Schönes Gelände
unter Kiefern; Picknick, Baden, Angeln,
Wandern auf Lakeshore Trail. Es sei
»immer Platz«, meinen die Manager.

Haines Steak House
Haines (Downtown)
☎ 856-3639
Nur Dinner: Mi–Mo (Di geschl.)
Ab Baker City 10 Meilen auf Old Hwy. 30
nach Norden. Hat den Ruf, das »beste
Steak in Oregon« zu servieren. Salatbar
im Chuck Wagon, nordwestliche Weine
und Biere. Cowboy-Flair! Auch als Galerie interessant. $$

Blick in den Abgrund
Von Wallowa Lake nach Baker City

Mit den Wallowa Mountains ist es wie mit den San Juan Islands: Gesprächspartner bekommen glänzende Augen, wenn man von ihnen spricht. Für die Bewohner der Westküste sind die Wallowas im fernen Osten die »amerikanischen Alpen«, die »Schweiz von Oregon« oder gar das »Tor zum Himmel«. Junge Paare verbringen ihre Flitterwochen hier, fahren Boot auf Wallowa Lake, Gondelbahn zum Mount Howard und kaufen sich ein Andenken in der Galerie.

Wo hinter Wallowa Lake alle Straßen enden (auch OR-82), beginnt ein buntes Durcheinander von Wohnwagen, Ferienhütten, Galerien und Baumaschinen. An der Talstation der **Wallowa Lake Tramway**, die auf Mount Howard hinaufführt, betteln zahme Maultierhirsche um Erdnüsse. Dann kommt das Revier der Naturfreunde und Bergwanderer. Wanderwege führen zu Almwiesen und Gletscherseen der **Eagle Cap Wilderness** hinauf (die Ranger im Visitor Center in Enterprise halten Wegepläne bereit). Der Besitzer von Wallowa Lake Lodge *(Are you the manager? – No, I'm just the owner.)* hat recht: Für die Wallowas braucht man mindestens zwei Tage – so bescheiden ist er (geworden).

Dies hier sei ein Sommerferiengebiet, denn im Winter falle in der Höhenlage (1200 m) zuwenig Schnee (Mount Howard ist nicht für Skilauf entwickelt). Die besten Monate seien Juni und September/Oktober; im Juli/August werde es sehr voll. In der Vor- oder Nachsaison

könne man gut wandern im Gebirge und Boot fahren auf dem See (c/o **Wallowa Lake State Park**). Im Herbst färben sich die Kokanee-Lachse im See rot. Im Winter ist Skilanglauf eine Alternative. Die Kulisse am See ist bestechend. Zwei perfekte Seitenmoränen – wie aus dem Lehrbuch für Geologie – rahmen **Wallowa Lake**. Darüber erheben sich hohe Berge; ausgerechnet Mount Howard und Chief Joseph Mountain stehen sich hier gegenüber. Der US-General hatte Chief

Wallowa Valley mit Wallowa Mountains, einst Lebensraum der Nez Percé

Powder River, unterwegs zum Snake River

Joseph und den *non-treaty* Nez Percé im Mai 1877 ultimativ befohlen, binnen eines Monats von Wallowa ins Lapwai-Reservat in Idaho umzusiedeln. Merkwürdige Gaben hängen am Grab von Chief »Old Joseph« (**National Indian Cemetery** am Nordende des Sees) im Baum: Fischhäute, Kiefernzapfen, ein Stein, ein Schlüssel, ein Tuch.

Auf der breiten Schwemmebene des Gletschers nördlich des Sees, den er einst ausfüllte, hört die Idylle auf. Das Hochtal ist heillos zersiedelt – *alpine sprawl* von der bekannten Art. Vielleicht hätte man das Tal doch den Nez Percé überlassen sollen, die hätten es nicht in Privatgrundstücke zersplittert. Auf einer Koppel zwischen Joseph und Enterprise stehen schwere, schwarze Clydesdale-Rösser mit Wuscheln an den Hufen. **Joseph** ist zum Mittelpunkt eines besonderen Zweiges des Kunstgewerbes

geworden, der Bronzegießerei. Ein Bummel über die Main Street von Joseph wird die Diskussion um »Kitsch oder Kunst« um neue Aspekte bereichern. Erklärtermaßen ist ein Galeriebesuch in Joseph manchen Bürgern aus Baker City einen Tagesausflug wert. Führungen durch die Gießereien *(foundry tour)* erläutern den künstlerisch-technischen Prozeß *(lost wax process)*.

Valley Bronze versteht sich als »Ziehmutter« ihrer Artgenossen um Joseph, die nicht wie »Pilze«, sondern – so der zeitgemäße Vergleich des jungen Verkäufers – wie »Mikrobrauereien« aus dem Boden schießen. Geboten und gefragt sind offensichtlich Western-Motive, feenhafte Frauen, Tiergruppen, die sich aufbäumen, brüllen und ähnliches. Außer den Preisen beeindruckt die Tatsache, daß Künstler aus aller Welt hier gießen lassen.

Das helle Blockhaus des **Manuel Museum** fällt ins Auge, ebenso die Dreiergruppe mit Wagenrad (natürlich aus Bronze) vor dem Haus: »The Promised Land« – Siedler auf dem Wege nach Oregon. Für diese Plastik wurde David Manuel 1993 in den Rang eines »offiziellen Bildhauers für das 150jährige Jubiläum des Oregon Trail« gehoben, was prompt Kontroversen über die *political correctness* des Werkes auslöste. Drinnen erschreckt zunächst ein hoch aufgerichteter Alaska-Braunbär (aus Fell); weitere Exponate sind bemalte Indianer zu Pferde, ein US-Marshall in strammer Hitlerpose, John Wayne ... (aus Bronze).

Nach soviel Patriotismus überrascht der erste Stock. Er birgt eine stolze Indianer-Ausstellung mit Pfeilspitzen, perlenbestickten Gewändern aus Wildleder und den typischen, geschnürten Tragekiepen fürs Baby, aus denen nur der Kopf hervorschaut. Die Bilder von Howard Terping sind mit Sympathie gemalt. In der Vitrine ist eine Zeitung von 1926 aufgeschlagen. Gäste aus dem Lapwai- und Umatilla-Reservat, in Festkleidung, mit Federhaube und hoch zu Roß, geben Chief »Old Joseph« das letzte Geleit; der wurde ja damals auf den Indianerfriedhof am Wallowa Lake umgebettet.

Von Joseph geht es auf WA-350 über eine schräge Ebene nach Osten. Von Idaho grüßen die Seven Devils Mountains herüber. An der Kreuzung mit **Wallowa Mountain Loop** (FS-39) ginge es links nach Imnaha; rechts geht es nach HELL'S CANYON OVERLOOK, 37 MEILEN; HALFWAY, 64 MEILEN – 35 MPH. Warum die Strecke »Loop« heißt? Weil sich der Forest Service einen Hell's Canyon Sce-

Scheune mit Heuballen an der Straße von Baker City zum Hell's Canyon

nic Byway ausgedacht hat, der Baker City mit La Grande über die Wallowas verbindet.

Die Ausschilderung ist gut. Die schmale Straße folgt Bachläufen, aber von der Landschaft sieht man wenig – so tief steckt man im Wald. Das ändert sich schlagartig, wo das »Canal Fire« von 1989 gewütet hat, das durch Blitzschlag ausgelöst wurde. Kilometerweit bedecken Baumgerippe die Hügel. Endlich kommt frischer Lärchenwald. Elf Meilen geht es nun am Gumboot Creek eineinhalbspurig bergab, dann ein Stück den Imnaha River und Dry Creek hinauf zur FS-3962 links, dann auf Hell's Canyon Rim Road (FS-3965) zum **Hell's Canyon Overlook** hinauf.

Der Aussichtspunkt ist der einzige am Canyon, den man über eine Asphaltstraße erreicht. Der Wald öffnet sich zum Park, Blumen sprenkeln die Wiesen. Dann schweift der Blick durch die weite Schlucht, wandert an Schichten und Flexuren im Gestein entlang, doch bis zum Grund gelangt er nicht. **Hell's Canyon** ist die tiefste Schlucht Nordamerikas: He Devil Mountain (auf der Idaho-Seite) ragt fast 2 500 Meter über Snake River auf. Dort unten leben Fossilien der Tierwelt, wie der Weiße Stör, der 75 Jahre alt, vier Meter lang und 800 Kilogramm schwer wird. Die Rim Road (FS-3965) führt südwärts zur FS-39 zurück; die einspurige Schotterpiste nach Norden fährt man besser nicht.

Nach der vielen Kurbelei gelangt man endlich zu dem heimeligen, kleinen **Lake Fork Campground.** Ganze zehn Stellplätze *(tentsites)* hat er zu bieten, keinen Komfort außer Trinkwasser, dafür kostet er nichts. Die Betreuer des Parks haben es sich am Lagerfeuer gemütlich gemacht. Ein Reh kommt aus dem Wald herunter – »das tut es schon seit Jahren«, sagt der Host. Wer Lake Fork verpaßt,

kann auch zwei Meilen südlich an der **North Pine Rest Area** noch rasten. Der Forest Service stuft beide Plätze als »wenig besucht« ein.

Hinter Halfway durchquert OR-86 West offenes Hügel- und Weideland. Es müssen zugige Winter sein, hier oben auf der Range! Sogar den Touristen wird es ungemütlich. Die Straße folgt zwar schön allen Biegungen des Powder River, aber zum ... gibt es keinen Punkt zum Halten. »Hole in the Wall« verdankt seine Existenz einem Erdrutsch von 1984; schon das gilt hier als Sehenswürdigkeit.

Schaut man von Flagstaff Hill aufs Tal voraus, so kann man die Gedanken der Siedler nachempfinden: Endlich flaches Land, Gras und Wasser! In der Ebene, durch die sich der Powder River schlängelt, dehnen sich heute bewässerte Wiesen, lagern Strohballen, weiden Schafe und Rinder. Das **Oregon Trail Interpretive Center** auf Flagstaff Hill ist eines der besseren historischen Museen der Region – großzügig gestaltet, reich an Atmosphäre, bietet es eine gute Dokumentation.

Eingestimmt wird man mit den Geräuschen des Trecks: Ochsenbrüllen, Peitschenknallen, knarrende Räder, Flüche, Wimmern. Von einer Anhöhe schauen skeptische »Natives« aus dem Sagebrush auf den Zug der Siedler. Der ist detailgetreu abgebildet bis hin zum abgefallenen Hufeisen und den ungleich gewachsenen Hörnern einer Ziege. Ochsen, Maultiere und Bisons sind »zum Streicheln« echt – deshalb müssen die Tierpräparatoren auch zweimal im Jahr die Schäden ausbessern. Sogar die Himmelsrichtung stimmt: Durchs hohe Fenster schauen die Blue Mountains herein, das nächste Ziel der Siedler.

Fünf bis sechs Monate waren die Wagenkolonnen unterwegs; sie mußten vor dem Schnee im Willamette Valley eintreffen. South Pass in den Rockies war leicht zu bewältigen, verglichen mit dem, was die Siedler bei Mount Hood erwartete. Etwa 350 000 Siedler zogen über den Trail nach Westen, man schätzt, daß etwa ein Zehntel (!) dabei umkam. Ein Hund hat die Zugtiere erschreckt, alle Hunde des Zuges werden erschossen. Eine Gruppe kommt zu langsam voran, alles Entbehrliche – auch Großmutters Nudelholz – wird über Bord geworfen. Eine Frau will nicht mehr weiter, eine Tracht Prügel seitens ihres Ehemannes hilft ihr wieder auf die Beine ...

Gemischte Eindrücke, medialer Overkill – wenn dieselben Tonbänder immer wieder ablaufen, nachgestellte Geschichte im Bühnenton über die Bildschirme flimmert ... Ein schönes Bild Albert Bierstadts von den Rocky Mountains (»Landes Peak«) ist zu sehen. Den Ureinwohnern ist eine kleine Ecke gewidmet. Im Seitentrakt hilft ein Relief von Ost-Oregon bei der Orientierung.

Draußen im Gelände wären echte Spurrillen *(ruts)* zu besichtigen, aber vier Meilen und zwei Stunden Weg können lang und heiß werden.

Baker City bietet Unterkunft und Verpflegung, das ist schon alles. Pardon, es pflegt seine Geschichte: 110 Gebäude von »historischer Bedeutung« in seinem National Historic District. Ende des 19. Jahrhunderts war Baker City die quirligste Stadt zwischen Portland und Salt Lake City. Gold (1861), die Eisenbahn (1884), Holz und Landwirtschaft waren die Stationen ihres Erfolges. Auf der Höhe des Booms reihten sich Saloons, Spielhöllen und Bordelle an der Main Street East. Wenn die Cowboys die Chinesen jagten, sagen die Stadtführer, dann flohen diese durch unterirdische Gänge von Main Street in ihre West Side. Und wohin fliehen die Bewohner von Baker City? Sie fahren nach Haines und gehen ins Steak House.

Witzbold am Werk: Straße in Baker City

8. Tag – Route: Baker City – Sumpter – Prairie City – John Day – Kimberly – Fossil – Antelope – Shaniko (379 km/237 mi)

km/mi	Zeit	Route
0	9.00 Uhr	Von Baker City OR-7 West bis **Phillips Reservoir** (ggf. Rast). Abstecher nach **Sumpter** zum alten Gold Dredge. Über Austin zur US-26, dann über Prairie City nach
128/ 80	12.00 Uhr	**John Day** (ggf. Lunch und Besuch des Kam Wah Chung Museum). US-26 West über Mt. Vernon und Dayville zur OR-19 North, dann bis
189/118	13.00 Uhr	**Sheep Rock** (John Day Fossil Beds) mit **Cant Ranch Visitor Center**. Ggf. Lehrpfad im Blue Basin. OR-19 North bis Kimberly, dann Kimberly-Long Creek Hwy. nach Osten zum
227/142	15.00 Uhr	**Big Bend Park**, North Fork John Day River (ggf. Picknick). Über Kimberly zurück zur OR-19 North und über Spray, Service Creek, Shelton Wayside nach Fossil. OR-218 West (Shaniko-Fossil Hwy.) über **Clarno** (John Day Fossil Beds) und Antelope nach
379/237	19.30 Uhr	**Shaniko**.

Alternativroute nach Central Oregon: Ab Service Creek OR-207 South, US-26 West, OR-126 West und Powell Butte Highway nach **Bend**.

Weichenstellung: John Day Country ist dünn besiedelt, daher an US-26 tanken; Gaststätten sind selten, also Proviant mitnehmen! – Wer nach **Shaniko** will, muß ein Zimmer im **Shaniko Hotel** reservieren; ansonsten ist **Maupin** eine gute zweite Wahl. Alternativ kommt **Central Oregon** mit Prineville, Redmond oder **Bend** in Frage (siehe 15. Tag). Wem es dort gefällt, der bleibt und fährt den Rest der Route andersherum.

8. Tag – Route: Baker City – Sumpter – Prairie City – John Day – Kimberly – Fossil – Antelope – Shaniko (379 km/237 mi)

Alternativen und Extras: Ländlicher noch als die Hauptstrecke ist US-395 North bis Long Creek, dann Kimberly-Long Creek Hwy. über Hamilton und Monument bis Kimberly (OR-19). In Long Creek gibt es ein ordentliches Café (Lunch), Hamilton und Monument sind halbe Ghost Towns mit vernagelten Farmhäusern; Beckenlandschaft, »Painted Hills« im kleinen und ein liebliches Flußtal. Nachteil: Man versäumt das Visitor Center bei Sheep Rock.

Wer die Ghost Towns der **Blue Mountains** (u. a. Sumpter, Bourne, Whitney, Greenhorn, Granite) samt Anthony Lakes kennenlernen will, nimmt einen Extratag und fährt den **Elkhorn Drive National Scenic Byway** (106 Meilen, 4–6 Std., komplett nur Juli–Okt. befahrbar). Auskunft im Visitor Bureau von Baker City oder bei Ranger Station: ℰ (541) 523-4476. Für solche Touren gilt die Devise: Wer viel fährt, der wenig sieht.

Wer von hier aus nach Südost-Oregon will, kalkuliert zwei Zusatztage ein und nimmt US-395 South nach Burns, dann OR-205 South nach **Frenchglen.** Wer einen Reiterurlaub sucht, geht nach Silvies:

Reiterferien auf einer *Working Ranch*

Alles ist groß auf der **Ponderosa Guest Ranch** im Silvies Valley: die Ranch mit 480 km^2, die Herden mit 3 000 Rindern (plus Hirschen), die Lodge aus massiven Stämmen – sogar die Blockhütten für die Gäste. Am Tage reitet man mit den Cowboys aus, am Abend speist und rastet man zusammen in der Lodge. Der Besitzer war Professor für Anthropologie und Diplomat – jetzt ist er Touristikpionier. Wer nicht reiten kann, lernt es hier. Gesunde Höhenluft (1 400 m), stolze Preise.

Ponderosa Cattle Company Guest Ranch
P.O. Box 190
Seneca, OR 97873 (US-395, 32 Meilen südl. von John Day)
ℰ (541) 542-2403 oder (800) 331-1012,

Fax 542-2713
24 Zimmer in 8 Cabins. Keine Kinder unter 18.
Schön im Silvies Valley gelegen.
$ 1 000 pro Woche (inkl. Mahlzeiten); Mindestaufenthalt 4 Tage.

8. Tag – Informationen

Vorwahl: ℰ 541

Bureau of Land Management (BLM)
P.O. Box 550
Prineville, OR 97754
ℰ 447-4115
Zuständig für einfache Campingplätze am John Day River; Auskunft über Kanu-, Kajak- und Schlauchbootfahrten.

Front Street Cafe
1840 Main St.
Baker City
ℰ 523-7536
Geeignetes Lokal für Frühstück und Lunch: Salate, kleine Gerichte und guter Kaffee. Nostalgie-Dekor. $

Sumpter Valley Railroad
ℭ 894-2268 oder (800) 523-1235
(an Wochenenden im Sommer)
5 Meilen (40 Min.) mit der Schmalspurbahn von McEwen Station bis Sumpter.
Familie: $ 20 (hin und zurück)

 Ferdinand's Restaurant
128 W. Front St.
Prairie City
ℭ 820-4455
Familienrestaurant im historischen Rahmen: Pasta, Pizza, Brot aus eigener Herstellung; Wein und Mikrobräu. $–$$

 Kam Wah Chung Museum
John Day (ab US-26 rechts, am City Park)
ℭ 575-0028
Mai–Okt. Mo–Do 9–12, 13–17; Sa/So 13–17 Uhr
Von Kennern hochgelobtes Museum zur
chinesischen Kultur und Heilkunde im
19. Jh.; Haus von 1866. Anruf bezüglich Öff-
nungszeiten und Führung erforderlich. $ 2

 **Victoria Station – Coffee House &
Bakery**
103 S.W. 1st Ave.
John Day
ℭ 575-0838
Konditorei-Café im viktorianischen Rah-
men. Gilt als Lichtblick in John Day ... $

Clyde Holiday State Park
US-26, 7 Meilen westl. von John Day
ℭ 575-2773

Painted Hills

Günstig gelegener Campingplatz an
Straße und Fluß (kein »Destination campground«). 30 Hookups; Picknick.

 **John Day Fossil Beds National
Monument – Headquarters**
420 W. Main St.
John Day, OR 97845
ℭ 575-0721
Für schriftl. Auskünfte. Kleine Ausstellung.

 **John Day Fossil Beds National
Monument** mit 3 Units (Trails und Pick-
nickplätze ganzjährig zugänglich):
1. Sheep Rock
OR-19, 6 Meilen westl. von Dayville (US-26)
ℭ 987-2333 (Visitor Center)
Cant Ranch Visitor Center: Sommer
tägl. 9–18, sonst Mo–Fr bis 17 Uhr. Für Experten: *road log* für die Tour. Wanderwege im Blue Basin.
2. Painted Hills
9 Meilen nordwestl. von Mitchell (US-26),
via Bridge Creek Rd.
Diverse Trails durch bunte Aschenhügel.
3. Clarno
OR-218, 20 Meilen südwestl. von Fossil
Fossile Schlammpyramiden; Trail of the
Fossils.

 **Wheeler County Information/City of
Fossil**
401 Main St.
Fossil, OR 97830
ℭ 763-2698, Fax 763-2124

 Shelton Wayside State Park
OR-19, 10 Meilen südl. von Fossil
36 *primitive sites*. Eine Oase für Rast,
Picknick und Camping.

 Historic Shaniko Hotel & Restaurant
Shaniko, OR 97057
 ℭ 489-3441 oder (800) 483-3441 (Hotel),
489-3415 (Restaurant)
Berühmtes Backsteinhotel von 1901 mit 16
renovierten Zimmern. Gutes Restaurant
(ganzjährig: Sommer 7–21, Winter 7–19
Uhr) mit vernünftigen Preisen ($$). $$

Geologie en gros

John Day Country bis Shaniko

Eine bürgerliche Suburbia sieht man nicht, wenn man Baker City Richtung Süden verläßt, dafür auf jeder Koppel Pferde. Es ist Ranching Country. Wieder begleitet der Powder River die Fahrt, diesmal jünger und frischer, bevor er seinen Slalom durch Baker Valley beginnt. Das wäre ein Fluß zum Paddeln! – Eine kleine Altmühl, mit Pappeln an den Ufern ... Doch öffentlichen Zugang gibt es nicht, manchmal sind sogar Drahtseile über den Fluß gespannt. Das ändert sich mit Eintritt in den Wallowa-Whitman National Forest.

Die **Union Creek Recreation Area** am Phillips Reservoir ist ein angenehmer Platz zum Rasten, mit schattigen Picknicktischen und einem Shoreline Trail am See – Senioren halten hier in der Vorsaison (Juni) die Angel ins Wasser. Richtig voll wird es hier nie, sagen die Campground Hosts.

Szenenwechsel zu den Geröllhalden des **Sumpter Valley**! Goldwäscher haben das Tal des Powder River völlig umgegraben. Jetzt krallen sich wieder vereinzelt Weidenbüsche, Kiefern und Wacholder an die Kiesel; in den Baggerlöchern steht das Grundwasser. Bei McEwen Station hat man einen »Scenic Wildlife Trail« geschaffen, der sich drei Meilen weit durch den Abraum windet – Zweitnutzung: nach den Goldgräbern kamen die Touristen! Der Mining Act von 1872 verpflichtete den Bergbau *nicht*, Schäden an der Umwelt zu beheben. Nun, das Zyanid, mit dem man heute das Erz besprüht, um das Gold zu scheiden, ist auch nicht gerade harmlos ...

Damals war die **Sumpter Valley Railroad** ein wichtiges Transportmittel, heute schnauft der »Stump Dodger« zum Vergnügen der Kinder durch Wald und Kies. Die Strecke endet nach fünf Meilen am **Gold Dredge** in **Sumpter**, der wie eine Riesenkröte in seinem Teich hockt. Der Riesenbagger hat das Tal von 1935 bis 1957 gründlich durchwühlt und dabei 4,5 Millionen Dollar in Gold gefördert. Wie er sich fortbewegt hat? Er grub den Tümpel selber, in dem er schwamm. Die Sumpter Story hört sich bekannt an: im Jahre 1862 Goldfunde; 1896 durch die Eisenbahn zur Blüte gekommen; 1917 abgebrannt. Heute lebt Sumpter von seinem Ruf und den Touristen.

Mit der Geröllwüste im Rücken läßt sich der Wald genauer betrachten. Der wirkt »durchforstet« – ohne Unterholz, mit angekohlten Stämmen, die Bäume aber quicklebendig. In höheren Lagen herrschen Tannen vor. Nach Tipton Pass (1 562 m) sterben die Bäume, ihre Zweige weisen nach unten. Der Forest Ranger in John Day erklärt die Situation. Früher habe man Waldbrände peinlich vermieden und bekämpft, heutzutage sei *fire management* ein Mittel der Forstpflege. Weil der Wald zu dicht stand, konnten Schädlinge die Tannen befallen. Jetzt könne man nicht mehr abbrennen, da zuviel Holz am Boden liege.

Freizeitspaß am John Day River

Die hohen Strawberry Mountains (2755 m) schieben sich wie ein Riegel in den Blick. **Prairie City** hat etwas von einer Western Town. Gastronomisch muß man sehen, wo man bleibt: **Ferdinand's** sei ein ordentliches Restaurant, und **The Bakery** backe ihr eigenes Brot, sagt die junge Frau im Drugstore, die hier seit kurzem lebt. Ihr gefällt es hier im Osten Oregons, wegen der Einsamkeit und der »vielen Natur«.

Dann kreuzt man zum ersten Mal den **John Day River**. Wer war dieser John Day, nach dem einige Orte, ein Fluß, eine geologische Formation, ein Damm am Columbia und überhaupt der ganze Landstrich benannt sind? Nach den Werten des Wilden Westens: ein Versager. Als junger Mann nahm er an der Überland-Expedition der Pacific Fur Company von 1811 nach Astoria teil. Unterwegs wurde er von Indianern überfallen, ausgeraubt und ausgesetzt, dann hilflos aufgefunden und gerettet. Darüber verlor er den Verstand.

Nicht besser erging es den ersten Siedlern, die 1845 hier durchzogen. Der Scout Stephen Meek hatte ihnen in Boise (Idaho) eine Abkürzung des Oregon Trail versprochen, doch aus der »Meek Cutoff Party« wurde bald ein »Lost Wagon Train«. Die Gruppe irrte durch Südost-Oregon, am Malheur (eben!) Lake vorbei, über Wagontire Mountain und fand erst irgendwo am Crooked River Wasser. Die Ochsen hatten wunde Füße, viele Siedler starben; der desolate Rest schlug sich nach The Dalles durch. Ihren Führer hätten sie fast gelyncht. Ein böses Omen? Auch die heutige Etappe hat ein offenes Ende ...

John Day Country ist eine der einsamsten, fremdartigsten, unbekanntesten und schönsten Landschaften des Nordwestens. 380 lange Meilen schlägt sich der John Day River durch bizarre Sedimente, ohne je gestaut zu werden, bis er östlich von The Dalles in den Columbia mündet. Flecken wie Hamilton, Richmond oder Twickenham halten sich gerade noch auf der Landkarte. Das Land ist kaum entdeckt, auch die Einheimischen kennen es nicht sehr gut. Nur im Oktober wird es ungemütlich, da sind in den Nationalforsten die Jäger ...

John Day (City) hat ein paar Motels – Punkt. Im Espresso-Café **The Bite** kann man sich mit ordentlichen Muffins trösten. Früher war hier mehr los: Als man 1862 im Canyon Creek Gold fand, wurde Canyon City über Nacht zur größten (Zelt-)Stadt Oregons. Bald halfen Tausende Chinesen, die Gerölle nochmals durchzusieben. Ihr Kulturerbe ist in dem einmaligen **Kam Wah Chung Museum** bewahrt. Eine überraschende Tatsache erfährt man am Rande: Es gibt heute keine Chinesen mehr in Grant County, auch nicht in Baker City.

Wie soll man die drei weitverstreuten »Units« der **John Day Fossil Beds** in einer Route vereinen? Gar nicht, denn man müßte im Dreieck fahren. Also nimmt man OR-19 North durch das Felsentor von Picture Gorge und findet am **Sheep Rock Overlook** alles vor sich: die Schichtenfolge der John Day Formation mit ihrem Käppi aus Basalt.

Cant Ranch ist das einzige Besucherzentrum im National Monument. Es zeigt – natürlich – Fossilien, dazu ein Video über das, was im Tertiär in Oregon passiert ist. Zunächst kam *Clarno* mit subtropischem Wald; dann *John Day* mit Laubwald, Asche und Tuffen; darüber legte sich *Mascall* mit flächendeckenden Basalten und Savanne; und schließlich folgte *Rattlesnake* mit groben Sedimenten und Steppe. Das weltweit Einmalige

Bizarres in Tuff bei Clarno, Teil des John Day Fossil Beds

119

Ehemaliges Gefängnis auf Rädern in Shaniko

an den Fossil Beds ist, daß ihre Fossilien einen Zeitraum von 40 Millionen Jahren umspannen – fünf Millionen sind schon eine Seltenheit.

Von hier ab liest sich die Landschaft wie ein Buch. Im Blue Basin (nördlich von Sheep Rock) läßt sich gut wandern. Der kurze **Island in Time Trail** (1/2 Meile) führt in die grünen Sedimente hinein, der **Blue Basin Overlook Trail** (3 Meilen) über sie hinweg. Dann machen Straße und Fluß einen Satz nach rechts: Der »abgesessene« **Cathedral Rock** versperrt den Weg.

Kimberly überrascht mit Obst. Ein Stück auf dem Kimberly-Long Creek Highway nach Osten, und man stößt an die Zufahrt zu den **Thomas Orchards**. Es ist ein ungewöhnlicher Standort für eine Plantage, aber Großvater aus Basel hat sie hier gepflanzt. Am Stand gibt es, je nach Saison, Kirschen, Aprikosen, Pfirsiche, Nektarinen, Pflaumen, Birnen und Äpfel – Vitamine für die Reise.

Noch ein paar Meilen die North Fork des John Day River hinauf, und man kommt an zwei unauffällige Parks, die völlig unbekannt sind: **Lone Pine** und **Big**

Bend – sogenannte *primitive campgrounds* des Bureau of Land Management (BLM). Die Tafel sagt: Kein Trinkwasser. Den Müll mitnehmen *(pack out)*. Maximaler Aufenthalt: 14 Tage.

Am **Big Bend Park & Recreation Site** (so der volle Titel) macht der Fluß einen Bogen. Unter Wacholderbäumen stehen Tische und Bänke, in den Ästen darüber turnen gelbbäuchige Vögel und lassen sich fotografieren. Ein sonniger Samstagnachmittag im Juni, und kein Mensch läßt sich blicken! Flußauf am östlichen Saum des Parks klettert man über Basalt zu einem perfekten *swimming hole* hinüber (Angler würden es ein *fishing hole* nennen). Dort dreht das Wasser in einen rückläufigen Strudel – Paddler hätten ihre Freude daran. Direkt von der Felskante gleitet man zu einem Bad im Fluß.

Von Kimberly über Spray bis Service Creek bleiben Straße und Fluß eng verschlungen – einer der schönsten »Drives« dieser Reise. Fast übersieht man einen No-name-Badeplatz der Einheimischen, wo Kinder sich im flachen Fluß tummeln. Einer der Väter, die am Ufer wachen, sagt, es gäbe Zweitagetouren nach Twickenham und Dreitagetouren nach Clarno; das »Put-In« für die Boote sei unten bei Service Creek. Es sei das schönste Canyon-Country, das man sich vorstellen kann...

Den Wagen abstellen... sich treiben lassen... die Wärme der Sonne und des Wassers spüren... abends am Ufer zelten... die Felswände mit Händen greifen... An manche Stellen des John Day Canyon kommt man überhaupt nur mit dem Boot heran.

Aber wie soll man all dies in die Tat umsetzen? Sogar »Service« Creek bietet kaum »Services«: ein bescheidenes Restaurant, Lebensmittel, Benzin. GUIDED RAFT TRIPS SHUTTLE SERVICE: ✆ 468-3331 oder 593-5227 – steht an

Shortcut nach Central Oregon

Sechs Meilen südlich von Service Creek, etwas abgesetzt von der OR-207, liegt **Richmond** – oder was davon übrig ist. Zwischen Ruinen ein paar *mobile homes*, die nicht sehr mobil wirken.

Hier steht (nahe der Kirche) das einfachste, billigste ($ 10) und originellste Bed & Breakfast des ganzen Nordwestens. Es gehört Frank Miller und seiner Frau. Als Ressourcenplaner und »Revierförster« überfliegt er 300 Meilen Wald, über Internet erreicht er die ganze Welt. Richmond sei eine Ghost Town im Aufwind, sagt er, mit nun wieder elf (!) ständigen Einwohnern. Das B&B ist eine Hütte, durch die der Wind pfeift. Ein Brett hängt lose herunter, damit nachts der Hund herein-kann. Es ist »Camping mit 'nem Dach über dem Kopf«, sagt Miller, der Deutsch spricht. Der Hund heißt Schatzi.

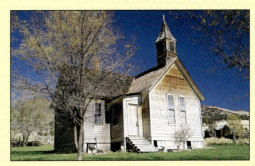

Richmond (11 Einwohner): Kirche

Bei Mitchell (manche nennen dort das Blueberry Muffin Cafe) trifft OR-207 auf US-26. Drei Meilen westlich führt Bridge Creek Road zu den **Painted Hills**. Die schrägstehende Sonne bringt die Farben besonders gut zur Geltung: Schwarz über Braun, Gelb und Weiß bis Puterrot. Manche der Hügel erinnern an schmelzende Kugeln Erdbeereis. Die Tafel am Park ordnet alles ein. Der kurze (1/4 Meile) **Painted Cove Trail** zeigt die popcornartigen Feldspatkrümel von nahem; die Wege zum **Painted Hills Overlook** (1/2 Meile) und **Carroll Rim Trail** (3/4 Meile) führen höher hinaus.

Bei Ochoco Pass (1439 m) wechselt die Landschaft. Die Kiefern am **Ochoco Divide Campground** lassen selbst überlange Motorhomes schrumpfen. Ab Prineville führen OR-126 West und Powell Butte Highway (Abkürzung) nach **Bend**. Mit den dunkelnden Powell Buttes zur Linken geht es durch typische, ebene High Desert mit Juniper und Sagebrush. Im Westen glüht der Himmel über den Kaskaden.

Natural Geographic/Mark Miller (B&B)
Star Route
Spray, OR 97874
© (541) 462-3934
sehr einfach; interessante Gastgeber. $

Ochoco Divide Campground
US-26, am Ochoco Pass (zwischen Mitchell und Prineville)
25 Plätze, auch für RV's. Der Campground ist besonders schön unter Ponderosa-Kiefern gelegen.

der Wand, aber keiner weiß genau Bescheid. Im Rathaus in Fossil, heißt es, beim BLM in Prineville ... Abenteuer muß sein, im touristikfreien Raum. Die ganze Wheeler County zählt ja nur 1 500 Einwohner; es wird daran gedacht, sie aufzulösen – aus finanziellen Gründen.

Nach Service Creek kommt noch die Oase von **Shelton State Wayside**, dann geht es von Osten nach Fossil hinein und südlich wieder hinaus, es sei denn, man will hinter der High School selber nach Fossilien graben. Über die Achterbahn des Shaniko-Fossil Highway schwingt man sich nach **Clarno** (Fossil Beds) und sieht den John Day River wieder. Durch wegeloses Weideland, über Berg und Tal, geht es nach **Antelope**, wo die Rancher rotsahen, als in den 1880ern die Sannyasin des Bhagwan Shree Rajneesh hier das Regiment übernahmen. Nach endlosen Hügeln endlich: GAS, FOOD, LODGING – die Neonleuchten und Bretterbuden von **Shaniko**.

Einst war es die »Wollhauptstadt der Welt«, jetzt ist Shaniko nur noch eine *agricultural ghost town*. Wie zu der Zeit, als die *stage routes* von The Dalles nach Fossil, Canyon City und Klamath Falls hier durchgingen, liegt es an der Straße, nämlich an einer Biegung der US-97, über die Tag und Nacht die Laster donnern, unterwegs nach Kanada oder Kalifornien.

Mittendrin steht breit und zuverlässig das alte **Shaniko Hotel**. Der Ziegelsteinbau von 1901 überlebte den Brand von 1911, diente als Pflegeheim, wurde 1974 samt Mobiliar versteigert, bis er von Jean und Dorothy Farrell aus Salem 1985 erworben wurde. Sie ersetzten nackte Glühbirnen durch Messinglampen, mürbes Linoleum durch Teppichböden, das Klo am Flur durch ein Bad im Zimmer. Einiges ist noch original: die Holzsäule in der Halle, die Rundbank

darum herum und die breite hölzerne Empfangstheke.

Hotel und Restaurant sind ein *clean, well-lighted place* in der Schafweide, ein Anker für die Region. Hier treffen sich die Cowboys von den umliegenden Ranches zum Steak, Sonntagsgäste aus Bend zu Kaffee und Kuchen und versprengte Touristen, die sich im »Wirtshaus im Spessart« wähnen mögen, zum kleinen

Hügellandschaft: Painted Hills, Teil des John Day Fossil Beds National Monument

Imbiß vor dem Schlafengehen. Auf dem Hochsims im Gastraum reihen sich Memorabilien: Ochsengeschirre, Sägen, Petroleumlampen, Schießeisen und eine Schreibmaschine ... Mit Jean Farrell treffen sich die *locals*, die ihre Ghost Town nicht untergehen lassen wollen.

Geht man nachts noch einmal vor die Tür, dann verschwimmen die Konturen im Dunkeln. Plötzlich sind die alten Hütten nicht mehr so tot. Das alte Shaniko Warehouse hebt sich vage gegen den Nachthimmel ab. Tritt man näher, dann hört man das mahlende Kauen eines Tieres; zwei Ohren spitzen sich vor dem Horizont. Am Highway tauchen von ferne zwei Lichtpunkte auf, die langsam größer werden. Es beginnt ein Röhren und Dröhnen, das immer lauter wird – dann zieht der Truck mit Frequenzwechsel vorbei. ✺

123

9. Tag – Route: Shaniko – Maupin – Dufur – The Dalles – Hood River – Portland (229 km/143 mi)

km/mi	Zeit	Route
0	9.00 Uhr	Rundgang zu den Relikten von **Shaniko**. US-97 South (1 Meile), dann Bakeoven Rd. nach
37/ 23	11.00 Uhr	**Maupin**. Deschutes River Access Rd. (rechtes Ufer) nach **Sherar's Falls** (nach Norden) mit Stopps

am Fluß. OR-216 West über **Sherar's Bridge** zur **Tygh Valley State Wayside**. US-197 North über Dufur nach

117/ 73	13.00 Uhr	**The Dalles**: Museen und/oder Lunch. Parallel zur I-84 nach Westen zum **Historic Columbia River Highway** (Old US-30) und hinauf zum **Rowena Plateau**. Zur I-84 West nach Hood River, dort **Hood River Bridge** zur WA-14 West und bis **Bridge of the Gods**, dann hinüber nach Cascade Locks und zur I-84 West nach
166/104	16.00 Uhr	**Bonneville Lock & Dam**. Weiter auf I-84 West (oder westl. Teilstück des Historic Highway) nach
229/143	19.00 Uhr	**Portland** (oder Troutdale).

Alternativen und Extras: Irgendwann will man es wissen: Wie geht das mit dem Rafting? Eine Halbtagestour ab **Maupin** (z. B. mit C&J Lodge) würde die Weiterfahrt nach Portland am selben Tage erlauben. Besser ist ein Extratag am Fluß mit Übernachtung in Maupin (sportlich), Dufur (historisch) oder Hood River (klassisch). – Übrigens: In Central Oregon ist nochmals Gelegenheit zum Rafting ...

Rafting the Deschutes

In den Prospekten glänzen die Boote, spritzen die Wellen, kreischen die Mädchen. Der Deschutes ist einer der besten Wildwasserflüsse *(white water)* des Nordwestens – neben Skagit, Methow, Snake, John Day und McKenzie. **C&J** (= Carrol & Judy White) **Lodge** in **Maupin** bieten Raft Trips auf Anmeldung; ein extra Boot mit Guide steht außerdem bereit. Ein Schlauchboot faßt sieben Gäste plus Guide. Zum Programm gehören *safety talk*, Paddelanweisung, Lunch und Transfer zum und vom Boot. Die Saison dauert von Mitte Mai bis Ende September.

Zum Barbecue-Lunch gibt es »richtige« oder *garden burgers*; »Drift-in«-Gäste sind willkommen. Die Halbtagestour kostet $ 55, die Tagestour $ 65 (beide mit Lunch). Wer B&B gebucht hat, bekommt ein prächtiges, vielfältiges, gesundes Frühstück (ausgewählter Kaffee, Vollkorn-Pancakes, Würstchen) an einem langen Tisch mit Blick auf den Fluß. C&J veranstalten auch *float trips* auf dem John Day River – kein Wildwasser, sondern ein Fluß zum Treibenlassen, wie wir bereits wissen ...

9. Tag – Route: Shaniko – Maupin – Dufur – The Dalles – Hood River – Portland (229 km/143 mi)

C & J Lodge (B & B)
304 Bakeoven Rd.
Maupin, OR 97037
✆ (541) 395-2404 oder (800) 395-3903
Raft Trips auf dem Deschutes und

John Day River; dazu »Drift-in-BBQ«.
11 Zimmer in schöner Lage am Fluß;
Rasen bis zum Wasser. Super Frühstück.
$$

---

9. Tag – Informationen

Greater Maupin Area Chamber of Commerce
P.O. Box 220
Maupin, OR 97037
✆ (541) 395-2599

Tygh Valley State Wayside
OR-216, zwischen Sherar's Bridge und Tygh Valley
Hübscher Picknickplatz mit **White River Falls**. Spuren alter Anlagen.

Historic Balch Hotel
P.O. Box 5
Dufur, OR 97021
✆ (541) 467-2277
Backsteinhotel von 1907 (1986 renoviert) aus der Glanzzeit Dufurs. 21 Gästezimmer ohne TV und Telefon.

The Dalles, OR 97058   Vorwahl: ✆ 541

The Dalles Area Chamber of Commerce/Columbia River Gorge Visitors Association
404 W. 2nd St. (nahe I-84)
✆ 296-2231 oder (800) 255-3385,
Fax 296-1688
Karte: *The Columbia River Gorge National Scenic Area* (gratis).

Original Wasco County Courthouse
406 W. 2nd St. (nahe Lincoln St.)
✆ 296-4798
County Seat von 1859. Besucherempfang, Exponate, Dia- und Video-Show.

Fort Dalles Historical Museum
500 W. 15th/Garrison Sts., ✆ 296-4547
April–Sept. Di–Fr 10.30–17, Sa/So 10–17;
sonst Mi–Fr 12–16, Sa/So 10–16 Uhr
Surgeon's Quarters aus der Zeit des Forts von 1856; ansonsten Heimatmuseum. $ 2

Crate's Point Living History Park
(ca. 3 Meilen westl. von The Dalles)
Auf 6th St. nach Westen, dann Franz Taylor Rd. rechts und am Fluß entlang bis Crate's Point. **Gorge Discovery Center** (im Aufbau).

Baldwin Saloon
205 Court St.
✆ 296-5666
Mo–Sa 11–21 Uhr
Gebäude von 1876 – einst Saloon, Bordell, Bürohaus, Sattlerei und Lagerhaus. Heute Lunch oder Dinner mit historischem Ambiente: frische Austern, interessante Suppen und Desserts. $

The Wasco House (Registered Historic Landmark)

125

515 Liberty St.
© 296-5158
Gebäude von 1865; gediegenes Restaurant. $$

 Bonneville Lock & Dam
Cascade Locks, OR 97014 (I-84, Exit 40)
© 374-8820
Sommer tägl. 8–20, sonst 9–17 Uhr (Visitor Center)
Besiedlungsgeschichte, Schiffahrt, Dammbau; Fischfenster und Fischzucht. Eintritt frei.

Portland, OR   **Vorwahl:** © 503

 Die Motels in Portland liegen aufgereiht an N.E. Sandy Blvd. (zwischen 82nd und 33rd Ave.), der südlichen S.E. 82nd St. sowie S.W. Barbur Blvd.

 The Heathman Hotel
1001 S.W. Broadway
 Portland, OR 97205
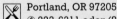 © 241-4100 oder (800) 551-0011
Fax 790-7110
Klassisches Stadthotel mit legendärem Service. Nachmittags Tee im **Tea Court** (1927), abends Drinks und Jazz in der Lounge. **The Heathman Restaurant & Bar** mit preisgekrönter *Northwest cuisine* ($$$). $$$

 Mallory Hotel
729 S.W. 15th Ave./Yamhill St.
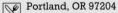 Portland, OR 97205
© 223-6311 oder (800) 228-8657
Fax 223-0522
Älteres, elegantes Hotel am Rande von Downtown. 144 Zimmer. Feines, altmodisches Restaurant (tägl. 6.30–21 Uhr), gut für Brunch! Parken gratis. $$

Riverside Inn
50 S.W. Morrison St./Front Ave.
Portland, OR 97204
© 221-0711 oder (800) 899-0247
Fax 274-0312

Günstig gelegen – zu Straße, Brücke, Fluß, Waterfront Park, MAX und Downtown. Eigenes Parkhaus. $$-$$$

 The Mark Spencer Hotel
409 S.W. 11th Ave./Stark St.
Portland, OR 97205
© 224-3293 oder (800) 548-3934
Fax 223-7848
Keine schöne Gegend – aber große, geschmackvoll möblierte Zimmer, jeweils mit Bad und Küche. (Nähe Powell's und Jake's Crawfish.) $$

 Portland International AYH Hostel
3031 S.E. Hawthorne Blvd./30th Ave. (Bus 14)
Portland, OR 97214
© 236-3380
Gut geführtes Haus in lebendigem Stadtviertel. 47 Betten. $

 Fairview RV Park
21401 N.E. Sandy Blvd.
© 661-1047
Am Columbia (Nahe Gresham); 15 Meilen bis Downtown.

Im weiteren Umkreis:

 Mt. Hood Village
65000 E. Hwy. 26 (14 Meilen östl. von Sandy)
Welches, OR 97067
© 622-4011 oder (800) 255-3069
Ganzjährig. »Public Campground« – also privat – mit reichlich Freizeitangeboten. 420 Plätze!

 Champoeg State Park
8239 Champoeg Rd. N.E.
 (5 Meilen westl. von I-5, Exit 278 via Ehlen Rd.)
© 678-1251 (Visitor Center)
Tägl. 9–17 Uhr (Visitor Center)
Schöner, großer Park am Willamette River: Altwald, Spazierwege, Picknickplätze, Visitor Center zur frühen Geschichte Oregons. 48 RV-Plätze (mit Hookups).

McMenamins Edgefield Manor – die andere Unterkunft

Die McMenamin-Brüder, Mikrobrauer in Portland, haben die Gewohnheit, alte Bausubstanz dadurch zu retten, daß sie sie nutzen. Darüber hinaus legen sie Wert darauf, in ihren Bräustuben den »Geist des Ortes« zu bewahren. Edgefield wurde 1911 als »Poor Farm« von Multnomah County erbaut, von 1962 bis 1982 als Pflegeheim genutzt, dann aufgegeben – bis es verfiel und abgerissen werden sollte. McMenamins kamen im Jahre 1990 und bauten es um. Jetzt erwartet den Gast ein Ensemble aus Hotel (als B&B), Restaurant (»Black Rabbit«), Bräukneipe (»Power Station«), Weinkeller und Kino.

Das Quartier ist ungewöhnlich. Die Flure der Lodge sind mit Bildern von 14 lokalen Künstlern geschmückt, die das Vorleben des Hauses teils rührend, teils poetisch, teils historisch darstellen. Die Räume sind nüchtern; Rohrleitungen gehen hindurch, an ihren Enden Spritzdüsen zum Brandschutz. Die Möbel sind echt, zumindest stilecht. Telefon und TV gibt es nicht. Die Waschräume liegen, *private, but shared,* am Ende des Flures; das irritiert so manche bürgerliche Gäste.

In der »Power Station« fließt das Bier frisch vom Hahn. Junges Personal schwitzt und schnauft und knallt die leeren Bierkrüge auf den Tresen. Die Wände sind aus rohem Ziegelstein, die Rauchabzüge grell gestrichen – man spürt das »Kraftwerk«. Zur »Bierprobe« wird ein »Sampler« mit sechs Sorten angeboten. Der Pinot Gris wächst vor der Tür, wird, neben anderen Sorten, vor Ort gekeltert und im Keller probiert. Das Kino zeigt *second runs*, also fast neue Filme; Eintritt ein Dollar. Der Filmgenuß geschieht formlos, bei Speis und Trank – entsprechend sind die Düfte.

Das Realitätsprinzip ist in Edgefield weit gediehen. Die einstige Totenhalle (»Halfway House«) ist heute Konferenzraum. Vom Hotel schweift der Blick hinüber zu den Metallwerken von Reynolds und einer dampfenden Papiermühle jenseits des Columbia. Geht man etwas zu weit (nach links), so landet man am Zuchthaus von Multnomah County. Das Tor öffnet sich wie von Geisterhand, ein Bus fährt hinein, zwei Sheriffs springen heraus und führen die Häftlinge, zu zweit und dritt aneinandergekettet, ins Haus. Reality-Tourismus!

 McMenamins Edgefield Manor
(B&B)
 2126 S.W. Halsey St.
Troutdale, OR 97060
 (I-84 Exit 16A, 238th Drive South, Halsey St. links und 1/2 Meile bis Edgefield)
ℂ 669-8610 oder (800) 669-8610

»Stadt-Resort« mit Lodge (darin Hostel: $), Restaurant, Bräukneipe (tägl. 11–1 Uhr), Weinkeller (So–Do 12–20, Fr/Sa bis 22 Uhr) und Kino (tägl. 18, 21 Uhr). 103 Zimmer. Tägl. Führungen. Glaswerkstatt. Anbindung mit Bus 24 plus MAX an Downtown Portland (halbstündig). $$–$$$

9 Durchbruch nach Westen
Durch die Columbia Gorge nach Portland

Am Morgen sieht man klarer: Shaniko ist ein Freilichtmuseum seiner selbst, vom Anfang des Jahrhunderts. Gleich vor dem Hotel ein alter Schuppen, vollgestopft mit historischen Kutschen! Antikes Farmgerät malerisch im Umkreis verteilt! City Hall mit drei düsteren Gefängniszellen! Wenn man sich mit den Pferden gut stellt, kann man einfach mal ins alte **Shaniko Warehouse** hineinschauen, wo

einst 2 000 Tonnen Wolle lagerten – plus der ganze Weizen der Region. Drüben, jenseits US-97, winken das alte Schulhaus mit rundem Erkerturm und der vierkantige Wasserturm aus Holz.

Shaniko erlebte seine Blütezeit zwischen 1901 und 1911, als es Endpunkt einer Nebenstrecke der Columbia Southern Railroad war, die hier den »größten Wollmarkt der Welt« schaffen wollte. Es

Shaniko: Ghost Town & Ghost Car

wimmelte von Cowboys, Schafhirten und Fuhrleuten, von Hotels, Saloons und Bordellen. Der Ortsname ist – ausnahmsweise – nicht indianisch, oder nur bedingt. Als August Scherneckau und seine Frau Cäcilie aus Rendsburg in Schleswig-Holstein 1874 nach Cross Hollows (unter dem Hügel) kamen, hatten die Indianer offensichtlich Schwierigkeiten mit der Aussprache ihres Namens ...

Im Sommer 1911 gingen 28 Schüler aller Jahrgänge in Shaniko zur Schule; die meisten kamen mit dem Pony von den Ranches. Eine Lehrerin beschreibt die Szene so: »Außer den Kindern kamen täglich mindestens ein Dutzend Hunde mit zur Schule, die erst nach Schulschluß wieder gingen. Es half nichts, sie auszusperren, denn sie steckten ihre Nasen in die Ritzen und winselten so, daß keiner lernen konnte. Sie lagen also den ganzen Tag hechelnd an der Wand und heizten den Raum weiter auf. Bald hatten sich die Hunde ebenso an meine Handglocke gewöhnt wie die Kinder. Schulschluß hieß bei uns ›Zirkus‹, und manchmal standen draußen die Leute aus der Stadt, nur um sich das Spektakel anzusehen ...«

Ab 1911 ging es mit Shaniko in Schüben bergab, bis es zur »Ghost Town des Jahres 1959« erklärt wurde. Das war den restlichen Einwohnern gerade recht: Sie karrten alte Gebäude heran, besserten verwitterte Fassaden aus ... jetzt soll die alte Schule ein neues Dach bekommen und Gemeindezentrum werden. Die Geisterstadt will ihren Geist nicht aufgeben.

Ein Schmuckstück ist **Maupin** nicht gerade, wie es da mit seinen paar hundert Einwohnern und den zwei namenlosen Tankstellen an den Hängen des Canyons klebt. Autofahrern ist Maupin sowieso lästig, weil die US-197 hier auf die Talsohle des Deschutes hinunter muß. Als in den 1980ern auch noch das Sägewerk schloß, schien Maupins Schicksal besie-

gelt ... Doch man besann sich auf seinen Scenic Waterway und den Tourismus. Jetzt ist Maupin fröhlicher Ankerplatz für mancherlei Wassersport auf dem Deschutes.

Weil sich zwei Eisenbahnkönige 1909 einen wahnwitzigen Wettlauf um die Strecke nach Central Oregon lieferten, getreu einem allzu »freien Wettbewerb«, bauten sie im Deschutes River Canyon gleich zwei Bahnlinien gleichzeitig, an jedem Ufer eine. Heute freuen sich die Touristen: Auf der ehemaligen Trasse am östlichen Ufer führt die feine, schmale **Deschutes River Access Road** zu Parks, Picknickplätzen und Anglerbuchten direkt am sprudelnden Fluß. Die Bahn am westlichen Ufer verkehrt übrigens noch – vor allem nachts!

Im April ist es am Deschutes noch, im Oktober wieder ruhig. So können Angler Abstand halten. An einem kühlen Herbsttag mag ein einziges Schlauchboot, besetzt mit wetterfesten jungen Männern, den Fluß hinuntertreiben. Kajakfahrer stürzen sich mit Eifer in immer dasselbe, besonders schöne Wellental, um im Rückstrudel Anlauf zu nehmen für den nächsten Ritt. In der Saison (Mitte Juni bis Mitte September) ist es aus mit der Ruhe: Dann konkurrieren Outfitter und Guides mit Bootsvermietern und privaten Nutzern. Unterhalb von **Sherar's Falls** wird der Fluß erst richtig wild: mit tiefen Strudellöchern, Abrasionsplatten und steilen Klippen. Ein ausgewaschener Fahrweg begleitet den bizarren Canyon noch 17 Meilen weit bis zum DEAD END am Macks Canyon; Zeltplätze liegen am Wege. Für die restlichen 25 Meilen bis zum Columbia hilft nur noch das Boot. Angeln im Deschutes ist streng reglementiert: Nur glatte Haken *(no barbs)* dürfen verwendet, nur Zuchtfische *(hatchery fish)* – kenntlich durch das Fehlen der Fettflosse – behalten werden; alle

129

Columbia Country

Wildfische *(wild fish)* sind dem Fluß zurückzugeben.

Bei Sherar's Falls stehen Warm-Springs-Indianer auf wackeligen Podesten und fischen mit dem Käscher. Das Recht dazu stammt aus den Verträgen von 1855, die ihnen erlauben, »für alle Zeiten« an ihren *usual and accustomed places* zu fischen. In der Nähe finden sich Petroglyphen an der Felswand. Man braucht dicke Sohlen, um über den scharfen Basalt zum Rande der »Fälle« vorzudringen.

Man sieht es ihr nicht an, aber die Stelle ist historischer Boden. Die erste **Sherar's Bridge** von 1860 zog Siedler des Oregon Trail über den »Barlow Cut-Off« zur Barlow Road; sie sparten dadurch fünf Tage gegenüber The Dalles.

Haut netzt, erkennt man oben Reste einer Getreidemühle und unten die eines Kraftwerks. Vom idyllischen Park schweift der Blick zu einem Tafelberg, hinter dem Basaltplateaus im Himmel schwimmen.

US-197 North klettert durch den langgezogenen Butler Canyon zur welligen Hochfläche hinauf. Die Siedler kamen von The Dalles entgegen – und wie sie die Meilen zählten! Threemile Creek, Fivemile, Eightmile, Fifteenmile Creek ... Das Winterweizenland um Dufur erinnert an die Palouse, oder nicht? Sind die Geländewellen etwa Rippelmarken der großen Flut? – Möglich wäre es. Bei Dufur dehnte sich um 1920 die »größte Apfelplantage der Welt«. Doch die Niederschläge hielten nicht, was die Investment-Werber der Dufur Orchard Company versprachen, und so rodete man die Bäume und säte Weizen.

The Dalles war von jeher ein Kommunikationsknotenpunkt. Hier, am Eingang zur Schlucht des Columbia, konstatierten Lewis und Clark 1805 einen »großen Indianermarkt für das ganze Gebiet«. Trapper der Hudson's Bay Company kamen 1821, methodistische Missionare 1838, die ersten Siedler über den Oregon Trail 1843 und die US-Armee 1847 – nach dem Massaker an den Whitmans in Walla Walla. Bereits 1859 war die Stadt kühn genug, sich ein pompöses Courthouse zu leisten – als Verwaltungssitz für Wasco County, die bis an die Rockies reichte.

The Dalles hat demnach historisch einiges zu bieten: **Fort Dalles Museum** (mit Resten des Forts von 1856); **Wasco County Courthouse** (von 1859); **The Dalles Dam** (von 1957) ... Ein **Columbia Gorge Discovery Center** entsteht bei Crate's Point. Eine historische Stätte allerdings ist nicht mehr zu besichtigen: **Celilo Falls** – wo die Plateauindianer seit Jahrtausenden fischten und feierten, ihre

Außerdem verband die Brücke zwei der damals größten Städte des Nordwestens, The Dalles und Canyon City. Als Joseph Sherar die Mautbrücke 1871 erwarb, baute er Wirtshaus, Hotel und Ställe – davon ist nichts mehr übrig.

Eine angenehme Rast bietet die **Tygh Valley State Wayside**. Während Sprühwasser von den **White River Falls** die

Im Fort Dalles Historical Museum

Lachse räucherten und in Körben verwahrten, die sie mit Blättern auslegten, als Nahrung für das ganze Jahr. Die berühmten Fälle versanken 1957 im Stausee hinter The Dalles Dam.

Den Siedlern des Oregon Trail stand bei The Dalles die schwierigste Etappe ihres Trecks bevor. Weil die Steilufer keine Wagenbreit Raum für die Fuhrwerke ließen, mußten sie Wagen und Fracht auf Flöße und Kanus verladen und den Columbia abwärts flößen; ihre Zugtiere trieben sie im Gänsemarsch über einen schmalen Ufersteig. Mit der Old Barlow Road kam 1846 der Landweg als Alternative hinzu, ein Vergnügen waren beide nicht. Weitaus angenehmer ist es, im **Baldwin Saloon** oder **Wasco House**, beide im historischen Rahmen, einzukehren.

Beim Lunch könnte man über den merkwürdigen Ortsnamen spekulieren. Französisch-kanadische Voyageurs empfanden die Klippen des Columbia als gefliese Wände und nannten sie *Les Dalles* (*dalle* = Kachel, Fliese). Andere Bedeutungen sind »Rinne«, »Trittstein«, »Flaggenstange«, »Kehle« (im Argot) ... Die Indianer nannten den Ort schlicht *winquatt* – »Ort, der von Felswänden umgeben ist«.

Der **Historic Columbia River Highway** (Old Highway 30) beginnt am westlichen Rand von The Dalles. In harmonischen Schleifen führt er zum **Rowena Plateau** hinauf. Am **Rowena Crest Viewpoint** raubt einem nicht nur der Blick, sondern auch der Wind den Atem. Was sich da alles durch die Düse der Gorge zwängt: der Fluß, der Verkehr, der Wind, das Wetter. Der feuchtere Westen unterscheidet sich deutlich vom trockenen Osten. Die Basaltpakete liegen eben; beim Erkalten haben sich die typischen Säulen gebildet.

Als die Fluten aus Lake Missoula durch die Gorge tobten – 300 Meter tief und noch 60 Meter über dem Plateau –, schliffen sie die Klippen glatt, spülten den Boden fort, setzten Willamette Valley 120 Meter tief unter Wasser und trugen Findlinge (auf Eisschollen) bis nach Eugene. Die letzte dieser Fluten ging vor etwa 12 000 Jahren hindurch. Der heutige Boden stammt aus einem Aschenregen von Mount St. Helens vor 6 000 Jahren. Vielfach schaut der nackte Fels hindurch – *scablands*.

Im **Tom McCall Preserve** ist dem fortschrittlichen Gouverneur von Oregon (1967–1975) ein herbes Denkmal gesetzt. Über ein Treppchen nahe dem Viewpoint gelangt man auf die karge und kahle Fläche, wo vor Klapperschlangen gewarnt wird und zarte, aber standfeste Wildblumen sich im Winde biegen. Es sind seltene Arten darunter, die nur hier überleben konnten. Man kann am Rande von Rowena Dell bequem zum Plateau hinunterspazieren; anspruchsvoller ist der Aufstieg zum Tom McCall Point.

Jetzt wechselt man das Ufer und den Staat, schon um bei der Passage über die beiden zierlichen Mautbrücken die Breite des Stromes unter sich zu spüren. Durch den Gitterrost der **Hood River Bridge** schimmert silbern der Columbia. Die Maut von jeweils 75 Cents ist nichts gegen das, was die Siedler für die Barlow Road berappen mußten: 5 Dollar pro Wagen und 10 Cents pro Tier.

In Höhe der Spring Creek Fish Hatchery (ab WA-14 West, links) setzt man sich auf einen Felsbrocken der Uferbefestigung und schaut zu, wie die Windsurfer über Wellenkämme springen, hinüber und herüber kreuzen und in der kleinen

Columbia River: ein Dorado für Windsurfer

Beliebt bei Touristen: Multnomah Falls ...

Bucht rasten. Strömung und Gegenwind werfen hier wahre Brandungswellen auf, und so kann sich Hood River rühmen, die »sailbording capital of the world« zu sein. Drüben thront klassisch und gelb das Columbia Gorge Hotel.

Die zweite Mautbrücke ist nicht jene **Bridge of the Gods**, die die Indianer meinten, als sie einen gewaltigen Erdrutsch zu erklären versuchten, der um 1260 n.Chr. die Schlucht versperrte und den Columbia bis nach The Dalles hinauf staute. Ihre mythische »Götterbrücke« ist im Oregon State Building in Portland in einer fabelhaften Wandkeramik dargestellt. Natürlich durchbrach der Fluß beizeiten den Damm und schuf die berüchtigten Stromschnellen der Cascades, nach denen das Kaskadengebirge benannt ist.

Vier Meilen westlich von Cascade Locks hat die I-84 West eine Ausfahrt nach **Bonneville Lock & Dam**, deren Visitor Center im Sommer bis 20 Uhr geöffnet ist. Die Ausstellung des US-Corps of Engineers ist sehenswert. Hinter dem Panzerglas der Fischfenster sollten eigentlich Lachse aufsteigen, doch die werden immer seltener. Dafür sieht man

... und die Columbia Gorge, vom Historic Highway aus zu sehen

wahrscheinlich Alsen und Lampreten, die sich an der Scheibe festsaugen. Angesichts der starken Strömung wünscht man den Fischen Glück.

Es gäbe noch manches zu sehen in der Gorge, aber morgen ist auch noch ein Tag. Wer noch Lust dazu verspürt, fährt statt der glatten I-84 noch das westliche Teilstück des Historic Highway (ab Exit 35) – vorbei an Wasserfällen, hinauf zu Aussichtspunkten. So oder so kommt man nach Troutdale im Osten Portlands, wo sich eine Übernachtung in McMenamins Edgefield anbietet. ✸

135

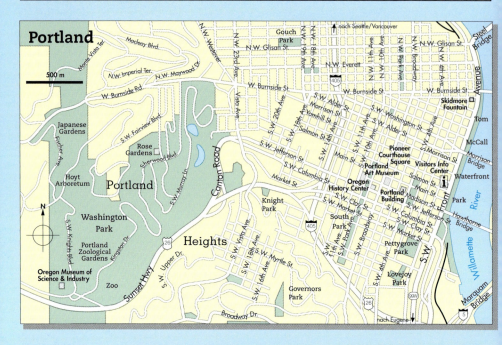

Vormittag   Bummel durch Downtown Portland. Von **Skidmore Fountain** (Burnside Bridge; MAX) zum **Tom McCall Waterfront Park**. Am Willamette River entlang nach Süden über **Salmon Street Springs** zum **Portland/Oregon Visitors Information Center**. Stadteinwärts nach Westen über Justice Center zum **Portland Building**, dann Zickzackkurs zu Public Art um Transit Mall/Yamhill/Morrison/Alder St. und zum **Pioneer Courthouse Square**.

Nachmittag   Zu Fuß (oder Bus 63) über Park Place zum **Washington Park** mit **Rose Test Gardens** (ggf. auch Japanese Gardens). Weiter mit Bus 63 zum **Hoyt Arboretum**: Spaziergang und Studium der wichtigsten Bäume des Nordwestens. Rückfahrt mit Bus 63 nach Downtown.

Abend   Symphoniekonzert, Dinner-Restaurant, Brewpub, Jazzkneipe oder Nachtcafé.

Alternativen: Statt eigener Stadterkundung: geführter Rundgang, z. B. mit Peter Chausse von **Peter's Walking Tours**. – Washington Park und Hoyt Arboretum erreicht man zur Not auch mit dem Auto: Burnside St. (nach Westen), Vista Ave. (links), Park Place (rechts), Hinweisen auf SCENIC DRIVE folgen, Kingston Ave., Knights Blvd., Fairview Blvd. und zurück. – Statt Hoyt Arboretum: Bummel durch **Nob Hill** oder **Hawthorne District** oder »Portland Harbor Tour«, z. B. mit **Rose City Riverboat Cruises**.

136

10. Tag – Programm: Portland

Sightseeing von der fragwürdigen Art ist die »Freeway Loop« über I-5 und I-405 rund um die City. Sie führt über Rampen hinauf in luftige Höhen, auf hohen Brücken zweimal über den Fluß, durch einen Straßencanyon unter die Erde ... und zeigt die Skyline von Portland wie im Fluge. Voraussetzungen: die Himmelsrichtungen kennen und sich rechtzeitig einordnen. Wer die Ausfahrt verpaßt, geht in die nächste Runde ...

10. Tag – Informationen: Portland — Vorwahl: ☎ 503

Portland/Oregon Visitors Association
26 S.W. Salmon St./Front Ave.
Portland, OR 97204
☎ 222-2223 oder (800) 962-3700
Fax 275-9774
Fundgrube für Prospekte und Infos über ganz Oregon.

Nature of the Northwest Information Center (Forest Service)
State Office Building
800 N.E. Oregon St. (Room 177)
Portland, OR 97232
☎ 872-2750, Fax 731-4066
Mo–Fr 8–17 Uhr
Breites Angebot an Karten und Büchern über den Nordwesten. Ranger geben Auskunft.

EcoTours of Oregon
1906 S.W. Iowa St.
Portland, OR 97201
☎ und Fax 245-1428
Geführte Touren, z. B.: Ancient Forest Day Hike, Mount St. Helens/Volcano Tour, Native American Cultural Tour, Microbrewery »Crawl«.

Tri-Met Public Transit Information Center
701 S.W. 6th Ave. (Pioneer Courthouse Sq.)
☎ 231-3198 oder 238-7433 (Tri-Met allgemein)
Mo–Fr 9–17 Uhr
Auskunft, Fahrscheine, Fundbüro.
Tri-Met Public Transit gilt als eines der fortschrittlichsten Nahverkehrssysteme der USA. Die »Light Rail« des **MAX** (Metropolitan Area Express) bindet die östlichen Bezirke an Downtown; eine Erweiterung nach Westen ist im Bau. Busse bedienen das übrige Stadtgebiet. Die meisten Busse konvergieren in der **Transit Mall** (S.W. 5th und 6th Avenue) in Downtown. Ein Tagesticket für $ 3.25 deckt das gesamte Netz ab. Fahrscheine kauft man am MAX vom Automaten oder im Bus beim Fahrer (passend zahlen!). Fahrpläne und eine Übersichtskarte gibt es bei Tri-Met im Pioneer Courthouse Square.

»Touristenfreundliche« Linien sind folgende: **Bus 63** *(ART – The Cultural Bus)* verbindet das Visitor Information Center mit den großen Museen und **Washington Park**; **Bus 17** fährt von Downtown nach **Nob Hill** (23rd Avenue); **Bus 14** folgt dem **Hawthorne Boulevard** bis zur 49th Avenue; und **Bus 51** tuckert, wenn auch nur stündlich, zur Aussichtshöhe von **Council Crest** hinauf. Im innerstädtischen Karree des »Fareless Square« gilt der Nulltarif. Ein Auto braucht man in Portland nicht. Eingefleischte einheimische Autofahrer staunen nicht schlecht, wenn man ihnen ihr System erklärt.

Peter's Walking Tours of Portland
1563 N.E. Village Squire Ct.
Gresham, OR 97030
☎ 665-2558 oder 816-1060
Tägl. nach Vereinbarung. Peter Chausse

137

Sport mit Stil: Nike Town in Portland

führt durch die Stadt, Schwerpunkte nach Wunsch (z. B. Public Art). $ 10

 Portland Saturday Market
108 W. Burnside St. (Burnside Bridge; MAX)
✆ 222-6072
März–Weihnachten, Sa 10–17, So 11–16.30 Uhr
Handwerk und Kunsthandwerk aus der eigenen Werkstatt, das ist die Bedingung.

 Nike Town Portland
930 S.W. 6th Ave./Salmon St.
✆ 221-6453
Edelsportshop mit Stil und entsprechenden Preisen.

 Princeton at the Corner
614 S.W. 11th Ave./Alder St.
✆ 222-4590
Mo–Fr 7–21, Sa 8.30–17 Uhr
Einladendes Lunch-Café mit gesunder Kost, nur bei Einheimischen bekannt. Qualitätskaffee, Säftebar, Bier und Wein. $

 Western Culinary Institute
1316 S.W. 13th Ave.
✆ 223-2245
Kochschule mit Lunchangebot für den, der keine Experimente scheut. Anmeldung erforderlich. $

  Heathman Bakery & Pub
»B. Moloch«/Widmer Brew Pub
901 S.W. Salmon St./9th Ave.
✆ 227-5700
Mo–Fr ab 7, Sa/So 8–22.30 Uhr
Nordwestliche Küche (auch leichte Kost) zu vernünftigen Preisen; sehr beliebt. Selbstgebackenes Brot, Pizza aus dem Holzofen, Kaffee und Kuchen, frischgepreßte Säfte, Mikrobräu von Widmer. $–$$

 Portland Art Museum
1219 S.W. Park Ave./Jefferson St.
✆ 226-2811
Di–Sa 11–17, So 13–17 Uhr
Gute internationale Auswahl; Schnitzkunst der Indianer des Nordwestens. Renommierte Wanderausstellungen. $ 5

 Oregon History Center
1200 S.W. Park Ave./Jefferson St.
✆ 222-1741
Di–Sa 10–17, So 12–17 Uhr
Museum zur Geschichte von Portland und der Region. Gutes Büchersortiment im **Museum Store**, auch Reiseliteratur. $ 4.50

 Oregon Museum of Science &
Industry (OMSI)
 1945 S.E. Water Ave. (Bus 63; Ostufer des Willamette)
✆ 797-4000
Sa–Mi 9.30–17.30, Do/Fr bis 21 Uhr

Museum zu Wissenschaft und Technik; Objekte zum Anfassen. OMNIMAX-Kino. $ 7

Rose City Riverboat Cruises & Charters

Abfahrt von RiverPlace Marina (Südende Tom McCall Park)

ℰ 234-6665

Portland Harbor Tour: Di–So 15 Uhr. Kleines Schiff, der Kapitän führt selbst. $ 10.50

Powell's City of Books

1005 W. Burnside St./10th Ave. (Bus 20)

ℰ 228-4651

Mo–Sa 9–23, So bis 21 Uhr

Über eine Million Bücher! Im Green Room: Pacific Northwest. Zum Schmökern: **Anne Hughes Coffee Shop** (auch Singles-Treff).

BridgePort Brew Pub

1313 N.W. Marshall St. (Bus 77, ab N.W. Glisan St.)

ℰ 241-7179

Mo–Do 11.30–23, Fr/Sa bis 24, So 13–21 Uhr Älteste Mikrobrauerei von Oregon (1984). Bräukneipe mit Atmosphäre und ordentlicher Pizza – *by the slice*.

International Rose Test Gardens

400 S.W. Kingston Ave. (Bus 63)

ℰ 823-3636

Tägl. 7–21 Uhr

7 000 Rosenstöcke mit 500 Sorten in Washington Park, zu Fuß erreichbar. Schöner Stadtblick. Eintritt frei.

Hoyt Arboretum

4000 S.W. Fairview Blvd. (Bus 63 oder US-26, Exit Zoo)

ℰ 228-8733

Park tägl. *dawn to dark*, Tree House Visitor Center 10–16 Uhr

Park zum Schlendern und Lernen! Über 800 Arten identifizierter Bäume und Sträucher. Wegeplan und *Conifer Tour* ($ 1) im Visitor Center. Eintritt frei.

Metro Washington Park Zoo

4001 S.W. Canyon Rd. (Bus 63 oder US-26, Exit Zoo)

ℰ 226-1561

Tägl. ab 9.30 Uhr

Tiere in ihrer »natürlichen« Umgebung: Cascade Stream, Pond Exhibit für heimische Tiere. $ 5.50

World Forestry Center

4033 S.W. Canyon Rd. (Bus 63 oder US-26, Exit Zoo)

ℰ 228-1367

Tägl. 9–17 (Winter 10–17) Uhr

Forests of Stone: fabelhafte Sammlung versteinerten Holzes. $ 3

Portland ist die Stadt der Mikrobrauereien: **McMenamins** (*all over town*), **BridgePort** (s.o.), **Rock Bottom** (206 S.W. Morrison St., ℰ 796-2739), **Widmer** (Heathman Bakery) ... Da die Brewpubs laut Gesetz Speisen servieren *müssen*, kann man dort auch essen. Viel vornehmer speist man natürlich im **Heathman Restaurant & Bar** (1001 S.W. Broadway Ave., ℰ 241-4100), eher volkstümlich dagegen bei **Jake's Famous Crawfish** (401 S.W. 12th Ave., ℰ 226-1419) oder **Dan & Louis' Oyster Bar** (208 S.W. Ankeny St., ℰ 227-5906).

Wer lange Öffnungszeiten sucht, findet sie in der **Brasserie Montmartre** (656 S.W. Park Ave., ℰ 224-5552), **La Patisserie** (208 N.W. Couch St., ℰ 248-9898) und in dem exzentrischen Insider-Café **Rimsky-Korsakoffee House** (707 S.E. 12th Ave., ℰ 232-2640). – Als Musikadressen werden derzeit (neben Brasserie Montmartre) **Jazz de Opus** (33 N.W. 2nd Ave., ℰ 222-6077), **Key Largo** (31 N.W. 1st Ave., ℰ 223-9919) und **La Luna** (215 S.E. 9th Ave., ℰ 241-5862) gehandelt.

Wem das alles zu laut, zu voll oder zu teuer ist, der holt sich eine **American Dream Pizza** (4620 N.E. Glisan St., ℰ 230-0699) und verspeist sie im Motel.

Willamette Week

Wochenzeitung zur Kulturszene (gratis); liegt in Cafés, Buchläden usw. aus.

Portland

Portland wird, wie Seattle, von Zeit zu Zeit zur »Most Livable City« der USA gekürt. Für die einen ist es die »City of Roses« (Rose Festival im Juni), für die anderen die »City of Books« (Powell's). Außerdem besitzt Portland noch den größten Stadtpark (Forest Park mit 18 Quadratkilometern), die meisten Mikrobrauereien und die größte Kino- und Kneipendichte von allen Städten der USA. Dazu kommt ein ziemlich gut entwickeltes öffentliches Nahverkehrssystem und eine Menge Public Art (dank

Public Music? Old Town District

städtischer Verordnung von 1980). Was die Konkurrenz zwischen Seattle und Portland betrifft, so gebärdet sich Seattle wie ein jüngerer Bruder, der dem älteren über den Kopf gewachsen ist. Portland war immer zuerst da: mit der Gründung 1844 (Seattle: 1851); mit der transkontinentalen Eisenbahn 1883 (Seattle: 1892); mit der ersten großen überregionalen Ausstellung (Lewis & Clark Exposition) 1905 (Seattle: 1909).

Von der gepriesenen »Lebensqualität« sieht man wenig, wenn man von Osten her in die Innenstadt fährt; statt dessen trifft man auf den ganz normalen, raumverzehrenden Siedlungsbrei der amerikanischen Suburbia. Verläßt man am Lloyd Center/11th Avenue den MAX, so trifft man alte Bekannte: die brave Siedlerfamilie aus Bronze von David Manuel, die ihre Blicke so erwartungsvoll ins »Promised Land« gerichtet hält. Kitsch oder Kunst? Auf jeden Fall die erste Begegnung mit Public Art in Portland.

Die zweite folgt im **Oregon State Office Building**, wo zwei prächtige Wandbilder aus Glaskeramik die Eingangshalle zieren. So also, darf man annehmen, stellten sich die Indianer die Entstehung von *Bridge of the Gods* und *Multnomah Falls* vor. In buntem Glasguß und Glasschmelze grüßt die heimische Tierwelt: Lachse, die den Fluß hinaufschwimmen, ein uriger Stör, spielende Flußotter, Adler, Kojoten, Bären ... Das **Nature of the Northwest Information Center** im

Hause ist bestens mit Büchern und Karten über den Pazifischen Nordwesten bestückt (nur werktags geöffnet!).

Mit dem nächsten Zug rollt man am zarten, postmodernen Convention Center vorbei und überquert polternd die alte Steel Bridge von 1912, die nur noch selten gehoben wird, weil sich der Seehafen zur Columbia-Mündung hin verlagert hat. Der alte Getreidespeicher wie der Uhrenturm von Union Station zeugen von Handel, Warenumschlag und der über hundertjährigen transkontinentalen Eisenbahntradition Portlands. Drüben, am **Skidmore Fountain**, kommt es zur weichen Landung am Rande von Downtown.

Quasi unter der Burnside Bridge quirlt am Wochenende der **Saturday Market** mit Kunsthandwerk, Imbißküchen, Bands und entspannten Menschen aller Altersgruppen. Jenseits der lästigen Front Avenue beginnt der **Tom McCall Waterfront Park**. Mit ihm hat sich Portland ein weiteres Stück Lebensqualität gesichert, indem es einfach eine vierspurige Stadtautobahn (die I-405) um 15 Straßenblocks zurückverlegte. Jetzt nutzen Bürger die einstige Rollbahn am Willamette River zum Walking, Jogging, Bicycling, Rollerskating, Rollerblading, Skateboarding oder schlicht zum Flanieren.

An Wochentagen sind es eher gestylte Hausfrauen, die es ernst mit der Fitneß meinen, neben Herren in Schlips und Kragen, die beim Lunchspaziergang Geschäftliches besprechen. Weniger gestylte Schulkinder müssen sich anhören, was ihre Lehrer über die zwölf Brücken, die den Willamette überspannen, zu sagen haben. Die sind von Konstruktion und Alter so vielfältig, daß Brückenbauingenieure ihre wahre Freude haben.

Am Nordende des Parks erinnert die **Japanese-American Historical Plaza** an unrühmliche Taten der US-Regierung

Portlandia, Riesendame mit symbolischer Bedeutung

gegen ihre japanischstämmigen Bürger im Zweiten Weltkrieg. Vor das schicke Sanierungsprodukt **River Place** am südlichen Ende des Parks schieben sich die Fontänen der **Salmon Street Springs**. Da wird geplanscht, mit Wasser gespritzt und gekreischt. Es herrscht ausgelassene Stimmung.

Hinüber zum **Visitors Information Center** – zuständig für die Stadt Portland wie für den Staat Oregon. Das bedeutet, hier sollte man sich mit Prospekten für den weiteren Verlauf der Reise eindecken.

Public Art in Portland hat ...

Wichtig für heute: *Powell's Books Walking Map of Downtown Portland* und die *Portland Tourmap* ... und am besten fragen Sie, was gerade aktuell in Portland los ist.

Mit der Karte von Powell's fällt es leicht, zum Justice Center und Portland Building zu finden: Beide sind reichlich mit Public Art gesegnet. Das **Portland Building** von Michael Graves (1982) gilt als erstes größeres postmodernes Gebäude der USA. Schon das Dunkeltürkis und Dunkelmagenta der Außenfassade sind ungewöhnlich: Die Farben sollen den Bezug zur »natürlichen Welt« verkörpern. Innen gibt es eine Ausstellung über »Public Art in Portland« (werktags 8–17 Uhr) sowie Sitzgelegenheiten zum Rasten und ordentliche Toiletten.

Über dem Portal in der 5th Avenue thront **Portlandia** aus gehämmertem Kupfer – an Masse nur noch von der Frei-

heitsstatue übertroffen. Jetzt hockt die Riesendame mit den olympiareifen Armen und der einnehmenden Handbewegung da und soll »Mutter Erde« verkörpern. Der Betrachter wundert sich: Irgendwie will das kriegerische Weib nicht zur »Stadt der Rosen« passen. Auch die Inschrift im Bürgersteig hilft wenig dabei, den Bezug herzustellen.

Jetzt kommt es darauf an, zum Pioneer Courthouse Square zu finden und dabei möglichst viel Public Art zu sehen. Die Fundstellen ballen sich an der Transit Mall der 5th Avenue mit *Soaring Stones* (zwischen Taylor und Yamhill Street), *Cat in Repose* (zwischen Morrison und Alder Street) und *Kvinneakt* (nahe Washington Street). Läuft man einen Bogen zur Alder Street (zwischen 4th und 3rd Avenue), so kann man dort 18 Aluminiumfische *Upstream Downtown* schwimmen sehen, während die Yamhill Street (zwischen 3rd und 4th Avenue) mit *A Human Comedy* und der Sprüchesammlung *Street Wise* aufwartet. Ein Gutes haben die Parkhäuser von Downtown also: ihre Wände.

Hat man noch das Spalier der vielgeliebten 24 Bronzetiere *Animals in Pools* an der Yamhill und Morrison Street abgeschritten, so steht man vor **Pioneer Courthouse Square**. Trotz seines herben Äußeren – der Stil wird als *brutalistic* bezeichnet – ist er für die Einheimischen das »Wohnzimmer Portlands«. Sie kommen, um Konzerte zu hören, Gauklern zuzuschauen und, wie am »Earth Day« im April, zu demonstrieren.

Wäre da nicht eine historische Tafel, man ahnte nicht, daß hier einst das ehrwürdige Portland Hotel von 1890 stand. Es mußte 1951 – bevor die Bürger der Stadt begannen, besser aufzupassen – einem schnöden Parkhaus weichen. In den 1980ern kaufte die Bevölkerung dann 63 500 rote Ziegel, um den Bau des Platzes zu finanzieren; die Namen der Spender sind eingestanzt. Nützliche Dienstleister gruppieren sich heute um die steinerne Schüssel, darunter Tri-Met Public Transit, Powell's Travel Store, Starbucks und der »Herr mit Schirm«. Eigentlich heißt er *Allow Me* – Erlauben Sie, daß ich ihnen die Stadt zeige ...? Er ist ideal für Verabredungen, auch mit professionellen Stadtführern.

Lunchtime in Portland? Ein willkommenes Thema. **Princeton at the Corner** ist ein Geheimtip, den nur Einheimische kennen. Neben frisch zubereiteten, kleineren Gerichten gibt es ein »fast schon berühmtes« Bierbrot und echten Kaffee – Java Noir, mexikanischen Altura und italienischen Espresso. Ein Luncherlebnis anderer Art bietet das **Western Culinary Institute**, wo junge Köche ihr Handwerk erlernen. Die Gäste drücken wohl manchmal ein Auge zu, bekommen aber dafür einen Lunch in fünf Gängen für acht Dollar.

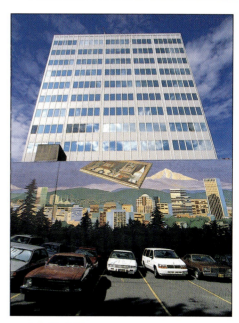

... viele Gesichter

Der Name Heathman hat in Portland einen guten Klang. Mit **The Heathman Bakery & Pub** sind der Hotelier und die Mikrobrauerei Widmer (»America's Original Hefeweizen«) ein glückliches Joint-venture eingegangen. Trotz des Betons drinnen ist das Lokal gastlich, und man kann den Brauern und Pizzabäckern bei der Arbeit zuschauen. Eigentlich heißt es »B. Moloch«, nach dem französischen Karikaturisten (1849–1909), von dem einige Arbeiten an den Wänden hängen.

Ein paar Schritte in Richtung Broadway, und man steht vor dem **Heathman Hotel – Restaurant & Bar** – von einschlägigen Führern mit Sternen übersät. Wirft man einen Blick ins edle Innere, so findet man in der Lounge romantisch-nostalgische Bilderschinken mit europäischen Motiven. Dann die Überraschung: rot-weißer Pandabär, rot-grüner Frosch, gelb-schwarzer Schmetterling, blauäugiger Löwe, ernster Orang-Utan ... Bilder aus der Serie *Endangered Species* von Andy Warhol.

Kunst oder Konsum? Stadtbummel oder Washington Park? Beim Lunch fällt die Entscheidung bezüglich des Nachmittagsprogramms. Das **Portland Art Museum** hat in seiner ständigen Sammlung teil an den Kunstwerken der Welt und zeigt oft bedeutende Sonderausstellungen. Das **Oregon History Center** präsentiert mit »Portland!« (mit Ausrufungszeichen!) eine ebenso schreiende Heimatkunde, daneben feine Sonderausstellungen. Im **Oregon Museum of Science & Industry (OMSI)**, mit dem Deutschen Museum in München vergleichbar, kann man sich von einem Erdbeben durchrütteln lassen. Dann sind da noch Cowboymuseum, Reklamemuseum, Rhododendrongarten usw.

Dem gehobenen Konsum sind kaum Grenzen gesetzt. Die Firma Nike, mit Basis in Portland, hat ihre **Niketown** zur Galerie gestylt – schon der Eingang trägt Schwarz. Junge Verkäufer im »Outfit« inszenieren und zelebrieren die bekannte Sportbekleidung. Die Filialen von **Made in Oregon** (z. B. in der Downtown Galleria) bieten überteuerte Heimatprodukte feil, von denen sie glauben, daß Touristen sie gern mit nach Hause nehmen. Bei **Paul Greve** (nahe Pioneer Square) gehen Dukaten von der spanischen Galeone *Atocha*, zu Schmuck veredelt, an zahlungskräftige Kunden.

Überschreitet man die »soziale Schallgrenze« der Burnside Street hin zu **Powell's City of Books**, so wechselt nicht nur S.W. zu N.W., sondern auch das Publikum – nicht nur wegen der Bücher. Bei Powell's stehen über eine Million davon – *new and used* – in den Regalen,

säuberlich Leitfarben zugeordnet. Im Green Room 106 herrscht die Signatur »PNW«, für Pacific Northwest. Im legeren **Anne Hughes Coffee Shop** kriegen die Bücher bei Kaffee und Kuchen – noch vor dem Kauf – ihre ersten Flecken.

Zur **Bridgeport Brewery** geht es tiefer ins touristische Niemandsland des Pearl District hinein. Am Spätnachmittag wird die Bräukneipe zum launigen Treff für alle, die bei ofenfrischer Pizza und braufrischem Bier plaudern und sich entspannen wollen. Mikrobrauereien sind eine relativ neue und ureigene Erfindung des Nordwestens, Bridgeport war in Oregon die erste (1984!). Sie nennen sich *micro-* oder *craft breweries*, im Unterschied zu den *mega-* oder *national breweries*.

In **Nob Hill** um die 21st und 23rd Avenue mischen sich Designerläden, Boutiquen und Café-Bars unter feine Villen. Designerkleider aus echtem Naturstoff,

»Private Art« in einer Kunstgalerie

Kids bei Wasserspielen im Rose Garden Park

garantiert knitternd, lassen die Besucher aus der Provinz staunen. Massives Schlittenbett auf Kufen, grellfarbene Schuhe aus Plastik ... Bei den Urban Outfitters hat man eine Fabrikruine zur Kulisse stilisiert, mit zerfetztem Spannbeton, gekappten Rohrleitungen ... Ein Junge in überweiten Hosen wippt zum Rhythmus des »House Techno« und verkauft – Haushaltswaren. Abends lockt der flackernde Grill in Jo's Bar & Rotisserie ein jungdynamisches Publikum.

Tritt man auf die Straße hinaus, dann leuchten die Villen von Uptown Heights im Lichterkranz über dem Viertel – mit steiler Auffahrt und *restricted access*.

Neben Nob Hill nimmt sich der **Hawthorne District** geradezu proletarisch aus. Bus 14 und Hawthorne Boulevard führen mitten hinein in die *depressed area*, in der die *gentrification* mit Macht ihren Einzug hält. Zwischen schäbige Gewerbehallen schieben sich Cafés, von denen es heißt, aufgeweckte junge Leute träfen sich hier zum Brunch. Weiter oben, von der 32nd zur 39th Avenue, verdichtet sich die Szene zu einem Mosaik von Gaststätten und ausgefallenen Spezialitätenläden.

Da kann man bei **Crossroads Music** in großen Kisten nach alten LPs kramen, im **Perfume House** von Chris Tsefalos die Düfte der Welt schnuppern und dabei den Stories des weitgereisten »Parfumkünstlers« lauschen und im **Bread & Ink Cafe** an bereits wieder weiß gedeckten Tischen Platz nehmen. Eine kleine Drogenszene mit schneeweißem Hund als Maskottchen ist noch – oder schon wieder – da.

145

Publikumsandrang bei einem Konzert im Rose Garden Park

McMenamins sind sowieso da, diesmal mit dem exotisch getönten **Bagdad Theater & Pub**, für das ihr Hausmaler eine Kulisse zwischen Indien, Arabien und Hollywood geschaffen hat. Bei einem ungemein süffigen Golden Ale namens »Bagdad« blickt man durch große Scheiben auf den Stil der Zeit: Reiner Eklektizismus – von Hippie über Dreadlock zu Punk und Schlabber! Oder man greift sein Bier und eine Tüte Popcorn und geht ins Kino, ein richtiger, alter Filmpalast, eine kuriose Mischung aus den 20ern und 1001 Nacht. Es laufen *Second-run*-Filme, die kaum ein halbes Jahr alt sind, zum Spottpreis von einem Dollar (ohne Bier)...

Doch nun zum »eigentlichen« Nachmittagsprogramm! Dieses führt durch Washington Park zum **Hoyt Arboretum**, einer der verkannten Perlen Portlands.

Es besitzt mit 230 Arten die größte Koniferensammlung der USA, dazu zehn Meilen Spazierwege, einen überdachten Picknickplatz und ein Visitor Center. Ungleich lauter tönt dagegen das **World Forestry Center** mit seinem »Talking Tree«, der sich darüber freut, gefällt zu werden, aber nichts Kritisches zur Lage der Holzwirtschaft zu sagen weiß. Stark ist allein die Sammlung fossiler Hölzer: Bei den Feinschliffen erweist sich die Natur als Grafiker.

Also schnappt man sich den Fahrplan des »Kulturbusses« 63 und wandert westlich (zum Beispiel auf Salmon Street) aus Downtown heraus, erklimmt die steile Wohnstraße von Park Place und taucht am Eingang zu **Washington Park** in ein Meer von Azaleen und Rhododendren. Unter hohen Bäumen findet man die beiden Statuen, die Susan Anthony für die

Lewis & Clark Exposition von 1905 geschaffen hat: *Coming of the White Man* und *Sacajawea*.

In den **International Rose Test Gardens** stehen Tausende Rosenstöcke von 500 Sorten in Reihe; »Helmut Schmidt« ist dabei, Konrad Adenauer nicht. Die nahen **Japanese Gardens** gelten als besonders »authentisch«; man erreicht sie von hier aus zu Fuß. Zum **Hoyt Arboretum** dagegen nimmt man besser den Bus, Richtung **Metro Washington Park Zoo** – der auch ein Ziel sein könnte.

Die 70 Hektar des Arboretums wurden 1928 bepflanzt, sind also kein Primärwald. Inzwischen sind die Bäume jedoch »erwachsen«, so daß man sie aus der Nähe studieren kann. Der Wegeplan, den man im Visitor Center erhält, führt zu Gruppen wie »Fir«, »Spruce«, »Redwood«, »Hemlock« usw. Besonders eindrucksvoll sind die Haine der Redwoods und Sequoien, der *incense cedars* oder Fluß-Zedern sowie der Eichen, Magnolien und des Ahorn.

Die Etiketten tragen den englischen und lateinischen Namen sowie Gattung, Heimat und Datum der Pflanzung. Die *western redcedar (Thuja plicata)*, zum Beispiel, gehört zu den Zypressengewächsen *(Cupressaceae)*. Die amerikanischen Siedler verwechselten sie mit echten Zedern und benannten sie daher falsch.

Am Abend breitet sich die übliche Leere eines Geschäftsviertels nach Feierabend in Downtown aus – mit einigen Ausnahmen. Bei **Heathman** geht es an beiden Adressen gastlich zu, aus der **Brasserie Montmartre** tönt cooler Jazz, und durch die Scheiben der **Rock Bottom Brewery** strahlt die heitere Geselligkeit der aktuellen »In-Group« in die Nacht hinaus.

Ein ganz und gar ungewöhnliches Nachtcafé ist das **Rimsky-Korsakoffee House**. Man findet es kaum, so unauffällig schmuggelt es sich unter die Wohnhäuser der Eastside. Es gibt dort nichts zu essen (außer Nachtisch), nichts zu trinken (keinen Alkohol), und es ist rauchfreie Zone – doch das bei klassischer Musik. Die Chefin, Goody Cable, hat noch etwas anderes in petto: das Sylvia Beach Hotel in Newport (siehe 12. Tag, S. 161). ✥

Beliebter Treffpunkt: Rock Bottom Brewery

147

11. Tag – Route: Portland – Mayger – Astoria – Seaside – Cannon Beach (250 km/156 mi)

km/mi	Zeit	Route
0	8.00 Uhr	Von **Portland** auf US-30 West über St. Helens und Rainier zur Alston-Mayger Rd., dann rechts Richtung Norden nach

km/mi	Zeit	Route
99/ 62	10.00 Uhr	**Mayger**: Ghost Town am Ufer des Columbia mit ehemaligen Konservenfabriken. Über Quincy zur US-30 West bei Clatskanie, dann Halt an der **Bradley State Wayside** (Aussichtspunkt) und weiter bis
197/123	12.00 Uhr	**Astoria**: **Astoria Column** auf Coxcomb Hill und **Columbia River Maritime Museum**; Lunch. Südlich auf US-101 BUS (Warrenton-Astoria Hwy.) über Youngs Bay Bridge und Lewis & Clark River zum
210/131	16.00 Uhr	**Fort Clatsop National Monument**. Weiter auf US-101 BUS nach Westen und Norden zum **Fort Stevens State Park** und Wrack der **»Peter Iredale«**: Strandwandern, Sandlaufen. US-101 South über Gearhart und **Seaside** nach
250/156	19.00 Uhr	**Cannon Beach**.

Alternativen: Wer weniger auf Geschichte und Kunst, dafür mehr auf Strandfreuden setzt – mit 7 Meilen Public Beach, preiswerten Motels, Drachenfestivals und Shopping in Factory Stores –, fährt über I-5 South, OR-99W South und OR-18 West in 2 Std. direkt nach **Lincoln City** (falls er nicht in den Weinbergen von Yamhill County hängenbleibt ...). – Schneller als US-30 führt US-26 West nach Cannon Beach: 136 km/ 85 mi.

Neben Cannon Beach sind auch **Astoria** (viele B & Bs in zierlichen Häusern) und **Seaside** (Seebad mit Tradition und Kapazität) gute Übernachtungsalternativen. – Für das Programm in Astoria gelten folgende Prioritäten: 1. **Astoria Column**, 2. **Maritime Museum**, 3. **Fort Clatsop** (ersetzbar durch Lewis & Clark Interpretive Center in Fort Canby, 19. Tag), 4. **Fort Stevens State Park** (Strand gibt es später auch, aber das Wrack ist einmalig).

Besaw's Cafe
2301 N.W. Savier St. (Nob Hill)
Portland
ℂ 228-2619
Bestes Frühstück im Viertel. $

Astoria, OR 97103

Astoria-Warrenton Area Chamber of Commerce
111 W. Marine Dr.
Astoria, OR 97103
ℂ 325-6311 oder (800) 535-3637
Fax 325-9767
Gut ausgestattetes Visitor Center.

Crest Motel
5366 Leif Erickson Dr. (US-30, 2 Meilen östl. von Astoria)
ℂ 325-3141 oder (800) 421-3141
Vernünftiges Motel im Osten Astorias. Bester Blick auf den Columbia von *view rooms* und großem Rasen. $$

Rosebriar Hotel (B & B)
636 14th St. (nahe Zentrum)
ℂ 325-7427 oder (800) 487-0224
Kleines Hotel (1902), vormals Privatvilla, dann Kloster; im Wohnviertel in Hanglage. Feudales Foyer und 11 hübsche Zimmer mit Kamin (Gas). Gutes Frühstück. Nichtraucher.
$$

Peter Pan Market
712 Niagara Ave.
 ℂ 325-2143
Praktisch für Lunch: prima Sandwiches, Suppen, Kuchen, Kaffee – im Lebensmittelladen (mit historischen Bildern). $

Cafe Uniontown
218 W. Marine Dr.
ℂ 325-8708
Di–Sa 11–21/22 Uhr
Lunch und Dinner. Frisches Seafood, gute Atmosphäre. Do–Sa abends Live-Musik.
$$

Columbian Cafe – Fresca Deli
1114 Marine Dr.
ℂ 325-2233
Frischer Fisch, frische Pasta und frisches Gemüse aus der Region; dazu Mikrobräu. Künstlerisch angehaucht und voll. $$

Columbia River Maritime Museum
1792 Marine Dr.
ℂ 325-2323
Tägl. 9.30–17 Uhr
Hervorragendes Museum zur Geschichte der Seefahrt und Fischerei um den Columbia und die Küste. Feuerschiff »Columbia«. $ 5

Fort Clatsop National Memorial
Fort Clatsop Rd. (nahe US-101 BUS, 8 Meilen südwestl. von Astoria)
ℂ 861-2471
Sommer tägl. 8–18, Winter bis 17 Uhr
Nachgebautes Winterlager (1805/06) von Lewis und Clark. Visitor Center mit Dia-Show (17 Min.) und Video (30 Min.). Im Sommer tägl. Living History. $ 2

Fort Stevens State Park
Bei Hammond, nordwestl. von Astoria
ℂ 861-1671 oder (800) 452-5687
Ganzjährig. 603 Plätze, darunter RV-Hookups. Wanderwege, Radwege, Zugang zum Strand und Wrack der »Peter Iredale«.

Pacific Way Bakery & Cafe
Gearhart
 ℂ 738-0245
Sommer Do–So 8–21, sonst 11–21 Uhr (Lunch 11–15.30 Uhr)
Omelettes, Waffeln, leichte, bekömmliche Kost; frisches Brot und Kuchen aus eigener Bäckerei. Fotos über Fotos! $

Seaside, OR 97138

Seaside Chamber of Commerce/ Visitors Bureau
7 N. Roosevelt Dr.

ℂ 738-6391 oder (800) 444-6740
Fax 738-5732

Sea Side Inn (B & B Hotel)
581 S. Promenade
ℂ 738-6403 oder (800) 772-PROM
Neues Haus direkt an der »Prom«. 14 »Themenzimmer«, höchst individuell, einfallsreich und geschmackvoll eingerichtet. Nichtraucher. $$$

Seaside International Hostel
930 N. Holladay Dr.
ℂ 738-7911, Fax 717-0163
48 Betten, auch Familienzimmer. $

Dooger's Seafood & Grill
505 Broadway
ℂ 738-3773
In Cannon Beach:
1371 S. Hemlock St.
ℂ 436-2225

Living History in Fort Clatsop

Frisches Seafood, gekonnt zubereitet – vernünftige Preise. $$

Cannon Beach, OR 97110

Cannon Beach Chamber of Commerce & Information Center
2nd/Spruce Sts.
ℂ 436-2623, Fax 436-0910

Cannon Beach Hotel (B & B)
1116 S. Hemlock St.
ℂ 436-1392
Um 1900 Fremdenheim, jetzt hübsches, kleines Hotel in zentraler Lage; **JP's Restaurant** im Hause. Mit Courtyard Annex zusammen 26 Zimmer. Nichtraucher. $$–$$$

Blue Gull Inn Motel
487 S. Hemlock St.
ℂ 436-2714 oder (800) 507-2714
Fax 436-0226
Variable Unterbringung in Studios (mit Küche), Kabins und Häuschen. Nichtraucher. Sauna; Waschautomat. $$–$$$

Ecola Creek Lodge
P.O. Box 1040
ℂ 436-2776 oder (800) 873-2749
Fax 436-9550
Originelles Haus, 21 individuelle Zimmer. $$–$$$

RV Resort at Cannon Beach
345 Elk Creek Rd. (US-101, Exit Cannon Beach Loop)
ℂ 436-2231 oder (800) 847-2231
Luxus-Resort – mit Hookups und Kabelfernsehen. 100 Plätze (reservieren!). Swimmingpool, Laden, Propangas.

Cafe de la Mer
1287 S. Hemlock St. (Haystack Sq.)
ℂ 436-1179
Eines der renommiertesten Seafood-Restaurants der Küste. Der Chef nennt seine Menüs: *edible artworks*. $$$

Unterwegs zur Oregon Coast (I)
Von Portland nach Cannon Beach

Nach Scablands, Steppe und Großstadt – endlich die See! Nach einem äußerst gesunden Frühstück in einem schicken Café in Nob Hill, idealerweise in der nordwestlichen Ecke von Portland gelegen, geht es auf US-30 West zunächst durch triste Vorstadt, dann, hinter St. Johns Bridge, zu den Hausbootkolonien am Multnomah Channel.

Diese fröhlichen »Boat People«, deren Häuser auf vollgesogenen Stämmen ruhen, fühlen sich auf dem Wasser »freier«, sagen sie. Drinnen haben sie den üblichen Komfort – und einen Vorteil: Sie sind überschwemmungssicher. Mit jeder Flut steigen sie samt Steg und Versorgungsleitungen an Haltepfosten senkrecht in die Höhe. Als sie nach dem Februarhochwasser von 1996 wieder herunterkamen, waren ihre Wohnräume trocken – doch die Autos steckten im Schlamm.

Sauvie Island überläßt man am besten den Portlandern, die hier Naherholung pflegen. Der alte Hafenort St. Helens besitzt einen **Columbia River View Park**, von dem man Mount St. Helens sehen kann, wenn die Sicht gut ist. Captain Clark hielt den Berg für den höchsten »Kegelberg« Amerikas, aber er irrte schon damals. Seit dem Ausbruch von 1980 fehlen dem Vulkan noch weitere 400 Meter.

Auf St. Helens folgt – logischerweise – Rainier, und wenn man auch dieses nichtssagende Städtchen hinter sich gelassen hat, gewinnt man endlich Höhe und einen freien Blick. Weit breitet sich das Tal des Columbia unter dem Viewpoint, dazu dampfende Papiermühlen, aufgestapelte Stämme, Halden von Spänen. Der Anblick macht deutlich, was in Longview und in den Hügeln der Coast Range wirtschaftlich passiert. Der topographische Atlas setzt noch eins drauf: ein dicht geädertes Netz von Holzabfuhrwegen in einem Patchwork von Grün (Wald) und Weiß (Rodung). Seit 1938 – so war im Oregon History Center in Portland zu hören – ist Oregon der größte Holzproduzent der USA.

Bei Alston, mit seinem verrammelten Country Store und der vergammelten Tankstelle, geht es rechts in die Alston-Mayger Road nach Mayger ab. Im Hinterland nördlich des Highway liegen verstreut Häuser mit großen Grundstücken in den Hügeln – darauf Pferde, Esel, Lamas, Schafe und alte Baumstümpfe. So mag sich mancher einen ländlichen Lebensabend vorstellen.

Bei **Mayger** stößt man an den Strom und auf Ruinen: Zwei ramponierte, altersschwache, verlassene Konservenfabriken stehen auf Pfählen im Wasser. Die alten Holzbaracken fallen zwar allmählich in sich zusammen, aber die Plankenstege halten noch (trotz des NO TRESPASSING). Um die Jahrhundertwende waren am unteren Columbia 39 Lachsfabriken in Betrieb. Geblieben ist nur die gute Verkehrslage, denn die Bahngleise sind blank! Vor dem Niedergang der Fischerei fuhr die Bahn zweimal täglich von Portland nach Astoria, jetzt brummt ein kurzer

Güterzug alle zwei Tage über die Strecke.
Ist das alles? Im Prinzip ja. Doch dann
klettert ein Einsiedler aus seinem Wohnwagen, der hier »ein bißchen aufpaßt«,
sein Hund freut sich über den Besuch.
Was er über die Zukunft der Landschaft
zu sagen hat, klingt nicht rosig. In den
Bergen wird weiter kahlgeschlagen, die
Holzabfälle verstopfen die Bäche, und bei
starken Regenfällen schwemmt alles zu
Tal. Die Anwohner am Slough wundern
sich dann über den Schlamm in ihren
Vorgärten und die Autofahrer über die
Straßensperren. Die Zeitung sinniert über
die »Geologie der Coast Range«, die
»hundert Jahre Holzwirtschaft«, die alten
Bahnkörper aus der Zeit des Railroad
Logging, die zu Sturzbächen werden. Die
Holzfirmen gestatten Umleitungen über
ihr Land und stiften Sandsäcke.

An der **Bradley State Wayside** ist man
wieder obenauf. Vom Clatsop Crest
schaut man auf die großen Flußinseln
Puget und Tenasillahe Island hinunter.
Würde man ein Stück westlich von hier
nach Brownsmead hinunterfahren, fände
man verlassene Farmhäuser und Scheu-
nen vor, die vom Niedergang der Landwirtschaft zeugten. Milchkühe stünden in
nassen Wiesen.

Von Aldrich Point blickte man über den
Deich auf eine – so Lewis und Clark –
»Weitung im Fluß, in der viele flache
Inseln liegen, über die die Flut hinweg-
geht«. An anderer Stelle bemerkt Clark
mißmutig, daß die Truppe nicht schlafen
konnte – »wegen des fürchterlichen
Lärms, den die Schwäne, Gänse, Enten
et cetera die ganze Nacht lang auf einer
kleinen Sandinsel machten ...« Zugvögel
nutzen die Inseln noch immer, die heute –
dem Hauptmann zum Trost – als **Lewis
and Clark National Wildlife Refuge** ausgewiesen sind.

Man überquert einen John Day River
und passiert das **Crest Motel** in aufregen-

der Höhenlage, wo der Blick frei über den
ganzen Mündungstrichter des Columbia
schweift. Dann grüßt **Astoria** mit alten
Häuschen an steilen Hängen. Astoria sei
die »älteste Siedlung westlich des Mississippi«, beteuert die Broschüre arglos.
Zwar hat John Jacob Astor hier 1811 ein
paar Ausrüstungsstücke an Land werfen
lassen, aber weit vor seiner Zeit gab es in
den südwestlichen Landesteilen das alte
Santa Fe in New Mexico (seit 1610), die
spanischen Missionen in Kalifornien (seit
1769) – ganz zu schweigen von den Dör-
fern der Tillamook, Clatsop und Chinook
im Hinterland von Astoria.

Trubel im Treibholz: Vor der Küste von Oregon

Daß Astoria mit seinen aparten Viktorianerhäuschen die schönste Stadt der Küste sei, nimmt man gerne hin – und die regenreichste auch. Nach jedem Guß ist die Luft wieder rein, die Sicht klar, sind die Häuschen wie frisch geputzt. Küstenwetter – ein ständiger Wechsel von böigen Schauern und Sonnenlöchern im klaren Himmel, besonders im Frühling und Herbst! Nach jedem Schauer zieht man also die Jacke wieder aus, krempelt die Ärmel erneut hoch – bis zum nächsten Regenguß. Die Winter sind mild, was äußerst wichtig ist – bei den steilen Straßen in Astoria.

Im **Chamber of Commerce** erfährt man von hilfsbereiten Mitarbeitern, daß die Holz- und Fischindustrie dramatische Einbußen erlebt, die Bahn ihren Dienst quittiert hat ... jetzt setze man auf Geschichte und Tourismus. Man merkt es an den vielen Schulklassen an der Astoria Column, im Maritime Museum und in Fort Clatsop. Vielleicht erhalten Sie im Chamber einen brandaktuellen Lunchtip, auf jeden Fall weiß man dort, wie Sie zu Fuß zur Säule kommen: ab Irving Avenue über Cathedral Tree.

Anderenfalls nimmt man die 16th Street hangaufwärts – und erlebt den

Fotogenes Wrack der »Peter Iredale« bei Fort Stevens State Park

San-Francisco-Effekt: Die langen Schlitten schlagen auf. Wer die 166 Stufen der Wendeltreppe der **Astoria Column** bis zur Plattform bewältigt hat – muß sich festhalten, so heftig weht der Wind. Dafür wird man belohnt mit einem Rundblick über die Gezeitenlandschaft des unteren Columbia, wo selbst Nebenflüsse noch breite Mündungstrichter bilden. In weiter Ferne sieht man das zarte Strebwerk der Astoria Bridge, draußen auf See scheinen die Schiffe stillzustehen.

An der Außenwand der Säule entrollt sich, in vergilbtem Braun, ein Fries mit der Geschichte der Region. Nur, wie soll man sie lesen? Zwölfmal um die Säule herumgehen und sich dabei von unten nach oben hocharbeiten? Das Wichtigste erschließt sich einem auch von der Stirnseite aus, und das lautet: Lewis und Clark kommen und gehen, John Jacob Astor (der nie hier war) stiftet die Siedlung, die *Tonquin* explodiert ... dann ein

Riesensprung ins Jahr 1893: Die Ankunft der Eisenbahn. Diese merkwürdige Auswahl erklärt sich leicht: Die Great Northern Railroad hat die Säule 1926 gestiftet.

Das **Columbia River Maritime Museum** ist *das* Museum zur Seefahrt an der Pazifikküste und zur meerabhängigen Wirtschaft Astorias und eines der besten im Nordwesten. Hervorragend präsentierte Objekte, mit knappen Texten erläutert (wer mehr wissen will, schlägt in den »Wandzeitungen« nach)! Die große Halle ist ein Dorado für Schiffsfreunde – mit Modellen der »Columbia Rediviva« von Robert Gray, der »Chatham« von William Broughton, der »Discovery« von George Vancouver und (in halber Originalgröße) der »Sonora« von Bruno Hezeta.

An einem Schaukasten wird deutlich, worum es damals ging. Die Pelzhändler wollten Felle (von Seeotter, Seehund, Biber, Marder) sowie Lachs, und die Indianer bekamen dafür blaue Perlen, Eisenknöpfe, Messer, Beile, Wolldecken, Priemtabak, Bleikugeln, Feuerwaffen und Feuerwasser. Eine Schulklasse setzt sich samt Lehrerin und Führer auf den Boden. Der Führer holt ein Robben-, ein Biber- und ein Seeotterfell aus einem Kasten und läßt sie herumgehen. So kann jeder spüren, wie dicht ein Seeotterfell ist, warum es den Chinesen über hundert Dollar wert war und warum die Tiere ausgerottet wurden.

Warum nicht einmal – *just for fun* – über die **Astoria Bridge** kurz nach Washington hinüberfahren, zumal die 1966 gebaute Brücke inzwischen mautfrei ist? Wie auf der Startrampe einer Achterbahn, so geht es vom Marine Drive in einer 360-Grad-Spirale auf die Durchfahrtshöhe großer Seeschiffe hinauf, dann in einem einzigen Satz über die Fahrrinne, daß die Stahlstreben flitzen, bis man drüben in einer langen Geraden ausgleitet. Der Columbia ist hier breit wie ein Meerbusen, die Brücke vier Meilen lang. Vor der Mündungsbarriere draußen strandeten die Schiffe.

Am 7. November 1805 schreibt William Clark in sein Tagebuch: »*Ocean in view! O! The joy.*« Und weiter: »Wir haben den Ozean vor uns, diesen großen Pazifischen Ozean, auf dessen Anblick wir so lange gewartet haben, und das Brüllen der Wellen, die sich am Felsufer brechen, ist deutlich zu hören.« Doch es ist nicht der Ozean, sondern erst die Trichtermündung des Columbia. Eine Woche später erst steht Captain Lewis bei Cape Disappointment am Ziel der Expedition. Clark notiert: »Die Männer scheinen mit dem Ausflug sehr zufrieden; sahen mit Staunen die hohen Wellen gegen die Felsen schlagen und diesen immensen Ozean.«

Viel Zeit zum Schauen und zur Freude hatten sie nicht, denn sie standen im Regen und brauchten ein Winterlager.

Freundliche Clatsop-Indianer wiesen ihnen den Weg zu einem »dichten Kiefernhain ... auf einer Anhöhe etwa 30 Fuß über der Flut«. Also wendeten sie ihre Kanus stromauf, überquerten den Fluß und landeten auf der Oregon-Seite nahe dem (heutigen) Lewis and Clark River. Dort bauten sie ein Palisadenfort und nannten es Fort Clatsop.

Davon ist nichts übrig. Alles, was man heute im **Fort Clatsop National Memorial** sieht, ist nachgebaut, getreu den Aufzeichnungen der beiden Hauptleute. Der Ort ist authentisch, die Park Ranger in Wildleder und Mokassins, die Lewis und Clark darstellen, sind es nicht. Die hohen Sitka-Fichten und Roterlen, die auf dem Gelände stehen, sind es auch nicht, denn vor hundert Jahren waren hier die Holzfäller. Am echtesten sind immer noch die Tagebuchauszüge von Lewis und Clark.

Als das Fort fertig ist, ergeht die Order, daß die allzu geselligen Indianer das Lager bei Sonnenuntergang zu verlassen haben, bei Sonnenaufgang dürfen sie wiederkommen. Der Posten hat die Aufgabe des »Rausschmeißers«. Außerdem muß er die Landestelle mit den Booten kontrollieren und darüber wachen, daß das Fleisch nicht schimmelt. Weil Salz für die Rückreise gebraucht wird, schickt man eine Abordnung nach Seaside, um Salz zu sieden. Die Ausbeute: eine knappe Gallone pro Tag.

Das Expeditionskorps bleibt in Fort Clatsop vom 7. Dezember 1805 bis 23. März 1806, dann verlassen sie mit Freuden das Quartier. Von den 106 Tagen ihres Aufenthalts hatten sie 94 Tage Regen. Die Kleider faulten, das ewige Hirschfleisch war ihnen über, die Läuse und Flöhe in den Bettfellen raubten ihnen den Schlaf.

Wer sein Interesse an amerikanischer Militärgeschichte zügeln kann, spart sich Fort Stevens (von 1864). Wer endlich

155

Lustige Bötchenfahrt im alten Seebad Seaside

das offene Meer sehen will, fährt nach **Fort Stevens State Park** mit Kiefern, Dünen, Strand. Diese nordwestlichste Ecke von Oregon ist im Sommer höchst beliebt: Der State Park allein hat über 600 Zelt- und RV-Plätze, im KOA Campground liegen schon im April große Wohnwagenschiffe vor Anker. Die Zufahrt zum äußerst fotogenen Wrack der »Peter Iredale« findet man leicht: Das steckt schon seit 1906 wie ein Walfischgerippe im Sand und – ist völlig echt.

Endlich bekommt man die berühmte Küstenstraße US-101 unter die Räder, die in Olympia in Washington beginnt, sich um die Olympic Peninsula wickelt und über Oregon bis nach Kalifornien führt. Das 344 Meilen lange Teilstück des **Oregon Coast Highway** gilt als eine der schönsten Routen des Landes, zumal sie reichlich mit State Parks und Waysides gesegnet ist. Es gibt sie – durchgehend –,

seit Vollendung der großen Brückenbauwerke bei Newport, Florence und Coos Bay in den 1930ern. An den Bäumen am Highway hängt dichtes Moos. Wie muß es hier im Winter tropfen!

In Gearhart haben sich Einheimische Kolonien von Zweithäusern und Altersitze gebaut, schön säuberlich zwischen Highway und Dünen angeordnet. In der **Pacific Way Bakery & Cafe**, wo eine Brombeertorte noch eine Brombeertorte ist, kann man auch am Abend noch (bis 21 Uhr) zu leichter Kost, bunt gewürfelter Gemüsesuppe und selbstgebackenem Brot einkehren.

In den Leuchtschriften der Banken an der US-101 taucht jetzt neben Datum, Uhrzeit und Temperatur noch eine weitere Angabe auf: der Zeitpunkt der nächsten Flut *(high tide)*. Südlich von Seaside stehen beim ELK XING tatsächlich Hirsche auf der Wiese und äsen. In Cannon Beach gibt es noch einen »Dooger's« ...

Die Option Seaside

Es ist das älteste und größte Seebad Oregons, doch von »alt« ist nur noch wenig zu sehen. Der berühmte »Boardwalk« von 1908 ist kein Bohlenweg aus Holz, sondern lediglich ein historischer Begriff. Heute vergnügen sich die Kids auf den Betonplatten der »Prom« mit allerlei Fahrzeugen. Der Salzofen *(salt cairn)* von Lewis und Clark mit seinen fünf Kesseln wirkt wie abgestellt. Was Seaside heute zu bieten hat, ist Unterkunft und Ferienbetrieb. Seine drei größten Vorzüge sind: Dooger's, Sea Side Inn und Tillamook Head Trail – aber den teilt es mit Cannon Beach.

Dooger's Seafood & Grill am Broadway ist *das* vernünftige Seafood-Restaurant für jedermann – frisch, schnell, preiswert. Was heißt »vernünftig« – bei all dem quantitativen Overkill in amerikanischen Gaststätten? Daß man Portionen zwischen *regular* und *light* wählen kann; daß man die Portionen teilen kann (und ein zweites Besteck bekommt); daß man mit der *combination plate* Diverses probieren kann; und daß als Zubereitungsarten *deep-fried, sauteed* und *Cajun* angeboten werden (ist *sauteed* schon Klasse, dann ist *Cajun* Spitzenklasse). Offene Weine gibt es natürlich auch.

Themenzimmer findet man in einigen Bed & Breakfasts, in ihrer subtilsten, »literarischen« Form jedoch wohl im Sylvia Beach Hotel in Newport. Der neue **Sea Side Inn** hat unter seinen 14 Zimmern einen »Northwest Timber Room« (mit viel Holz), den maskulinen »King's Retreat« (natürlich mit King Size Bed), das zierliche »Granny's House« (mit hellem Quilt und Erkerfenster), das poppige »50s–60s Rock'n'Roll« (mit Chevrolet-Flanken als Bettumrandung) und manches Interessante mehr. Romantisch gesinnte Paare dürften an einigen Zimmern ihre besondere Freude haben.

Seit 1902 brachte die Bahn Tausende Familien aus Portland zur Sommerfrische nach Seaside. Doch das klassische Kurhotel und die kleinen *beach homes* an der Prom sind ebenso verschwunden wie der Boardwalk und der Pier, der einst ins Meer ragte. Mittelpunkt des touristischen Lebens ist heute das »Turnaround« mit einer Bronzestatue von Lewis und Clark, die den amtlichen Endpunkt des Lewis & Clark Trail markieren soll.

Nicht ganz. Die Entdecker waren gut zu Fuß. Als Clark in Fort Clatsop davon hört, daß an der Küste ein Wal gestrandet ist, macht er sich mit zwei Kanus und zwölf Mann auf, Walfischspeck und Öl zu ergattern. Die Leute klettern über Tillamook Head und schauen nach Süden. Laut Clarks Tagebuch bietet sich ihm »das großartigste und angenehmste Bild, das meine Augen je geschaut haben«. Die Gruppe steigt zu einem »butifull sand shore« beim heutigen Cannon Beach ab, wo der Wal liegt. Doch den haben die »Tillamook-Indianer schon geplündert«. Clark nennt das Flüßchen »Ecola Creek«, nach dem Chinook-Wort *ekoli* für »Wal«.

Mit von der Partie ist Sacagawea, die junge Shoshone-Indianerin und einzige Frau auf der Expedition. Sie hatte am Vorabend wohl eine rechte Szene gemacht, um mitkommen zu dürfen. Clark notiert: »Sie erklärte, daß sie so weit mit uns gegangen sei, um das große Wasser zu sehen, und daß sie es nun, da es außerdem noch den Riesenfisch zu sehen gebe, als große Härte empfände, wenn sie keines von beiden sehen sollte.« Sacagawea bewies echte touristische Neugier, und Clark gewährte ihr die Bitte.

157

12. Tag – Route: Cannon Beach – Manzanita – Tillamook – Ocean-side – Lincoln City – Newport (182 km/114 mi)

km/mi	Zeit	Route
0	9.00 Uhr	Stadt- und Strandbummel in Cannon Beach. US-101 South zum **Oswald West State Park** (links parken, dann durch Unterführung) und Spaziergang zum Short Sands Beach. US-101 South um Nehalem Bay herum über **Jetty Fishery** (Crabs!) und Garibaldi nach
64/ 40	13.00 Uhr	**Tillamook**: **Tillamook Cheese Factory** (ggf. **Pioneer Museum**). Auf 3rd St. durch Tillamook nach Westen, dann Bayocean Rd. rechts und
	15.00 Uhr	Beginn der **Three Capes Scenic Route**: Cape Meares, Oceanside, Cape Lookout, Sandlake, Tierra del Mar, Cape Kiwanda, Pacific City zur US-101. Über Neskowin nach
144/ 90	18.00 Uhr	**Lincoln City** (ggf. Dinner). US-101 South über Depoe Bay und **Otter Crest Scenic Loop** nach
182/114	19.00 Uhr	**Newport**.

Hinweis: Ab Lincoln City gen Süden ändert sich die Telefon-Vorwahl von 503 (Portland und Nordwest-Oregon) zu 541 (übriges Oregon).

Alternativen und Extras: Die Oregon Coast ist zu schön, um nur zwei Tage – mit Ortswechsel von Tag zu Tag – dort zu verbringen! Ein längerer Aufenthalt wird empfohlen. Neben den Etappenzielen dieser Route (Cannon Beach, Newport, Florence) kommen für ein erholsames Verweilen die folgenden kleineren Küstenorte in Frage: **Manzanita** (Strand, Gastronomie, Nehalem Bay), **Oceanside** (wegen der Lage!), **Pacific City** (Cape Kiwanda!) oder die Küste um **Yachats** (B&Bs!).

Wandern an der Küste

Der **Tillamook Head Trail** zwischen Cannon Beach und Seaside (nicht bei Tillamook!) ist ein besonders schönes Teilstück des Oregon Coast Trail (375 Meilen). Vom Klippenweg schaut man auf Seevögel, Seelöwen und vorbeiziehende Wale hinunter. Der Weg ist ganzjährig begehbar, nur stellenweise morastig. Für die 6 Meilen von Indian Point (Parkplatz) im Ecola State Park bis zum Trailhead am Sunset Blvd. bei Seaside (Parkplatz) braucht man 3–5 Std. (hin) – also einen Extratag.

12. Tag – Route: Cannon Beach – Manzanita – Tillamook – Ocean-side – Lincoln City – Newport (182 km/114 mi)

Ecola State Park
2 Meilen nördl. von Cannon Beach
© (503) 436-2844
Zufahrt nach Ecola Point und Indian Point (Zeltplatz).

Im **Oswald West State Park** starten drei Wanderwege unterschiedlicher Länge und Schwierigkeit. Der kürzeste (1/2 Meile) geht durch Wald zum **Short Sands Beach**. Ein längerer (2 Meilen) folgt dem Oregon Coast Trail durch ursprünglichen Küsten-regenwald zum **Cape Falcon** (75 m über dem Meer). Ein dritter, anstrengenderer Weg (4 Meilen) führt durch Wald und Wiesen steil auf **Neahkahnie Mtn.** (500 m) hin-auf. Eine wunderbare Aussicht!

Oswald West State Park
US-101, 10 Meilen südl. von Cannon Beach
36 einfache Zeltplätze.

Im **Cape Lookout State Park** geht ab Ridgetop-Parkplatz ein Weg in Richtung WILD-LIFE VIEWING AREA über den Rücken der Halbinsel zur Spitze des Kaps (2 1/2 Meilen hin). Auf Küstenregenwald folgt offenes Gelände mit *salal, box blueberry, salmon-berry* und *Pacific wax myrtle*. Vorne krachen die Brecher gegen die Felsen.

Cape Lookout State Park
13000 Whiskey Creek Rd.
Tillamook, OR 97141
© (503) 842-4981

Three Capes Scenic Route, 12 Meilen südwestl. von Tillamook. Ganzjährig, Reservierungen möglich: 64 *full* Hook-ups, 195 Zeltplätze.

Die **Cascade Head Nature Area** (zwischen Neskowin und Lincoln City) ist ein exqui-sites Naturreservat mit Urwald, Gräsern, Blumen, seltenen Schmetterlingen und grandioser Aussicht auf Meer und Ästuar des Salmon River. Zufahrt zu den Trailheads über Cascade Head Rd. (FS-1861) und Three Rocks Rd. (beide ab US-101). Die Nature Conservancy wünscht keine weitere Publizität für das Gebiet. Wer – mit Respekt – wandern will, nimmt sich einen Extratag und übernachtet in Lincoln City.

Hebo Ranger Station (Forest Service)
31525 Hwy. 22
Hebo, OR 97122
© (503) 392-2162

Whale Watching per Boot ist eine Attraktion von Depoe Bay und Newport. Anbieter in Depoe Bay sind u.a.: **Dockside Charters** (© 541-765-2545) und **Tradewinds** (© 541-765-2345 oder 800-445-8730); Preis pro Std. ca. $ 10.

12. Tag – Informationen

  Icefire Glassworks
116 E. Gower & S. Hemlock Sts. (Midtown)
Cannon Beach
℃ (503) 436-2359
Tägl. 10–17 Uhr (Di geschl.)
Glasbläserei zum Zuschauen; mehrere
Künstler. Feine Glasarbeiten; Verkauf.

 Midtown Cafe
1235 S. Hemlock St.
Cannon Beach
℃ (503) 436-1016
Mi–Sa 7–14, So 8–14 Uhr
Bei Kennern beliebtes Lokal für Frühstück und Lunch. Hervorragende Speisen
und Nachspeisen, frisch zubereitet *(from
scratch)*.
$

 Manzanita Beach Fireside Inn & Cafe
114 Laneda Ave.
Manzanita, OR 97130
℃ (503) 368-1001 oder (800) 368-1001
Fax 368-7303
Ganz normales Motel mit 15 Zimmern.
Restaurant mit der üblichen Palette – und
Lunchbetrieb!
$$

 Nehalem Bay State Park
8300 3rd St. (nahe US-101, zwischen Man-
zanita und Nehalem)
Nehalem, OR 97131
℃ (503) 368-5154 oder (800) 452-5687
Camping ganzjährig: 291 *full* Hookups.
Vielseitige Erholung in Dünen und Kie-
fern auf der Landspitze vor der Bucht –
mit Reiten, Radfahren, Rollerblading,
Paddeln, Windsurfing, Angeln, Crab-
bing.

 Jetty Fishery – Marina, RV Park & Store
27550 Hwy. 101 (Südufer von Nehalem
Bay)
Rockaway Beach, OR 97136
℃ (503) 368-5746, Fax 368-5748
Ganzjährig RV-Camping, Bootsverleih,
Einkaufsladen, Crabbing vom Steg,
Crabs aus dem Topf.

Tillamook, OR 97141   Vorwahl: ℃ 503

  Tillamook Cheese Factory
4175 Hwy. 101 (2 Meilen nördl. von Tilla-
mook)
℃ 842-4481
Sommer tägl. 8–20, Winter bis 18 Uhr
Besichtigen, probieren, einkaufen. Deli-
Restaurant, Eisdiele.

 Latimer Quilt & Textile Center
Wilson River Loop Rd. (ab US-101 South,
links)
℃ 842-8622
Di–Sa 10–16, So 12–16 Uhr
Jede Menge Quilts! – Im hell renovierten
Schulgebäude von 1929.

 Tillamook County Pioneer Museum
2106 2nd St.
℃ 842-4553
Mo–Sa 8–17, So 12–17 Uhr
Steam donkey (Motorwinde) vor dem Haus,
drinnen Indianer-Artefakte und eine fabel-
hafte Sammlung präparierter Tiere. $ 2

Oceanside, OR 97134   Vorwahl: ℃ 503

 House on the Hill Motel
1816 Maxwell Mtn. Rd.
℃ 842-6030
Bestes Haus in Oceanside; hervorragen-
de Aussicht. 15 Zimmer, alle mit Meer-
blick. $$–$$$

 Oceanside Inn
1440 N.W. Pacific St.
℃ 842-2961 oder (800) 347-2972
9 Zimmer mit *kitchenettes*. $$

 Roseanna's Cafe
1490 N.W. Pacific St.
℃ 842-7351
Legeres Restaurant mit Meerblick für
Frühstück, Lunch und – Nachtisch. Spezialitäten: Seafood *(clam chowder)* und
Fruchtpastete *(cobbler* mit *marionberries*
aus der Region). $$

12. Tag – Informationen

 Grateful Dead Bakery
34805 Brooten Rd.
Pacific City
✆ 965-7337
Gut für einen Imbiß nach der Three Capes Route: Lunch auf der Terrasse, Sandwiches zum Mitnehmen, köstliches Gebäck. $

Lincoln City, OR 97367 Vorwahl: ✆ 541

 Lincoln City Visitor & Convention Bureau
801 S.W. Hwy. 101
✆ 994-8378 oder (800) 452-2151
Fax 994-2408

 The Sea Horse
2039 N.W. Harbor Dr.
✆ 994-2101 oder (800) 662-2101
Resort-Motel auf dem Kliff: Meerblick, Swimmingpool, Hot Tub. 52 praktisch eingerichtete Zimmer mit Küche. $$

 Chameleon Cafe
2145 N.W. Hwy. 101 (zwischen N. 21st und 22nd St.)
✆ 994-8422
Di–Sa ab 11.30 Uhr
Einfallsreich, bekömmlich, wohlschmekkend, vegetarisch. Nichtraucher. $

 Bay House
5911 S.W. Hwy. 101
✆ 996-3222
Fine Dining. $$

Newport, OR 97365   Vorwahl: ✆ 503

 Greater Newport Chamber of Commerce
555 S.W. Coast Hwy.
✆ 265-8801 oder (800) 262-7844
Fax 265-5589

 Sylvia Beach Hotel (B & B)
267 N.W. Cliff St. (Nye Beach)
✆ 265-5428

 Als »Cliff House« 1910 erbaut, heute »literarisches« Hotel mit 20 »Autorenzimmern«. Kein Telefon, kein TV, keine Zigaretten. Erlesenes Frühstück am großen Tisch. Dinner in **Tables of Content** (Festpreismenü: $$) reservieren! $$–$$$

 Weitere Unterkünfte um Nye Beach in guter Lage zum Strand.

 City Center Motel
538 S.W. Coast Hwy.
✆ 265-7381
Einfach, sauber, preiswert. $

 Brown Squirrel Hostel
44 S.W. Brook St. (nahe Nye Beach)
✆ 265-3729
Ganzjährig. Einen Häuserblock vom Strand entfernt. $

 Pacific Shores RV Resort
6225 N. Coast Hwy. (US-101, 2^1/2 Meilen
 nördl. von Newport
Newport
✆ 265-3750 oder (800) 333-1583
Privat: 287 Plätze. Schöne Lage. Laden, Waschautomat, Hallenbad, Restaurant mit ordentlichem Fast food. Nur 3 Min. zum Strand.

 South Beach State Park
5580 S. Coast Hwy. (ab US-101, 2 Meilen südl. von Newport)
South Beach, OR 97366
✆ 867-4715 oder (800) 452-5687
254 RV-Plätze, alle mit Strom. Guter Zugang zum Strand, Wandern im Park. Reservierung möglich.

 Bayfront Brewery & Pub
748 S.W. Bay Blvd.
 ✆ 265-3188
Ausschank für lokale Rogue Ales (Mikrobrauerei). Pasta, Pizza, Salate, Suppen, Sandwiches, Fisch. $

 Weitere Restaurants in Newport siehe 13. Tag, S. 171.

Down the Oregon Coast (II)
Von Cannon Beach nach Newport

Cannon Beach gilt als *artsy*, gar als
»Carmel des Nordwestens«, das über seinen proletarischen Nachbarn Seaside
gern die Nase rümpft (was sich bei den
Zimmerpreisen bemerkbar macht). Nun,
so schlimm (oder so fein) ist es auch
wieder nicht. Im Sommer wälzen sich
ganz gewöhnliche Touristenmassen
durch ganz gewöhnliche Andenkenläden.
Kunst und Käufer treffen sich in der
Downtown um Hemlock Street. Je hefti-
ger der Kommerz dort, desto leerer der
Strand!

Was macht die Kunst in Cannon
Beach? Bronze Coast und Valley Bronze
aus Joseph sind wieder dabei. Die Otter
Woods Pottery fertigt funktionale Keramik – »sämtliche Glasuren frei von Blei
oder anderen toxischen Stoffen«. Die
Galerien North by Northwest und White
Bird präsentieren vornehmlich nordwestliche Künstler. Dazwischen immer wieder
eingestreut: das Cover Girl im Negligé,
Indianermaid am Bach, kleiner Junge mit
viel zu großem Golfschläger usw.

In Midtown schaut man den Glasbläsern
von **Icefire Glass Works** bei der Arbeit zu,
der Schmelzofen glüht in der Ecke. Das
Ergebnis sind mundgeblasene Schalen
und Gläser, zum Anfassen schön: DO
TOUCH steht an den Vitrinen. Im **Midtown
Cafe** nimmt das Kunsthandwerk eine
andere Richtung – mit selbstgemachter
Marmelade, Ketchup, Dressing, Salsa und
Brot aus gesunden Zutaten. Wie man
nach Midtown kommt? In Downtown an

den Strand und neun Blocks südlich über Gower Street an Land!

Wie kommt der kunstsinnige Ort zu seinem kriegerischen Namen? Wegen des Kanonenteils, das hier 1846 angeschwemmt wurde ... Wie denn, kann eine Kanone schwimmen? Das Maritime Museum in Astoria hat die Antwort: An der Kanone des US-Aufklärungsschoners *Shark*, der den Briten am Columbia auf die Finger schauen sollte, war noch etwas dran, nämlich ein Teil vom Schiff ...

Die etwa 1 300 Einwohner von Cannon Beach finden ihren Ort *laid back* und

Abendstimmung in Cannon Beach

Küste bei Cannon Beach

relaxed – jedenfalls außerhalb der Saison. Der Winter ist »*gloomy*«, sagt der junge Mann vom Visitor Center – und vergibt sich nichts, denn dann ist hier keine Saison. Im Winter treibt der »Northwester« den Regen horizontal gegen die Zedernschindeln der Häuser, man ahnt es, wenn man die schiefgewehten Bäume am Strandwall betrachtet. Wer nicht nach Kalifornien geht, macht aus der Not eine touristische Tugend: Storm Watching.

Vor der Reise *down the coast* ist noch **Haystack Rock**, Symbolberg der Oregon Coast – und leider sehr fotogen. Bei Ebbe

sten) noch Möwen, Lummen, Taubenlummen, schwarze Kormorane und die drolligen Papageitaucher mit Häubchen.

Schon am **Oswald West State Park** hat man Gelegenheit zum Wandern. Der Regen läßt die kleinen Tröpfchen an den zarten Nadeln des Hemlock wie Perlen funkeln. Vor White Sands Beach liegen *beach logs* quer, schweres Strandgut, das bei Nässe mit Vorsicht zu überklettern ist. Junge Leute mit Mut kampieren in *primitive campsites*, ihr Gepäck holen sie mit Schubkarren vom Parkplatz.

Von der Straße über **Neahkahnie Mountain** soll man Wale sehen können, am besten vormittags, wenn das Meer noch glatt ist. Die Grauwale, die im Winter von der Beringsee nach Baja California und im Frühling wieder nach Norden ziehen, sind eine Attraktion der Küste. Auf ihrer 16 000 Kilometer langen Wanderung (beide Richtungen) halten sie sich freundlicherweise an die Weihnachtsferien bzw. das lange Wochenende von Memorial Day. Grauwale werden 14 Meter lang und 40 Tonnen schwer; im 19. Jahrhundert fast liquidiert, stehen sie seit 1946 unter Schutz und zählen heute wieder ca. 20 000 Exemplare.

Am weiten Strand von **Manzanita** läßt sich herrlich wandern. Wenn sich das Meer bei Ebbe zurückzieht, hinterläßt es Hügel, Täler und Seen. Wo das Wasser abläuft, gräbt es Fließrinnen; wo es in einem See zur Ruhe kommt, bildet es Schwemmfächer, die es wieder zerschneidet. Eine Erosionslandschaft, wie im Modell! Jede Welle baut mit an dem Riesenwaschbrett der Sandrippen. Horden kleiner Schnepfenvögel *(sandpipers)* trippeln dem Wasser nach und stochern mit flinken Schnäbeln im feuchten Sand. Und das Baden im Meer? Dazu ist es, wie überall an der Küste, mit 13 Grad Celsius meist zu kalt.

Wenn die Gastronomie in Manzanita so vornehm ist, daß sie einen Mindestver-

kann man ihn – zahlreich begleitet – trockenen Fußes begehen. Dann stecken die *tidepools* (Gezeitenbecken) vor dem *seastack* (Zeugenberg vor der Küste) voller Muscheln mit Seepocken, Seesterne, Seeigel und grünen Seeanemonen. Um den Berg schwirren (außer den Touri-

zehr von 12 Dollar fordern kann, dann ist
die Erholungslandschaft von **Nehalem
Bay State Park** eher zum Breitensport
geeignet. Die **Jetty Fishery** an der südlichen Bucht ist etwas für Freunde des
Meeres – und fangfrischer Schalentiere.
Die *Dungeness Crabs* kommen mit der
Flut herein und driften bei Ebbe wieder
heraus. Man leiht sich einen Krabbenring,
bestückt ihn mit Köder (»je stinkiger,
desto besser«) und versenkt ihn im Gezei-
tenstrom – ab Boot oder direkt vom Steg.
Im Brodelkessel der Fishery finden die
Tiere einen schnellen Tod. Drüben auf der
Sandinsel räkeln sich die Seelöwen.

Zum »Clamming« dagegen muß man
früh aufstehen. Wenn die Ebbe zu einer
Minustide ausläuft, versammeln sich im
Morgengrauen vermummte Gestalten an
Oregons Stränden, die an unauffälligen
Vertiefungen den Spaten (oder das *clam
gun*) ansetzen, um Scheidenmuscheln
(razor clams) auszugraben. Manche reisen zu diesem Volkssport extra aus Portland an.

Man kennt ihn inzwischen aus dem
Supermarkt, doch während man im
Supermarkt nur Kunde ist, wird man in
der **Tillamook Cheese Factory** als Gast
behandelt. Es riecht gut, alles sieht appe-
titlich aus, Kostproben am Piekser werden gereicht, die Familien freuen sich
und spendieren sich am Ende ein Eis.
Der Käse wird, so erfährt man, ohne
Farbstoffe und Konservierungsmittel her-
gestellt, sogar das satte Orange des
Cheddar wird naturrein aus dem Samen
des Annato-Baumes gewonnen. Im Shop
kauft man sich einen Riegel »Tillamook«
für die Reise.

Nun scheiden sich möglicherweise die
Geister: Die Damen mögen, mit Verlaub,
das **Latimer Quilt & Textile Center**
bevorzugen, während die Herren, pardon,
dem **Pioneer Museum** zuneigen möchten, das schon vor dem Eingang mit

einem *steam donkey* Holzfällertöne
anschlägt. Das »Quilting« ist seit der Pio-
nierzeit handwerkliche Tradition amerikanischer Frauen, einst im Mangel an Stoffen begründet, aber früher wie heute für
die »Quilting Bees« auch Gelegenheit
zum geselligen Plausch.

Cape Kiwanda

Das **Pioneer Museum** hat gute Objekte der Tillamook-Indianer und einiges zum traurigen Kapitel der Holzfällerei zu bieten. Man erfährt, daß es um Tillamook kaum noch originären Wald gibt: Was nicht gerodet wurde, ist den verheerenden »Tillamook Burns« der 1930er bis 1950er Jahre zum Opfer gefallen. Das Schönste im Museum sind die Dioramen heimischer Tiere, vor allem der Vögel. Den amselgroßen *Nevada red winged blackbird* mit dem roten Punkt am Flügel wird man bald in Central Oregon aus den Ufergebüschen trällern hören.

167

Für »Autowanderer« kommt das Highlight des Tages: die **Three Capes Scenic Route**, die auf 35 Meilen Strecke näher an die Küste heranführt als US-101 und drei imposante Kaps – Meares, Lookout und Kiwanda – berührt, von denen jedes ein State Park ziert. Im nordwestlichen Bogen geht es vorbei am Sandhaken von Bayocean, wo nichts mehr übrig ist von dem zweiten Atlantic City, das ein Baulöwe aus Kansas City hier 1906 errichten wollte: Die See hat sich alles geholt. Klippenblick im **Cape Meares State Park**, wo der Regen aufwärts fällt – so heftig donnern unten die Wellen gegen den Fels!

Das feine **Oceanside** lehnt am Hang wie eine italienische Stadt am Mittelmeer. Seine Häuser achten auf Abstand – und lassen Geld vermuten. Ihre betuchten Besitzer erscheinen in Gummistiefeln im Café und geben sich jovial: Wer hier angekommen ist, braucht nicht mehr anzugeben. Für Touristen bleibt die Nacht im **House on the Hill** oder der Nachtisch in **Roseanna's Cafe**, beides mit Meerblick.

Tierra del Mar nennt sich die Streusiedlung südlich von Sand Lake, die einmal als »Lido of the Pacific« vermarktet wurde. Man erkennt Eigenbeteiligung an den Bungalows und Baulücken. Fährt man durch eine der Gassen zum Meer, dann findet man die besseren Häuser auf dem Dünenwall – und fragt sich: Was muß das für ein Gefühl sein, hier, von der Terrasse aus, morgens den Pazifik zu begrüßen? Wie müssen hier die Winterstürme toben!

Schier endlos zieht sich **Lincoln City**, das in einem bekannten Reiseführer so »verrissen« wurde, daß man geneigt ist, ein gutes Haar in der Suppe zu suchen. Die Strandstadt rühmt sich, außer sieben Meilen Public Beach die »meisten Zimmer mit Meerblick zwischen Seattle und San Francisco« zu haben. Schaut man im Resort Motel über dem Kliff aus dem Fenster, so hat man Fernsehen schon zum Frühstück: aufs Meer. In der Tat, man bekommt »viel Zimmer fürs Geld« in Lincoln City. Bleibt man nicht über Nacht, so mag man vielleicht trotzdem im **Chameleon** (alternativ) oder **Bay House** (gutbürgerlich) zu Abend speisen.

Südlich von Siletz Bay folgt ein dichtbesiedelter Küstenstreifen – mit Motels, Trailer Parks, Privathäusern und einem Tempolimit von 50 m.p.h. An der **Boiler Bay** kocht die See in der Felsenküche – könnte man meinen, doch der Name rührt von einem schlichten Heizkessel, der hier an Land gespült wurde. Prahlte Lincoln City noch mit dem »kürzesten Fluß der Welt«, so beansprucht **Depoe Bay** für sich den »kleinsten Hafen der Welt« zu besitzen und die »Kapitale des Whale Watching« zu sein. Das mit den Walen kann man gleich überprüfen: mit gerecktem Hals ab »Seawall«.

Wohlgesinnte Ratgeber meinen nun, man solle »unbedingt« die **Otter Crest Loop Road** fahren, schon wegen des »lovely gift shop« am Otter Crest. Na gut, die vier Meilen Nebenstrecke sind kein Umweg, zumal man am Abzweig hinter Whale Cove gut an die Felsenküste herankommt (zu Fuß), besser als an den meist gründlich geschützten Waysides. Am Andenkenhäuschen erfährt man: *Captain Cook was here* (1778). Er hat **Cape Foulweather** so benannt, weil er hier auf »*the most vile and hideous thicke fogges*« stieß – hoffentlich kein schlechtes Omen.

Natürlich bietet auch **Otter Rock** noch »fabelhafte« Ausblicke, die »reiche« Gezeitenfauna der Marine Gardens, eine »tobende« See in Devil's Punch Bowl und den *coffeecake* des Otter Rock Cafe ... aber irgendwann hat auch der fleißigste

Tourist einmal genug von all den Highlights und will nur noch – nach **Newport**.

Das enttäuscht zunächst mit seiner nicht enden wollenden Zweckbebauung am Highway, die sich Samuel Case so nicht gedacht hatte, als er 1866 sein Hotel »Ocean House« baute und diesen, wie auch den Namen der Stadt, dem berühmten Vorbild an der Ostküste entlieh. Und die Summer People kamen! – Per Kutsche aus Corvallis und per Dampfer aus San Francisco. Bis in die 1920er Jahre war es in Nye Beach schick, »heiße Seebäder« zu nehmen.

Heute kommen die Gäste zum **Sylvia Beach Hotel**. Das vierstöckige, grüne Haus über dem Kliff ist eine der originellsten Herbergen der Region. Es ist nicht etwa nach einem Strand benannt, sondern nach jener Pariser Buchhändlerin, bei der sich in den 1920ern die Literaten der Zeit trafen. Heute treffen sich Bücherfreunde im »Oceanfront Bed & Breakfast for Booklovers«, um in einem der 20 Themenzimmer den Geist »ihres« Autors zu atmen – sei es Herman Melville, Oscar Wilde, Agatha Christie oder einer der 17 anderen.

Die Zimmer sind mit viel Einfühlungsvermögen und »Werktreue« gegenüber dem jeweiligen Autor eingerichtet. In der Dachbibliothek dringt man tiefer in den literarischen Kontext ein, kann aber auch über Land, Leute und Küste nachlesen. Manche sollen hier bei Kaffee und Glühwein schon die Nacht verplaudert haben. Beim Frühstück trifft man sich in großer Runde wieder und tauscht die nächtlichen Erfahrungen aus: Wie war es mit der Glasmenagerie von Tennessee Williams, unter dem Sägebeil von Edgar Allan Poe ...? Einige Gäste bleiben länger und wechseln jede Nacht das Zimmer, nur so zum Spaß. ⚜

Siletz Bay bei Nacht, nahe Lincoln City

13. Tag – Route: Newport – Waldport – Yachats – Florence (80 km/50 mi)

km/mi	Zeit	Route
0	Vormittag	Besuch des **Oregon Coast Aquarium** und Bummel durch die **Old Bayfront Area** von **Newport**; Lunch dort. Dann US-101 South nach
26/16	13.00 Uhr	**Waldport** (ggf. Besichtigung des **Alsea Bay Bridge Interpretive Center**). Weiter über Yachats zum
42/26	14.00 Uhr	**Cape Perpetua Visitor Center**. AUTO TOUR über FS-55 und Viewpoint Rd. zum Viewpoint (ggf. auch Wanderung). Nachmittags weitere Stopps an der Küste, z.B. Strawberry Hill, Gull Haven Lodge, Devil's Elbow, **Sea Lion Caves**. Dann US-101 nach
80/50	18.00 Uhr	**Florence** – und zu den Dünen: **Honeyman State Park** (3 Meilen US-101 nach Süden) oder **South Jetty** ($1/2$ Meile nach der Brücke rechts zur South Jetty Dune & Beach Access Rd., dann nach Norden). Dinner in **Old Town**.

Alternativen und Extras: Wer mehr von der **Oregon Coast** sehen will, verlängert die Küstentour bis **Reedsport/Winchester Bay** (Zentrum der Oregon Dunes), **Coos Bay Area** (Cape Arago etc.), **Bandon** (Old Town), **Port Orford** (einsame Küste) oder **Gold Beach** (Jetboats/Rogue River). Die Verbindung über die Coast Range nach Osten ist von Reedsport einfach (via OR-38), von Bandon langwieriger (via OR-42) und von Gold Beach abenteuerlich (Agness-Galice Rd.). Wer obige Route fährt, hat Zeit zum Wandern (Cape Perpetua), Kraxeln an der Küste (passim), Besuch bei den Seelöwen (Sea Lion Caves), Toben in den Dünen (um Florence).

Newport ist ein guter Ausgangspunkt für Bootsausflüge, Angelfahrten, Whale Watching, Segeln und Windsurfing. Anbieter sind u.a.: **Marine Discovery Tours** (✆ 541-265-6200 oder 800-903-BOAT) und **Newport Sportfishing** (✆ 541-265-7558 oder 800-828-8777); 2 Std. Walbeobachtung ca. $ 18. Einige Charterer bieten »Eco Tours« in Verbindung mit dem Hatfield Marine Science Center.

Übernachtungsalternativen zu Florence sind die B&Bs um Ten Mile Creek südlich von **Yachats** oder der kleine Sporthafen **Winchester Bay** (25 Meilen südl. von Florence). Dort gibt es ein allerliebstes B&B auf einem Schiff: **Salmon Harbor Belle** (P.O. Box 1208, Winchester Bay, OR 97467, ✆ 541-271-1137 oder 800-348-1922; $$$$) – und ergänzend dazu das **Cafe Francais** mit *French country cuisine*. Camping im **Umpqua Lighthouse State Park**. Weiterfahrt nach Central Oregon dann entlang Umpqua River über Reedsport und Drain (OR-38) nach Eugene.

Newport, OR 97365

 Oregon Coast Aquarium
2820 S. E. Ferry Slip Rd. (südl. über Yaquina
Bay Bridge, dann links den Schildern folgen)
☏ 867-3474
15. Mai – 14. Okt. tägl. 9–18, sonst 10–17 Uhr
Eindrucksvolles neues Aquarium (1992),
nach Ökosystemen geordnet. Außenab-
teilungen für Seehunde, Seeotter, Seevögel (im Aviarium). *Keiko is here!* $ 8

 Hatfield Marine Science Center
2030 S. Marine Science Dr.
(nahe Aquarium)
☏ 867-0026
Öffnungszeiten wie Aquarium (oben): Ergänzt ökologische und umweltpolitische
Aspekte. Eintritt frei.

 Canyon Way Restaurant & Bookstore
1216 S.W. Canyon Way (Nähe Bayfront)
☏ 265-8319
Lunch und Dinner. Frische Pasta, köstliches Brot, Seafood-Croissants, Kuchen –
auch zum Mitnehmen. Buchladen mit At-
mosphäre anbei. $$

 The Whale's Tale
452 S.W. Bay Blvd.
☏ 265-8660
Frühstück, Lunch, Dinner. Gutes, gemüt-
liches Seafood-Restaurant mit maritimem
Touch und Tradition. Gesunde Speisen,
auch vegetarisch. *German potato salad!*
$$

 Port Dock 1 – Restaurant & Lounge
325 S.W. Bay Blvd.
☏ 265-2911
Lunch und Dinner. Gutes Seafood-Restau-
rant mit Blick auf die Bucht. $$

 Vegetarische Alternativen: **Cafe Diva**
(706 S.W. Hurbert St., ☏ 265-DIVA) oder
Cosmos Cafe & Gallery (740 W. Olive
St., ☏ 265-7511).

 Alsea Bay Bridge Interpretive Center
620 N.W. Spring St.
(US-101, Südende der Brücke)
Waldport
☏ 563-2002
Sommer tägl. 9–17, sonst Di–Sa 9–16 Uhr
Verkehrsgeschichte der Oregon Coast.
Eintritt frei.

Großer Fisch, der keiner ist: Keiko im Aquarium von Newport

Yachats, OR 97498

 Yachats Area Chamber of Commerce/ Visitors Center
441 Hwy. 101, ℭ 547-3530

 Cape Perpetua Visitor Center
2400 Hwy. 101 S. (2 Meilen südl. von Yachats)
ℭ 547-3289
Mai–Sept. tägl. 9–18, sonst Sa/So 10–16 Uhr
Exponate zu Geschichte, Ökologie, CCC-Aktivitäten. Bequemer Weg zu Tidepools (0,6 Meilen), steiler Weg zum Viewpoint (1,3 Meilen); dorthin führt auch eine Straße.

 Sea Quest (B & B)
95354 Hwy. 101 (6 Meilen südl. von Yachats)
ℭ 547-3782
Herrlich in halber Höhe über dem Meer gelegen (Grundstück 1 ha). 5 komfortable Zimmer, üppige Gäste-Lounge mit Kamin. Erlesenes Frühstück. $$$$

 Oregon House Inn
94288 Hwy. 101 (8 Meilen südl. von Yachats)
ℭ 547-3329
Guter Ferienstandort (Grundstück 1,5 ha) mit Park, Rasen, Strand (GUESTS ONLY) und 10 Units in 5 Häusern – ohne Schnickschnack, aber mit Küche, alle verschieden. Kein Telefon, kein TV, kein Rauchen im Zimmer. Vernünftige Preise. $$–$$$

 Weitere interessante B & Bs um Ten Mile Creek (7 Meilen südl. von Yachats): **The Kittywake**, wo deutsch gesprochen wird (95368 Hwy. 101, ℭ 547-4470, 2 Zimmer; $$$–$$$$), und das etwas »schräge« **The See Vue** (95590 Hwy. 101 S., ℭ 547-3227, 11 Zimmer; $–$$).

Florence, OR 97439

 Sea Lion Caves
91560 Hwy. 101 (11 Meilen nördl. von Florence)
ℭ 547-3111
Mai–Sept. tägl. 9–19, sonst bis 16 Uhr
Blick in die Unterwelt: einzige Seelöwenhöhle (am Festland) der Welt. $ 6

 Florence Area Chamber of Commerce
270 Hwy. 101
ℭ 997-3128

 Edwin K Bed & Breakfast
1155 Bay St. (nahe Old Town)
ℭ 997-8360 oder (800) 8-EDWIN-K
Großzügiges Haus mit 6 geräumigen, komfortablen Zimmern (mit Überraschungen); plus Ferienwohnung. Ausgezeichnetes Frühstück mit Stil; interessante Gastgeber. $$–$$$

 Park Motel
85034 Hwy. 101 S. (1¹/₂ Meilen südl. von Florence)
ℭ 997-2634 oder (800) 392-0441
Älteres Haus, aber ordentlich; etwas vom Highway abgesetzt. $–$$

 Jessie Honeyman State Park
84505 Hwy. 101 S. (3 Meilen südl. von Florence)
ℭ 997-3641
Badesee, Leihboote, Dünen zum Toben und Wandern – 2 Meilen bis zum Strand. Laden, Restaurant, 143 RV-Plätze (z. T. *full* Hookups). Im Sommer reservieren!

 Bridgewater Seafood Restaurant & Oyster Bar
1297 Bay St. (Old Town)
ℭ 997-9405
Elegantes Speiserestaurant im Kyle Building von 1901, bekannt für Seafood. $$–$$$

 ICM – International C-Food Market
1498 Bay St. (Old Town)
ℭ 997-9646
Windig wie der Name (»C-Food« = »Seafood«), laut wie ein Markt – aber Seafood superfrisch und preiswert. $$

Down the Oregon Coast (III)

Von Newport nach Florence

Die Handelskammern der Küstenorte haben sich wohl auf eine Liste von Freizeitangeboten geeinigt. Fast unisono nennen sie: Whale Watching & Bird Watching (Wal- und Vogelbeobachtung); Tidepooling (Stöbern in Gezeitenbecken) an felsigen Küsten; Clamming & Crabbing (nach Muscheln graben und Krebse fangen) an Sandstränden bzw. Gezeitenströmen; Boat Cruising & Deep-Sea Fishing (Bootsfahrten und Tiefseeangeln) in Hafenorten; Kayaking & Canoeing (Kajak- und Kanufahren) an Küstenflüssen; Surfing & Windsurfing – wo immer es paßt; Beachcombing (Strandlaufen), Kite Flying (Drachen steigen lassen) und Sandcastle Building (Sandburgen bauen) – passim. Selten nennen sie Ocean Swimming (Baden im Meer), meist ist das Wasser zu kalt. Wattlaufen scheint unbekannt zu sein.

Im **Oregon Coast Aquarium** von Newport bekommt Whale Watching eine neue Blickrichtung: schräg von unten. Hier schwebt nämlich »Keiko«, der große Fisch, der keiner ist, wie ein Zeppelin im grünblauen Wasser seines Beckens und läßt sich betrachten. Und er betrachtet die Zuschauer, besonders Kinder, wie man hört. In einer beispiellosen Publikumsaktion, angeregt durch zwei Filme, *Free Willy I* und *II*, wurde der Wal aus einem Themenpark in Mexico City befreit und 1996 – mit UPS – nach Newport geflogen. Jetzt folgt er den Signalen seines Wärters, der ihn zu seinem körperlichen und geistigen Wohle trainiert.

Keiko ist ein Schwertwal *(Orcinus orca)* von der Subspezies der Delphine, etwa 20 Jahre alt, sechs Meter lang, dreieinhalb Tonnen schwer, mit einem täglichen Fischverzehr von zwei Zentnern. Ein junger Vater aus Portland wollte ihn seiner vierjährigen Tochter zeigen, doch sie war nicht beeindruckt. Ihr gefielen die zarten Quallen, die in zylindrischen Aquarien auf und nieder schweben, besser. Die Hotels um Newport jedenfalls bis hin zum Inn at Otter Crest verdanken Keiko vermehrte Buchungen.

Normale Naturen laufen sofort zu Keiko, obwohl sich die Zoologen des Aquariums doch eine »didaktische« Route ausgedacht haben, die von einem Ökosystem zum logisch nächsten führt. Dazu gehören auch die Schwimmbecken der Seeotter und Seehunde, die wie Torpedos durchs Wasser schießen. Unter dem weitgespannten Netz des Aviariums sind Murren, Lummen, Kormorane und Papageitaucher zur Paarungszeit – paarweise – unterwegs. Dabei geraten im Mai, meint der Wärter schmunzelnd, sogar stabile Zweierbeziehungen unter Druck.

Newport behauptet von sich, die einzige, historische *waterfront* der USA zu besitzen, die noch aktiv ist. Man begeht die **Old Bayfront** am besten über Bay Boulevard. Dort findet man Ladenfronten aus der Jahrhundertwende, Wandbilder zur Geschichte Newports, fischverarbeitende Betriebe, die zuschauerfreundlich ihre Flußgarnelen abpacken, und schwankende Gestalten, die am hellich-

ten Vormittag aus echten Seemannsknei-
pen tapsen. Die Plakate mit WELCOME
KEIKO an den Lokaltüren verblassen allmählich. In der Bucht schwimmen au-
thentische Seelöwen oder bellen von der
Mole herüber.

Es begann mit der Entdeckung hochkarätiger Austernbänke am oberen Ende
der Bucht, dann folgten die Sommerfrischler um Nye Beach, die Fischerei
kam in Schwung, und die Bahnstrecke
nach Corvallis wurde verlegt. Dann sollte
Newport Welthafen werden und mit Portland konkurrieren! Doch der rührige
Oberst Egonton Hogg kam mit seiner
Corvallis & Eastern Railroad 1888 nur
bis zwölf Meilen vor dem Kaskaden-
kamm (statt bis Boise, Idaho), dann stri-
chen ihm die Geldgeber die Mittel.
Yaquina Bay war einfach zu seicht für
große Seeschiffe, die Sande vor der
Küste waren zu unstet.

Seafood ist »Pflicht« an der Bayfront,
denn heute sind Krebse, Austern (aus
dem Yaquina River), *bay shrimp* (Garne-
len aus der Bucht), Heilbutt, Lachs und
Kabeljau noch »fangfrisch« – morgen, in
Central Oregon, schon nicht mehr. Aber
wo kehrt man am besten ein? **The
Whale's Tale** bietet das passende maritime Ambiente, **Port Dock 1** den Blick
auf die Bucht und **Mo's** – Zulauf. Die
starre, bogenreiche Brücke mit ihren
ägyptischen Obelisken im Stil des Art
déco wirkt allerdings fremdartig. Ist sie
auch. Sie stammt aus den 1930ern und
war ein Projekt der Works Projects Administration (WPA).

In kurzer Fahrt geht es nach **Waldport**.
Gleich hinter der Brücke, im **Alsea
Bay Bridge Interpretive Center**, erfährt
man Näheres über die großen Brückenbauwerke der 1930er Jahre, die eine
durchgehende Küstenstraße schufen und
den Tourismus der Oregon Coast auf
Touren brachten. Auf Yachats folgt **Cape**

Perpetua – mit Visitor Center, Wanderwegen und einer AUTO TOUR zum **Viewpoint**, dem höchsten Aussichtspunkt der
Küste (240 m), der mit dem Auto zu
erreichen ist. Wenn man die 180 Höhenmeter zu Fuß überwinden will, nimmt
man den Serpentinenweg hinauf. Von

Wasserwunderwelt mit Quallen im Oregon Coast Aquarium

oben überblickt man weit die südliche Küste.

Es folgt einer der schönsten Abschnitte der Oregon Coast. Doch wenn die Gouverneure Oswald West und Tom McCall Oregons Küsten auch zum öffentlichen Besitz erklärt haben, so heißt das noch nicht, daß sie überall zugänglich wären; denn häufig liegt privater Besitz davor. Gute, öffentliche Haltepunkte mit Zugang zum Strand sind **Devil's Churn Viewpoint** (wenig nördlich von Cape Perpetua Visitor Center), **Strawberry Hill Wayside** (ein wenig südlich davon), der hübsche kleine

175

Campground von **Rock Creek** bei Ocean
Beach (mit Pfaden zum Strand) sowie
Ocean Beach selbst (1 Meile südlich
vom Oregon House Inn).
Etwa acht Meilen südlich von Yachats
liegt rechts die **Gull Haven Lodge**. Die
Manager haben – bei Anfrage – sicher
nichts dagegen, daß man »ihren« Pfad
zum Strand benutzt. Bei Ebbe kleben fei-
ste Seesterne am Fels, Muscheln haften
wie mit Wurzeln an den Steinen, und
grüne Seeanemonen spritzen Wasser,
wenn man sie berührt. Die Seevögel, die
man gerade noch im Aviarium gesehen
hat, schaukeln in aller Freiheit auf den
Wellen – ein bunter Papageitaucher ist
auch dabei. Hinter einem Felsen tut sich
plötzlich eine Familienidylle auf. Die
Flossen in die Felsbank gestemmt, hält
eine Schar Robben Siesta. Nur zwei aufgeweckte Jungtiere planschen im Wasser
und recken die Hälse.

Sie liegen mit reichlich Abstand in
bester Halbhöhenlage am Meer: die »Sea
Perch« und »Ziggurat«, die »Sea Quest«
und »Kittywake« – feine B & Bs um Ten-
mile Creek oder Searose Beach (Postadresse Yachats). Sie bedienen eine Klientel, die es sich leisten kann, gut 100
Dollar pro Nacht und Zimmer auszuge-
ben. Sie stellen dafür kuschelige Zimmer
(oft mit unzähligen Kissen auf dem Bett)
und einen gesellige Lounge bereit und
bieten ein ausgezeichnetes Frühstück.

Kommt man abends etwa zum »Sea
Quest«, dann findet man an der Pforte
den Hinweis: *Welcome – Please come in
and join us upstairs.* Oben lodert ein
Feuer im Kamin, warten Kaffee und
Kuchen, weiche Polster, ein ornamenta-
les Schachspiel und Bücher (darunter
Führer wie *Weekends for Two in the Paci-
fic Northwest*). Beim Sightseeing im
Hause trifft man auf einen antiken
Sekretär, auf dem – halbfertig – ein Brief
und eine alte Lesebrille arrangiert sind.

Manchmal findet man im Zimmer vor
lauter Antiquitäten kaum Platz für die
Kamera.

Beim Frühstück kommt es zum Show-
down unter den Wirten. Sie bieten ihren
Gästen alles – bis zu fünf Gänge feinster
Speisen, auf erlesenem Geschirr serviert.

An der wilden Oregon Coast: Blick auf Hecata Head Lighthouse

Unweigerlich gerät man in einen Konflikt zwischen Kauen und Konversation, Nachschlag und dem Wunsch, alles über Land und Route zu erfahren. Hauptthema bei Tisch: andere B & Bs, die möglicherweise noch komfortabler, origineller oder besser gelegen sind.

Dann erst spricht man über die Natur, die schöne Lage, derentwegen man ja eigentlich gekommen ist. Man vereinbart einen späten Checkout, tritt über die Terrasse ins Freie, sucht das Meer nach Walen ab, streift durchs Gelände, wandert zum Strand hinunter und daran entlang. Bei

177

Fischerboote im Yaquina Bay Harbor

der Rückkehr ins Haus gibt es einen speziellen Sport: die Zimmer der anderen
Gäste mustern, die abgereist sind...

Wer nicht schon am Devil's Churn die
brodelnde See erlebt hat, hat am **Devil's
Elbow** nochmals Gelegenheit dazu. Da
platzen die Wellen durch Felsentore, daß
man hangaufwärts ins Trockene flüchten
muß. Von Norden schimmert das Heceta
Lighthouse herüber, ein Waldweg führt
hinüber. Am Parkplatz gibt es Picknicktische.

Fast ist Florence schon erreicht, da
legt sich eine der großen kommerziellen
Touristenattraktionen in den Weg: mit
greller Reklame, großem Parkplatz und
üppigen Souvenirship, sechs Dollar
Eintritt und einem Fahrstuhlschacht, der
63 Meter tief durch den Fels getrieben
ist. Soll man, oder soll man nicht? –
Die **Sea Lion Caves**.

Unten tritt man durch einen dunklen
Gang zu einem Gitter und meint, in die
Vorhölle zu schauen, nach mittelalterli-
cher Darstellung. Im Halbdunkel der
Höhle recken sich nackte, glatte Leiber

wie verdammte Seelen, winden ihre
Oberkörper wie Schlangen, bellen,
schnappen und kämpfen um die Plätze.
Oben liegen die »Kings«, darunter im nassen Fels, dichtgedrängt, die Masse der
Untertanen. Ständig schwappen neue
Leiber herein, wuchten sich auf den Fels,
bahnen ihrem schweren Körper mühsam
eine Gasse, werden fortgebellt und gleiten wieder hinunter und hinaus. Draußen,
von der Höhe, ist der Spuk vorbei. Drunten wiegen sich elegante Schwimmer in
den Wellen, ihre Köpfe tanzen auf dem
Wasser – die Steller-Seelöwen.

Florence empfängt mit den üblichen
Betonschuppen am Highway. Ist noch
Zeit für die Dünen? Dann nichts wie hin!
Nach Süden über die Brücke über den
Siuslaw River zum **Jesse Honeyman
State Park** oder zur **South Jetty**, wo
auch Erläuterungen gegeben werden. Im
Honeyman State Park beginnen gleich
hinter Cleawox Lake steile Sandhügel,
ideal zum Barfußlaufen, Durch-den-
Sand-Hüpfen und In-der-Sonne-Sitzen.
Örtlich haben Inseln von gelbem Ginster

und Kiefern Fuß gefaßt. Bis zum Strand sind es zwei Meilen zugängliche Natur, Bestandteil der Oregon Dunes National Recreation Area.

Ganz ungestört bleibt man dennoch nicht. Etwa ein Drittel der Dünentouristen kommen wegen einer Abart des Motorsports, die in zwei Varianten angeboten wird. Entweder, man läßt sich mit dem *dune buggy* (King Size oder normal), fest angeschnallt und mit Überschlagschutz, auf dicken Ballonreifen durch die Dünen kutschieren, oder man schwingt sich auf ein drei- oder vierrädriges *dirt bike* und fährt selbst. Alles ist »streng« geregelt: nur in bestimmten Zonen, nur von 6 bis 22 Uhr, Auspufflärm unter 99 Dezibel, roter Wimpel 2,70 Meter über dem Boden ... Was macht ein Dünenfußgänger, wenn eine kreischende Sandwolke mit rotem Wimpel auf ihn zukommt? Er gräbt sich ein.

Die Stadt **Florence** hat sich eine »Historic Old Town« ausgedacht und fordert den Gast mittels eines hübschen Stadt-plans zu einem »Scenic Walk« zu »über 60 einmaligen Geschäften« auf. Übermäßig »alt« kann die Old Town nicht sein, denn 1910 brannte sie ab. So ist denn das Kyle Building von 1901 auch das älteste Gebäude an der Bay Street. Es beherbergt das gepflegte **Bridgewater Seafood Restaurant**, das einzige Fine Dining in Old Town, womit das Abendprogramm schon gesichert wäre.

Alternativ dazu gibt es die beliebte Seafood-Kette **Mo's** – von außen wie ein Fischerschuppen, von innen wie ein Wartesaal; ferner den **International C-Food Market** mit dem bekannten Schleuderservice und schließlich den **Lotus Seafood Palace** mit chinesischem Touch, nebst Musik und Tanz. Zum Quartier in Florence sind zwei Dinge zu sagen. Erstens: **Edwin K Bed & Breakfast** ist in jeder Hinsicht empfehlenswert. Zweitens: Abstand halten von der Brücke (über den Siuslaw)! Sie ist zwar ein Baudenkmal des Art déco von 1936 – aber sie dröhnt.

Wirbelt viel Sand auf: »dirt bike« in den Dünen bei Florence

14. Tag – Route: Florence – Mapleton – Eugene – McKenzie Bridge – McKenzie Pass – Sisters – Camp Sherman (264 km/165 mi)

km/mi	Zeit	Route
	Vormittag	Stadtspaziergang durch **Old Town Florence** (ggf. Besuch der Dünen; vgl. Vortag). OR-126 East über Mapleton und Eugene (ggf. Lunch) zum
147/92	13.00 Uhr	**Ben & Kay Dorris State Park** am McKenzie River (ggf. Picknick). Ab Rainbow rechts auf **McKenzie River Drive** zur Belknap Covered Bridge und östlich wieder zur OR-126 East. Über McKenzie Bridge zur
179/112	14.00 Uhr	**McKenzie Ranger Station** (Informationen). Von OR-126 auf OR-242 East (Historic McKenzie Highway) abzweigen. Ggf. Spaziergang zu Proxy Falls, dann weiter über **McKenzie Pass** nach **Sisters** (ggf. Dinner im Hotel Sisters). US-20 West 9 Meilen bis FS-14 North, dort rechts nach
264/165	19.00 Uhr	**Camp Sherman** am Metolius River.

Zwei Routen zur Wahl: OR-242, der **Historic McKenzie Highway**, zweigt bei Belknap Springs von OR-126 ab, führt nach Osten über **McKenzie Pass** (1 623 m) und mündet bei **Sisters** in US-20/OR-126. Für die Strecke gilt: *summer only, no trailers* (meist nur von Ende Juni – Okt. befahrbar). Sie ist eine der schönsten Bergstrecken des Landes. – OR-126 East, der **Santiam Highway**, folgt dem Upper McKenzie River aufwärts nach Norden, vereinigt sich mit US-20 East und führt über **Santiam Pass** (1 468 m) gen Osten nach Sisters und Central Oregon. Sie ist ganzjährig befahrbar, schneller als OR-242 und von Florence nach Camp Sherman zudem kürzer: 253 km/158 mi.

Weichenstellung: Auskunft über den Straßenzustand am McKenzie Pass: McKenzie Ranger Station (℡ 503-822-3381) oder ℡ 503-889-3999 (Oregon allgemein). – Wer den Vormittag in den Dünen und in Old Town Florence verbringt, wird sich beeilen müssen, um rechtzeitig (bei Tageslicht) über den McKenzie Pass zu kommen. Wer sich verspätet, nimmt OR-126/US-20 East. Wer nicht zum Lunch in Eugene einkehren will, wird ein Picknick einplanen müssen (für Kendricks Wayside oder Dorris Park).

Alternativen und Extras: Der Schaufelraddampfer »Westward Ho!« steht in Florence für Rundfahrten über Bucht und Fluß bereit. – Wer länger in den Dünen bleiben will, ist in Florence oder Winchester Bay gut aufgehoben.

Für einen Kulturtag in **Eugene**, Standort der University of Oregon, spricht einiges: das **Museum of Art** und **Museum of Natural History** (Schwerpunkt: Pazifischer Nordwesten), beide am Campus; Konzert, Theater oder Ballett im **Hult Center for the Performing Arts**; Übernachtung in schöner Lage im **Valley River Inn**. Interessante Café- und Kneipenszene mit studentischem Touch (auch für die Durchreise) um 11th Avenue (= OR-126) in Höhe Oak, Pearl und High St. Zwei der besten Restaurants am selben Fleck: **Cafe Zenon** (898 Pearl St., ✆ 541-343-3005) und **Ambrosia** (174 E. Broadway, ✆ 541-342-4141). Weitere Auskünfte:

ⓘ **The Eugene Convention & Visitors Bureau**
305 W. 7th Ave.
Eugene, OR 97440
✆ (541) 484-5307 oder (800) 547-5445, Fax 343-6335

Wem das Land am Metolius zu einsam ist (besonders wenn noch Schnee liegt), der hat mit **Black Butte Ranch** (Resort), **Sisters** (Western Town mit Shopping) oder **Bend** (Zentrum der Region) ausgezeichnete Alternativen. (Siehe 15. Tag.)

Zwischenstopp am McKenzie

Wohnen im **Historic Log Cabin Inn**, Speisen im dazugehörigen gepflegtem Restaurant und Wandern auf den McKenzie River Trail – das wäre ein attraktives touristisches Paket. Es war schon immer ein gastlicher Ort, zunächst als Postkutschenstation, dann seit 1886 als Hotel. Dessen Gäste badeten gerade in den warmen Quellen von Belknap Springs, als das Hotel 1906 abbrannte, und so verloren sie nicht nur ihre Koffer, sondern auch ihre Oberbekleidung (berichtet die Chronik).
  Die Gästeliste des heutigen Log Cabin Inn (von 1906) glänzt mit den Namen von Präsident Herbert Hoover, Clark Gable und des Herzogs von Windsor (»H.M.S. London«) und seiner Herzogin. Das wundert nicht, denn in den 1930ern war der McKenzie eine *national destination*, touristisch stärker entwickelt als heute. Der historische Geist atmet noch heute in den prächtigen Zedern, dem Ufergrundstück am schnell dahinströmenden Fluß, den aus rohen Stämmen gefügten Blockhütten – mit Elektroheizung und Kamin.

Im Pool der **Belknap Lodge** darf man in natürlichem Thermalwasser baden und mit **Jim's Oregon Whitewater** im Raft den McKenzie abwärts gleiten. Der Schatz des McKenzie ist jedoch der **McKenzie River Trail**. Der führt von der Ranger Station im Süden 26 Meilen weit flußauf bis zur Old Santiam Wagon Road im Norden. Er ist von der OR-126 her zugänglich, in seinem südlichen Teil ganzjährig begehbar und nur Wanderern und Radfahrern vorbehalten. Einer der schönsten Abschnitte führt vom Abzweig Trail Bridge nordwärts zum Tamolitch Valley.

Tourenvorschlag: 14 Meilen nördlich von McKenzie Bridge ab OR-126 East links nach Trail Bridge/Smith Reservoir abzweigen. Hinter der Brücke rechts nach Norden (also nicht nach Trail Bridge) und durch den Wald auf FS-655 weiter bis zu einer 180-Grad-Linkskehre (½ Meile); im Scheitel der Kehre beginnt der Trail.

Er führt, zunächst hoch über dem Fluß, durch alten Hochwald aus Douglasien, Zedern und Fichten, der aus rätselhaften Gründen von den Holzfällern verschont wurde. Dann geht er auf Flußhöhe hinunter, bis dieser nach 2,3 Meilen in der »Special Interest Area« von Tamolitch Valley unter rezenter Lava verschwindet. Weitere 4,7 Meilen nach Koosah und Sahalie Falls, wo der Fluß über Basaltriegel springt, und weitere 3 Meilen zur Einkehr am Clear Lake. Das Ganze ergibt eine Tagestour, und man braucht dazu einen Extratag.

  Historic Log Cabin Inn & Guest Cottages
56483 McKenzie Hwy. (OR-126, 4 Meilen östl. von McKenzie Bridge)
McKenzie Bridge, OR 97413
℅ 822-3432 oder (800) 355-3432
Gasthof von 1906 mit historischem Flair. 8 Zimmer, z. T. in Blockhütten, mit Flußblick. Feines Restaurant für Lunch und Dinner (Wild-Spezialitäten); anbei Saloon.
$$

  Belknap Lodge & Hot Springs
N. Belknap Springs Rd. (OR-126, nahe OR-242)
Belknap Springs, OR 97413
℅ (541) 822-3512, Fax 822-3327
10 »Themenzimmer« in der Lodge, plus 4 einfache Cabins; 50 RV-Plätze.

2 Becken mit natürlichem Thermalwasser ($ 7 pro Tag für externe Gäste). $$–$$$

 Jim's Oregon Whitewater, Inc.
56324 McKenzie Hwy.
McKenzie Bridge
℅ (541) 822-6003 oder (800) 254-JIMS
Fax 822-3149
Wildwasserfahrten auf dem McKenzie (April–Okt.); Tagestour mit Lunch: $ 70.

  Clear Lake Resort
(OR-126, 4 Meilen südl. US-20)
13000 Hwy. 20
Sisters, OR 97759
Mitte April–Ende Sept.
Sehr einfache Cabins und schlichtes Café; Lebensmittel. Eiskaltes Wasser (2–3 °C), Unterwasserwald, Leihboote (Paddelboot: $ 15 pro Tag). $

Florence, OR 97439

 Sternwheeler »Westward Ho!«
(Abfahrt bei Mo's in Old Town)
ℭ 997-9691
Ausflüge mit Schaufelraddampfer auf dem Siuslaw (Sommer und Wochenenden): **Bay Cruise** (30 Min.) oder **Historical Expedition** (11 Uhr, mit Kommentar).

 Old Town Coffee Co.
1269 Bay St. (Old Town)
Tägl. 7–18 Uhr
Feinschmeckerkaffee und Kuchen. Treffpunkt der *locals*. $

  Traveler's Cove – Gourmet Cafe & Import Shop
1362 Bay St.
ℭ 997-6854
Hervorragender, leichter, gesunder Lunch; Terrasse mit Flußblick. Internationales Kunsthandwerk (zum Schauen und Kaufen). $

 Alpha Bit Crafts Cafe
10780 Hwy. 126/Hwy. 36
Mapleton
ℭ 268-4311
Angenehme Atmosphäre, alternativer Touch; Kaffee, Kuchen und kleine Speisen. Kunsthandwerk aus der Region.

 Weyerhaeuser Company
Springfield
ℭ 746-2511
Holzfirma bietet Führungen durch ihre Papiermühle.

 McKenzie Ranger Station
57600 Hwy. 126
McKenzie Bridge, OR 97413
ℭ 822-3381
Memorial Day – 31. Okt. tägl., sonst Mo–Fr 8–16.30 Uhr
Straßenzustand am McKenzie Pass? Infos zu McKenzie River Trail und Karte *Deschutes National Forest* des Forest Service (für Central Oregon).

Infos zu Sisters siehe 15. Tag, S. 198 f.

Camp Sherman, OR 97730

 Metolius Recreation Association
P.O. Box 64, ℭ 595-6117

 Metolius River Lodges
P.O. Box 110
ℭ (800) 595-6290
Ganzjährig (im Winter günstiger). Quartiere mit Tradition: 12 Cabins bzw. Zimmer, alle verschieden. Die meisten haben Küche und Kamin und sind von der Wirtin sorgfältig dekoriert. Nahe am Fluß gelegen! Freundlich! $$

 Metolius River Resort
P.O. Box 1210
ℭ 595-6281 oder (800) 818-7688
Ganzjährig (im Winter Rabatte). 12 herrliche Ferienhäuser von privat zur Miete. Flußlage unter Kiefern, komplette Küche, 4 bis 6 Betten auf 2 Ebenen, Kamin und Brennholz. Nichtraucher. $$$–$$$$

 Cold Springs Resort & RV Park (direkt am Fluß)
Cold Springs Resort Lane
HCR Box 1270
ℭ 595-6271

 Black Butte Resort – Motel & RV Park
Box 1250
ℭ 595-6514
Ganzjährig. Motelzimmer mit Küche. 31 RV-Plätze.

  Alpine Restaurant & Country Store
13500 Suttle Lake Rd. (15 Meilen westl. von Sisters, ab US-20, Exit Suttle Lake/ Blue Lake)
ℭ 595-6675
Ende April – Okt. tägl.
Gutes Restaurant für Frühstück, Lunch und Dinner nahe Blue Lake: Blumen auf den Tischen, Hamburger aus echtem Beef, Karottenkuchen. Fast schon ein Feinschmecker-Lokal. $$

Von Dünen zu Lavafeldern
Von Florence zum Metolius

Florence ist, trotz seines magischen Namens, wirklich nicht schön: die brutale Verkehrsachse, die komische Brücke, die Geschäfte mit ihrem Krimskrams ... Geben wir seiner Old Town bei Tageslicht noch eine Chance! Das geräumige Café der **Old Town Coffee Co.** ist ein rechter Treff der Einheimischen, sogar der älteren. Die sitzen an sauberen Holztischen und erzählen miteinander. Eine Frau ist mit dem Fahrrad (!) gekommen. Die Bank vor dem Café ist ja schon beinahe kommunikativ.

Gleich gegenüber befindet sich der Stadtpark – wahrscheinlich der »winzigste der USA« – mit Gazebo (Pavillon) und einer Schwimmplattform mit vier gezimmerten Seekisten zum Sitzen. Man schaut über den breiten Siuslaw. Ein Stück stromauf, bei Mo's, liegt die »Westward Ho!« und lädt zur Rundfahrt. Beste Wahl zum Lunch: **Traveler's Cove** mit Terrasse zum Fluß. Hier ist nicht nur der Kuchen in der Vitrine ansprechend, sondern auch das (aus Mexiko) importierte Kunsthandwerk.

Eigentlich müßte es heute regnen, denn nach allen Regeln der Klimatologie stauen sich an der Coast Range die Wolken und regnen sich ab. Dann steht das Wasser in den Wiesen des breit ausgeräumten Siuslaw-Tales, und man folgt blindlings der nassen Spur der Straße. Die führt nach **Mapleton**, dem »verregnetsten Ort« Oregons (oder zumindest einer davon). Die Rast im **Alpha Bit Crafts Cafe** dürfte die Stimmung aufhellen, werden doch die Produkte einer nahen Farmkommune zu *grainburgers* und Kuchen veredelt.

Wie kamen die Siuslaw-Indianer mit dem Wetter zurecht – ohne Zentralheizung und Dachpappe? Sie wohnten in Unter-

ständen unter der Erde, die mit Astwerk abgedeckt waren. Sie lebten von Flußfischen und von der Jagd. Als die weißen Siedler kamen, waren sie ihnen im Wege und wurden 1859, wie die Lower Umpqua

Tierwelt der Gezeitenzone: Fels im Tidepool bei Ebbe

und Coos im Süden, auf die Alsea Reservation bei Yachats verbannt. Seit auch diese 1875 dem Druck der Siedler weichen mußte, gibt es an der ganzen mittleren Küste kein Reservat mehr. Die Rogue-Indianer (Tututni) an der südlichen Küste setzten sich 1855 im Rogue River War zur Wehr, doch das half ihnen auch nichts.

Vom Küstengebirge spürt man nichts – so allmählich ist der Anstieg; vom Wald sieht man nichts – nur triefende Bäume am Straßenrand. Dann öffnet sich das Land und der Blick und der Himmel zum breiten Willamette Valley, dem »Gelobten Land« der frühen Siedler, und der Regen hört auf. Die Durchfahrt durch Eugene und Springfield zieht sich, aber OR-126 East ist gut beschildert. Soll man sich in die Höhle des Löwen zu **Weyerhaeuser** begeben? Die führen durch ihre Papiermühle. Man könnte dort ja mal nachfragen, wie sich die Firma die Zukunft des Waldes in Oregon vorstellt ...

Der **McKenzie Highway** (OR-126) wird landesweit als *wonderful drive* gepriesen. Wieso eigentlich? Auf der ganzen Strecke donnern die Holztransporter zu Tal (Weyerhaeuser lassen grüßen), und es gibt bis zum Dorris State Park kaum einen Fleck am Fluß, der nicht fest in privater Hand wäre. Fragt man die Ranger nach einem – noch so bescheidenen – *riverside trail*, dann verweisen sie achselzuckend auf den 26 Meilen langen **McKenzie River Trail** oberhalb McKenzie Bridge. Oder sie empfehlen den *wonderful drive* über McKenzie Pass. Da wollen wir ja sowieso hin.

Vorerst ist gut rasten unter den hohen Bäumen des schönen **Ben & Kay Dorris State Park** (zwischen Vida und Nimrod). Hier kann man sein Picknick auspacken, sich die Beine vertreten, dem munteren Fluß mit den Augen folgen oder ein Boot zu Wasser lassen, wenn man denn eines hat.

Log Cabin, Black Butte Area

Bei Rainbow kommt es zum »Sidestepping« über den **McKenzie River Drive**, die einstige Fernstraße, wo man endlich die schönen Anwesen am Fluß aus der Nähe betrachten kann. Unter der **Belknap Covered Bridge** schießt der von Schneewasser angeschwollene Fluß (im April) durch, und an ihrer Stirn liest man seine Schandtaten: die Brücke wurde 1890 erbaut, immer wieder fortgerissen, beschädigt, ersetzt (zuletzt 1966) und erneuert (zuletzt 1992). Noch im Februar 1996 verlor der Log Cabin Inn seine Gartenmöbel, von der Wiese weg, im reißenden McKenzie.

Vom alten Kutschenhalt **Holiday Farm** – heute Nobelherberge mit Fine Dining, Lounge und Cabins am Fluß – führt ein nahezu geheimer Schotterweg wie durch einen Garten mit Wasserpflanzen und zierlichen Brücken zur OR-126 zurück. Dort trägt **Harbick's Country Store** mit Benzin und Lebensmitteln zum Gelingen der bevorstehenden Paßfahrt bei. Die warmen Hähnchenbeine und Cookies von der Deli-Theke munden auch unter den Douglastannen des **McKenzie Bridge Campground** gut. An den Baumstümpfen können Kinder zählen lernen: 400 Jahre, 450 ... 500?

An der **McKenzie Ranger Station** wird es spannend: Ist McKenzie Pass offen oder nicht? Im Juni vielleicht schon wieder, im Oktober vielleicht gerade noch. Die Ranger halten Prospektmaterial zum McKenzie River Trail bereit, der gleich jenseits des Highway beginnt. Sie wissen auch, warum der Wald am Santiam Highway östlich des Kammes stirbt: nicht wegen des Verkehrs, sondern weil der *western spruce budworm* die Knospen von Tannen und Fichten frißt.

Nachdem sich OR-242, der **Historic McKenzie Highway,** von OR-126 getrennt hat, windet sich die Straße in so engen Schlingen durch die Douglastan-

Black Butte Ranch, Sisters

187

nen, daß man kaum 50 Meter voraus sieht. Dies war einmal die Hauptstrecke nach Central Oregon! Sie wurde 1862 entdeckt, 1871 bis 1894 als Mautstraße betrieben, 1917 zur Staatsstraße erklärt und 1925 vollendet. Neun Meilen nach dem Abzweig führt ein Fußweg (1/2 Meile) zu den lieblichen **Proxy Falls**.

Dann steigt die Straße in immer engeren Kurven an, quält sich Deadhorse (!) Grade hinauf, der Wald wird lichter, und robustere Tannenarten dominieren. Zwei Meilen vor Paßhöhe erinnert eine Tafel an John Craig, der die Post über den Paß trug und hier 1877 in einer Schutzhütte erfror. Dann öffnet sich der Wald, und die Einsamkeit der Lavafelder breitet sich aus, durch die der Wind pfeift.

Auf 200 Quadratkilometern Fläche dehnt sich unverwitterte, scharfkantige, braune Lava – der größte rezente Lavastrom in den zusamenhängenden USA (mit Sicherheit jünger als 3 000 Jahre). Schon das Balancieren auf den abwei-

senden Felsblöcken ist gefährlich. Kümmerwüchsige Zwergkiefern – natürliche Bonsais – krallen sich vereinzelt in das Gestein, mehr tot als lebendig. Wo sie noch leben, tragen sie lange Quasten an den Zweigen. Das Totholz kann nicht verwittern, sondern trocknet aus, bleicht aus und – bleibt. In dieser Mondlandschaft trainierten die Astronauten für die Mondlandung.

Das **Dee Wright Observatory** nahe Paßhöhe ist ein gedrungener Rundturm aus Lava, der an eine vorgeschichtliche sardische Nuraghe erinnert. Durch seine Guckscharten blickt man auf die Kaskadenvulkane, die sich an einer Schwächezone der Erdkruste reihen: die schneebedeckten Mount Washington, Three Fingered Jack und Mount Jefferson im Norden, die Three Sisters im Süden, dazwischen die symmetrischen, bewaldeten Kegel von Black Butte und Black Crater. Belknap Crater und sein Sproß, Little Belknap, aus dem die jüngste Lava floß,

Hübsch anzusehen: Wollgras

188

Die andere Route - der Santiam Highway

Ist McKenzie Pass geschlossen, dann bleibt die Alternative über **Santiam Pass.** Kein so schlechter Tausch, denn auch an OR-126 treten Lavaströme heran, reifere schon, bedeckt mit Flechten, Sträuchern oder gar robusten Tannen! Einer dieser Ströme hat vor 3 000 Jahren **Clear Lake** gestaut – und einen Wald unter Wasser konserviert.

Vor Fish Lake kreuzt die **Old Santiam Wagon Road**, über die seit 1863 die Siedler rollten, und zwar von Westen nach Osten – eine Kolonisierung vom Willamette Valley her. Kurz vor dem Paß bei **Hogg Rock** erzählt die Tafel von Egonton Hogg, dessen chinesische Arbeiter schon hundert Meter Spur in den Fels gehauen hatten, als dem kühnen Obersten die Mittel gestrichen wurden, weil Newport nun doch nicht Welthafen werden konnte oder sollte.

Sechs Meilen nach dem Paß führt ein Abzweig über Suttle Lake nach **Blue Lake.** Das Besondere daran ist das kleine, feine **Alpine Restaurant** – die richtige Einstimmung auf die Wald- und Wiesenschönheit des Metolius. Die andere Besonderheit, der *crater rim trail* um Blue Lake, ist nicht mehr zugänglich: CLOSED TO THE PUBLIC. Werbeleute aus Portland haben Blue Lake gekauft, um ein »ökologisches Camp« einzurichten, heißt es.

Jetzt kommt es nur noch darauf an, von US-20, etwa in Höhe Suttle Lake, die Suttle-Sherman Road (FS-12, dann FS-1216) zu finden. Dann gilt: Kurs Nordost, und im Direktflug über die Bodenwellen nach Camp Sherman!

stehen nackt. Auf dem **Pacific Crest Trail** kommt man an beide heran (2 Meilen) ... und noch viel weiter. Der bequeme Rundweg des **Lava River Trail** (1/2 Meile) erklärt die vulkanischen Phänomene.

Am Abend wird es spürbar kälter. Ein scharfer, eisiger Wind bläst über die Lavafelder, so daß man froh ist, kein Postbote um 1877 zu sein und einen funktionierenden Wagen zu haben. Am Abend wird der Wirt empfehlen, Obst und Getränke aus dem Auto zu nehmen, denn das High Country erwartet Frost (im Oktober).

Dann taucht die Straße steil durch dichten Wald in Richtung **Sisters** ab, passiert noch Patterson's Llama Ranch und endet in den Kulissen einer »Western Town« der 1880er Jahre. So gelungen die Kulissen auch sind, das einzige wirklich historische

Gebäude an der Cascade Street ist das **Hotel Sisters** von 1912, und das ist kein Hotel, sondern ein Restaurant. Ist eine Einkehr mit Ambiente und Corriente Beef vor der Waldeinsamkeit des Metolius gewünscht, dann ist das gastliche Haus genau das richtige.

Schon nach dem Abbiegen in die FS-14 in Richtung Camp Sherman wird es merklich stiller. Die Forststraße führt zwar hinein, aber nicht hindurch – der Metolius will kein Durchgangslager sein. Hohe Kiefern begleiten beiderseits der Straße die Fahrt. Rechts darüber thront der Kegel von Black Butte, links in der Ferne der Charakterkopf von Mount Jefferson. Für die Quelle (Head of the Metolius) ist es wohl zu spät. Die erreicht man auch besser morgen zu Fuß. ✠

15. Tag – Route: Camp Sherman – Sisters – Bend (72 km/45 mi)

km/mi	Zeit	Route
	Vormittag	Camp Sherman Store und Uferwanderung zum **Head of the Metolius** (2 Meilen); ggf. Ausflug zum **Head of Jack Creek**.
	Mittag	Lunch in der Hütte oder im Kokanee Cafe (evtl. auch Black Butte Ranch oder Alpine Restaurant (s.u. bzw. 14. Tag).
0	Nachmittag	Ausflug **Wizard Falls Fish Hatchery** (FS-14 North, 5 Meilen hin); Uferwanderung. FS-14 South zur US-20 East nach
38/24	17.00 Uhr	**Sisters:** Stadtbummel. Weiter nach
72/45	19.00 Uhr	**Bend:** Sonnenuntergang auf Pilot Butte. Dinner in Downtown Bend.

Alternativen und Extras: Der Metolius River ist ausgesprochen »zugänglich«, die Uferwanderungen gehören zu den schönsten der Reise. Besonders empfehlenswert: Rundweg ab **Wizard Falls Fish Hatchery** bis Lower Bridge flußab und am anderen Ufer wieder flußauf (6,5 Meilen Rundkurs). Oder: Am westlichen Ufer bis zur Einmündung von Canyon Creek flußauf (2,5 Meilen hin). Oder: Ab Brücke (nach Wizard Falls) einfach stromern, am östlichen Ufer flußauf, so weit man möchte ...

Black Butte Ranch
Black Butte Ranch zwischen Camp Sherman und Sisters ist ein Pionier unter den modernen Resorts von Central Oregon. Brooks Resources kauften 1969 die 512 ha große Ranch und teilten sie in 1 253 Parzellen auf, die bis 1987 alle verkauft waren. Prinzip des Resort (= Freizeitsiedlung) war und ist, die natürliche Umgebung intakt zu halten. Die große Wiese mit See in der Mitte bleibt Gemeinbesitz, die Privathäuser verschwinden im Wald.

Für Gäste stehen etwa 100 Units zur Verfügung, von einfachen Lodge-Zimmern ohne Küche (80 Dollar) über Condos und Country Houses (zweistöckig, 2–3 Schlafzimmer, 2 Bäder) bis zu kompletten Privathäusern für 250 Dollar pro Nacht. Gäste haben (gegen Gebühr) Zugang zu den Freizeiteinrichtungen des Resort: 16 Meilen Radwege, 19 Tennisplätze, zwei Golfplätze, vier Schwimmbäder, ein Reitstall und anderes mehr.

 Black Butte Ranch
(US-20, 8 Meilen westl. von Sisters)
 Black Butte Ranch, OR 97759
℡ 595-6211 oder (800) 452-7455
 Resort im Wald mit allem Drum und Dran:
Restaurant, Tennis, Golf, Schwimmen,
Mietpferde, Leihräder. $$$

Camp Sherman, OR 97730

Camp Sherman Store & Post Office
(an der Brücke)
℃ 595-6711
General Store als »Lebensmittelpunkt«
des Gebietes. Lebensmittel, Karten, Ang-
lerbedarf.

Kokanee Cafe & Guest Rooms
(nahe Brücke)
℃ 595-6420
April–Okt.
Zentral gelegenes Restaurant für Frühstück, Lunch und Dinner; nordwestliche
Küche. $$

Wizard Falls Fish Hatchery
Ab FS-14, 5 Meilen nördl. von Camp
Sherman
Tägl. 8–19 Uhr (auch später noch zugäng-
lich)
Interessante Fischzuchtanlage unter alten
Bäumen. Füttern (aus dem Automaten)
möglich. Uferwanderungen!

**Tumalo Feed Company – Steakhouse &
Saloon**
Hwy. 20 (4 Meilen nordwestl. von Bend)
Tumalo
℃ 382-2202
Tägl. Dinner. Beliebtes, rustikales Steak-
house auf dem Wege nach Bend (gut
sichtbar). Familienspaß (Kinder mögen
sarsaparilla)! $$

Bend, OR 97701 (wenn nicht anders
angegeben)

Central Oregon Recreation Association
63085 N. Hwy. 97, Suite 104
℃ 389-8799 oder (800) 800-8334
Kostenlose Urlaubsberatung und Vermittlung von Unterkünften.

Bend bietet eine Vielzahl gediegener
Unterkünfte – Motels (an der US-97),
B&Bs, Resorts. Eine Auswahl unter den
guten:

The Riverhouse – Lodging & Dining
3075 N.W. Hwy. 97

℃ 389-3111 oder (800) 547-3928
Angenehmes Motel in zentraler Lage
(nahe US-97), direkt am Fluß. 220 Zimmer
– mit Komfort und echten Pflanzen! Fitneß, Pool, Spa, Sauna. Leckeres Frühstück im gepflegten Dining-room. $$-$$$

Sonoma Lodge
450 S.E. 3rd St. (US-97)
Bend, OR 97702
℃ 382-4891
Sauber, preiswert, komfortabel – »Bend's
nicest small motel« (17 Zimmer). Interessante, gutdurchdachte Einrichtung:
Küchenecke, Mikrowelle, Kühlschrank,
Schreibtisch/Frisierkommode, Kofferstän-
der, Trittschemel. Älteres Baujahr, daher
preiswert. $-$$

The Sather House B & B
7 N.W. Tumalo Ave. (nahe Downtown)
℃ 388-1065
Freundliches, gepflegtes Haus von 1911.
3 Zimmer (ein bißchen vollgestellt).
Phantastisches Frühstück. $$-$$$

Mill Inn B & B
642 N.W. Colorado Ave. (nahe Downtown)
℃ 389-9198
Einfache Pension in ehemaligem Fremdenheim (1917) mit 9 kleineren, individuell gestalteten Zimmern. Reelle Preise,
herzhaftes Frühstück. $-$$

Lara House B & B
640 N.W. Congress Ave. (nahe Downtown)
℃ 388-4064
Gemütliches Haus (1910) am schönen
Drake Park mit 5 geräumigen Zimmern.
Feines Frühstück, Fahrräder für Gäste. $$

Bend Cascade Hostel (früher Alpine
Hostel)

Bend, OR 97702
19 S.W. Century Dr. (= 14th St.)
✆ 389-3813 oder (800) 299-3813
Makellos sauberes Haus von 1992; 43 Betten in 7 Räumen (auch für Paare und Familien). Interessantes, junges, oft internationales Publikum. $

 Tumalo State Park
62976 O.B. Riley Rd. (ab US-20, 5 Meilen nördl. von Bend)

✆ 388-6055 oder (800) 452-5687
Am Deschutes River schön unter Kiefern gelegen; gepflegt, mit Hookups.

 Crown Villa RV Park
60801 Brosterhous Rd. (Division St. nach Süden)
Bend, OR 97702
✆ 388-1131
Camping vom Besten: 125 RV-Plätze mit allem Komfort!

Mount Jefferson, von Sisters aus betrachtet

Fluß zum Anfassen

Ein Tag am Metolius

Der Metolius ist auch vielen Liebhabern des Nordwestens unbekannt. Crater Lake, die Oregon Coast, die Wallowas, ja – aber Metolius ...? Wenn es nach den Anglern ginge, die hier mit der Fliege fischen, den eigensinnigen Naturfreunden, die auf einfachen Campingplätzen am Fluß zelten, und dem Forest Service selber, der das Gebiet betreut, sollte es auch so bleiben. Die fünf Meilen Wald zwischen ihnen und der US-20 sind ihnen gerade recht. Den Metolius pflegen sie wie eine geheime Liebe, der sie nach außen ein *low profile* geben, was nicht heißt, daß das Land profillos wäre. Eine vernünftige Wanderkarte jedenfalls sucht man auch im Camp Sherman Store vergebens – die vom *Deschutes National Forest* des Forest Service tut es notfalls aber auch.

Dabei ist das Gebiet kein Newcomer. Die ersten Sommergäste trafen 1916 aus Sherman County (daher der Name) ein, pachteten hier Grundstücke vom Forest Service (auf 99 Jahre) und bauten darauf Sommerkaten; heute verbringen sie hier in der zweiten oder dritten Generation ihre Sommer. Am Camp Sherman Store gibt es draußen neben dem öffentlichen Telefon noch ein Geländer – zum Anbinden der Pferde.

Die Angler kommen seit 70 Jahren in die rustikalen Lodges am Metolius oder Lake Creek (heute mit Komfort). Sie wollen keinen Zirkus, sondern ihre Ruhe (die Fische allerdings auch). Im Camp Sherman Store kaufen sie ihre Fliegen, Haken und Ösen, stellen sich an »ihr« *fishing hole* und lassen die kunstvoll gedrehte Fliege treiben. Es geht ihnen um den Sport – mit Fliegen, glatten Haken und *catch and release*; die Speisekarte im Kokanee Cafe enthält Hinweise zur Wiederbelebung der Fische.

Der Tourismus kann hier nicht zum Big Business werden, weil 90 Prozent des Landes dem Forest Service gehören. In den begehrten Sommermonaten füllen sich die Lodges und Resorts, Campingplätze und Trailer Camps – und ebenso das einzige Restaurant in Camp Sherman, **Kokanee Cafe**. Doch wenn die »Klimapendler« aus den Trailer Parks wieder nach Arizona oder Südkalifornien ziehen, wird es ruhig am Metolius. Wenn die Oktobersonne scheint oder die Natur im April und Mai wieder erwacht, dann ist hier die schönste Zeit. Warum es so leer ist? »Es ist halt keine Saison.«

Der Fluß ist Lebensader und Konstante: Er trocknet nie aus, friert nicht ein und ist immer in der Nähe. Man kann ihn funkeln und glitzern sehen, gluckern und rauschen hören und mit den Händen greifen, auch wenn diese dabei klamm werden. Aus Quellen gespeist, ist sein Wasser eisig kalt. Das mögen die Forellen, die Mücken jedoch nicht. Und wenn der Fluß noch so nah am Zelt vorbeirauscht, er führt kaum Hochwasser – wegen der Quellen.

Haste mal 'ne Nuß?

Man muß auch keine Wissenslücke in Latein befürchten, wenn man den Namen nicht kennt. Der kommt vom indianischen »Mpto-ly-as« und bedeutet: »weißer« oder »laichender Fisch« oder »stinkendes Wasser«. Das ist, je nach Zeitpunkt und Perspektive, das gleiche, aber schon ein historischer Begriff. Die pazifischen Lachse können nicht mehr kommen, seit ihnen die Dämme am mittleren Deschutes den Weg versperren.

Für den heutigen Tag gilt eine Angler-tugend: Sich Zeit nehmen, und immer nahe am Fluß bleiben! In Camp Sherman noch einen Blick unter die Brücke wer-fen, ob die großen Forellen da sind, dann geht es einfach los: vom Store am rech-ten Ufer flußauf. Die sympathisch durch-einandergewürfelten Hütten der **Metolius River Lodges** (New House, Little House, Log House, Old House ...) bleiben rechts liegen, ebenso die privaten Fußgänger-brücken mit freundlichen Aufforderungen wie STRANGERS KEEP OUT. Na und? Ihr habt auch nur gepachtet, und außer-dem ist dieser Weg viel schöner!

Es geht sich leicht auf dem federnden Uferweg. Weiden und Espen säumen die Ufer, alles ist grün. Der leichte Regen stört nicht, er gehört einfach dazu. Wo der Pfad aufweicht, geht man einen Bogen über Waldboden durch die Kie-fern. Die Musik ist live: rechts das Gluck-sen des schnell dahinströmenden Flus-ses, links das Rauschen des Windes in den Wipfeln der Bäume. So geht es bis zur Quelle, dem **Head of the Metolius**, das heißt, bis an den Besitz von Sam und Becky Johnson. Johnson war Parla-mentsabgeordneter in Oregon und hat

South Sister mit Sparks Lake bei Bend

die Quelle, das heißt den Zugang dorthin, der Allgemeinheit, das heißt dem Forest Service, gestiftet.

Nun schaut die Allgemeinheit vom Geländer in die Mulde und sieht einen Fluß aus dem porösen, vulkanischen Boden rinnen. Flußab schweift der Blick über einen weiten Wiesengrund. Wäre man Gärtner bei den Johnsons, dann könnte man von

deren Steg aus (im Oktober) sterbensmüde Kokanee-Lachse im flachen Wasser stehen sehen, so matt, daß sie sich streicheln lassen. Im Schilf unten entsteht Unruhe, als ein Kojote die Kanadagänse aufstört. Am Aussichtspunkt betteln kleine Backenhörnchen um Erdnüsse.

Zur **Wizard Falls Fish Hatchery** geht es von Camp Sherman fünf Meilen auf

195

Tiefer in den Wald – Head of Jack Creek

Der junge Mann im Camp Sherman Store lieferte folgende Beschreibung: über die Brücke und auf FS-1216 West geradeaus, dann FS-1420 rechts, dann FS-1217 links, dann (auf geteerter) FS-12 rechts und in einem nach halblinks schwingenden Bogen Jack Creek überqueren (freier Platz im Wald, sprudelnder Bach), dann im rechten Winkel nach links in FS-1232 einbiegen, über den *cattleguard* und halblinks abzweigen, bis zu einem versperrten Tor – dort den Wagen abstellen und zu Fuß zur Quelle des Jack Creek wandern.

Es sind etwa sieben Meilen (hin), die Wege sind für jeden Wagentyp gut befahrbar. Der Forest Service spart mit Hinweisen: Man findet die Quelle erst, wenn man schon dort ist. Da steht unter hohem Hemlock ein einsamer Picknicktisch – am Waldboden, auch hier, alte Baumstümpfe.

Es strömt Wasser aus einer Quelle, nichts weiter. Der Bach windet sich durch eine Wildnis umgestürzter Bäume und Inselchen, bildet Löcher, in denen Forellen hausen mögen. Frisches Grün und warmes Braun sind die Farben des Mooses und des modernden Holzes. Auf den Stämmen im Wasser zu balancieren ist ein kindliches Vergnügen – zumal der Steg zerbrochen ist und der Nature Trail sich aufgelöst hat. Dieser Ort vermittelt eine unglaubliche Frische. Am Ufer stehen Farne, Eiben, *coolwort, twayblade, bead-lily* (oder *queen cup*), *monkey flower, pince's pine* und *thimbleberry*. Kein Mensch ist hier (im April).

FS-14 nach Norden flußab. Rechts ein parkähnlicher Kiefernhochwald, der Brandspuren aufweist. Mit kontrollierten Bränden sucht der Forest Service ein Relikt jenes Waldtyps zu erhalten, der einst Central Oregon bedeckte. Früher »putzten« leichtere Brände, vom Blitzschlag verursacht, den Wald im Zyklus von etwa 15 Jahren. So verschwanden Unterholz, Fallholz und Schädlinge, bevor sie einem Wildfeuer Nahrung geben konnten, das in die Kronen schlug. Die Stämme der Ponderosa sind im Jugendalter dunkelgrau, mit 150 zimtbraun und mit 300 goldgelb bis orange – *yellowbellies.*

Links liegen aufgereiht die Campingplätze des Forest Service. Wie wäre es wohl, hier zu kampieren, so naturnah und direkt am Fluß? Wenn dann die Dunkelheit käme … und die Einsamkeit …? Und

man am Morgen steif und starr aus dem Zelt kröche und mit klammen Händen das Kaffeewasser aus dem Fluß schöpfte …?

Da sind die festen Häuser in Camp Sherman doch bequemer! Etwa die **Metolius River Lodges**, wo man des Nachts sechs Meter neben dem Kopfkissen den Fluß rauschen hören kann. Angeln von der Terrasse aus – kein Problem! Oder die komfortablen Maisonettehäuser des »**New**« **Metolius River Resort**, wo das trockene Kiefernholz im Kamin nur so knallt. Oder die schlichten, holzgetäfelten *(knotty pine)* Hütten der **Lake Creek Lodge**, wo der Lake Creek mitten durchs Gelände fließt. Oder – unbekannterweise – das exklusive, stets ausgebuchte **House on the Metolius**, wo man schon an der Zufahrt scheitert: REGISTERED GUESTS ONLY. Unter alte Bäume gebettet liegt die Fischzucht von

Wizard Falls, eine der schönsten im Lande. In den Becken wimmelt es von Winzlingen bis Fingerlingen, die noch quirliger werden, wenn man sie mit den Kügelchen aus der Tüte füttert, die man am Automaten ersteht. Man züchtet Regenbogenforellen, Kokanee- und Atlantischen Lachs für die Seen und Flüsse Oregons. Besonders interessant sind die ausgewachsenen »Sonderlinge«: *German brown trout* (warum die wohl so heißen?), *brook trout, rainbow trout, tiger trout, Atlantic salmon, kokanee salmon* und *albino.*

Nahe der Brücke über den Metolius sieht man den Fluß gleiten, holpern, strudeln, aufquellen, schäumen und durch Rinnen schießen. Wenn die Schatten der Uferbäume die Spiegelung aufhebt, schaut man tief in dunkelblaue Wasserlöcher, in denen Forellen stehen müssen.

Abschied vom Metolius, aber nicht nach Norden über die fatale Holperpiste, die am Fluß entlang zum großen Stausee von Lake Billy Chinook führt, zumal ein mächtiger Erdrutsch sie unterhalb Lower Bridge versperrt. Auch nicht über die steile Bruchstufe der Green Ridge, denn deren Serpentinen kosten Zeit und Sitzfleisch. Auch die Auffahrt zur gelobten Aussicht von Black Butte (1 962 m) mit ihre Mühen und Kehren wird man sich sparen müssen – vielleicht bietet sich ab Sisters noch eine Gelegenheit.

Wenn man mit der Abendsonne rechtzeitig nach **Bend** gekommen und links in die Greenwood Avenue (US-20 East) abgebogen ist, stößt man bald auf den symmetrischen Aschenkegel von **Pilot Butte.** Zwar schraubt sich eine Spiralstraße wie ein Gewinde zum State Park hinauf, doch ist es schöner, den Walkern und Joggern zu Fuß zu folgen, die sich hier allabendlich fit halten. Auf dem Gipfel, 150 Meter über der Stadt, läuft das Abendprogramm: Sonnenuntergang über den Kaskaden. Der Eintritt ist frei, der Park bis zum Einbruch der Dunkelheit geöffnet. ✳

Drolliger Zeitgenosse: wohnhaft im High Desert Museum in Bend

Sisters Country

Sisters Country ist das Land um Sisters, das High Country mit dem frischen Höhenklima und den großen Tagesamplituden, wo lockerer Ponderosa- und Juniperwald – wie bei Indian Ford Ranch – in High Desert übergeht: Wacholder mit *sagebrush*, *rabbitbrush* und *bitterbrush*. Ray Hatton hat ein großformatiges Buch mit vielen Bildern darüber geschrieben, *Oregon's Sisters Country*, im Paulina Springs Book Store in Sisters sicherlich erhältlich ($ 29).

Was bewegt Menschen, etwa aus Kalifornien, nach Sisters zu ziehen? Die Sonne, die gute Luft, das weite Land, die Nähe zur Natur, die Sportmöglichkeiten, die kleinen Schulen – so lauten die Antworten. Auf dem Gelände vor dem Haus spiele die Hauskatze mit (fast) zahmen Rehen. Durch den Squaw Creek Canyon drunten

schleiche der *cougar* (Berglöwe) – man habe seine Tatzenabdrücke gesehen. Und die isolierte Lage? Vom Canyonrand weg sei man mit der Welt verbunden – per Handy, Fax und Internet.

Und was bewegt die Touristen? Zum Beispiel die Unterkunft in eben solchen Häusern, die verstreut im Wald liegen, vermittelt durch **Hospitality House**: Unter der Schwelle professioneller B & Bs bringt es die passenden Gäste zu den passenden Gastgebern. Und was bewegt sie noch? Die Aussicht von Black Butte, die bizarre

Landschaft um Squaw Creek Canyon und Squaw Creek Falls, der nahe Metolius ... Die Ranger Station von Sisters berät mit Skizzen. Zwei Geschäfte in Sisters vermieten Fahrräder.

Seit 1972 bemüht sich die Gemeinde von Sisters, ihre Innenstadt »alt« aussehen zu lassen, im Stile des Old West der 1880er Jahre. Das Resort Black Butte Ranch hat das »Facelifting« sehr gefördert, um seinen Bürgern und Gästen mehr »Urbanität« zu bieten. Daß die Idee gefruchtet hat, merkt man an den Staus zum Wochenende und den Besucherscharen, die durch die Kulissen bummeln. Erstaunlicherweise gibt es viel Gutes zu sehen – und zu kaufen.

Die **Sisters Bakery** an der Cascade Street, wo es gut riecht und heiße Schokolade gibt, ist ein schöner Ausgangspunkt. Bei **Apple Jack's** findet man Naturkost, bei **Antler Arts** Leuchter aus Geweihen, bei **Indian Artifacts** Lampenschirme aus Naturhaut. Ein besonderer Laden (für Geschenke!) ist die **Cliff Scharf Gallery** (gegenüber der Tankstelle »Pumphouse«). Sie führt Handwerkskunst aus örtlicher und regionaler Herstellung in Türkis und Silber, geschliffenem Quarz, Pfeilspitzen aus Obsidian, Keramik und Leder.

Dann ein Gang durch die »zweite Reihe«, nämlich Hood Street, vom **Seasons Cafe & Wine Shop** (mit Lunch Service drinnen und draußen) bis hinauf zur **Paulina Springs Book Co.** und **Sisters Coffee Co.** (öffentliche Bedürfnisanstalt an der Ecke S. Fir/W. Washington Street). Quilts findet man im **Stitchin' Post** an der Cascade Street – mit einem Kundenkreis bis nach Portland. (Jeden zweiten Samstag im Juli findet in Sisters die »Outdoor Quilt Show« statt.)

Inmitten all des neumodischen Kulissenzaubers steht wie ein Bollwerk des wirklich Echten das **Sisters Hotel** von 1912. Historische Fotos an den Wänden des klassisch hohen Gastraums erinnern daran, wo man ist. Hotel und Bordell sind längst Vergangenheit, heute bietet das Haus saftige Steaks, *tostada grande*, Bier aus Bend oder Chardonnay aus Oregon. Die Klimatechnik ist entweder zu alt oder zu modern: An manchen Plätzen weht es kühl aus den Bodenluken.

Sisters, OR 97759

 **Sisters Area Chamber of Commerce/ Visitor Information Center**
231 E. Hood St., Suite D
☎ 549-0251, Fax 549-3014

Hospitality House
P.O. Box 1971
☎ 549-4909 oder (800) 700-1275
Fax 549-1104
e-mail: hhouse @ outlawnet.com
Agentur für B&B-Zimmer in Privathäusern zu vernünftigen Preisen. Abstim-

mung auf die Wünsche der Gäste. Häuser oft in besonders schöner Lage. $–$$$$

Sisters Ranger Station
N. Pine St. (nahe US-20)
☎ 549-2111

Hotel Sisters Restaurant
105 W. Cascade St. (US-20)
☎ 549-7427
Einst Hotel (1912), heute Restaurant und »Western Saloon«. Steak (aus corriente beef), Hamburger, mexikanische Küche, örtliche Biere und Weine. $$

16. Tag – Programm: In und um Bend

Vormittag	Stadtbummel durch **Downtown**, mit Des Chutes Historical Center, historischen Villen, Drake Park.
Mittag	Lunch in Downtown (oder Westside oder Mill A).
Nachmittag	Zum **Deschutes River** oberhalb (südwestl. von Bend): **Century Drive** bis **Inn of the Seventh Mountain**, dann links auf FS-41 und wieder links auf FS-4120 in Richtung Lava Falls. FS-4120 weiter nach Süden, Stichwege führen zum Fluß: Big Eddy Rapids, Aspen Camp, Dillon Falls, **Benham Falls** (FS-100). Wandern auf ufernahen Pfaden.
Abend	Abendspaziergang/Jogging auf dem **River Run Trail**: ab Downtown über Portland Ave., First St. Dinner in Downtown.

Alternativen: Siehe S. 203 f. Nachmittagsprogramm auch mit Fahrrad möglich (ab **Inn of the Seventh Mountain**; Leihräder dort). Weitere Verleiher: **Sunnyside Sports** (930 Newport Ave., ℂ 382-8018) und **Mt. Bachelor Bike & Sport** (1244 Galveston Ave., ℂ 382-4000).

Wer weder wandern noch radeln oder Boot fahren will, besucht das **High Desert Museum** oder **Lava Lands** (vgl. 17. Tag, S. 210). Wen Berge und Seen der Kaskaden mehr locken als die Stadtluft von Bend, der macht eine Extratour auf dem **Cascade Lakes Highway**.

Ökologisch interessant ist der Bridge Creek Burn bei **Tumalo Falls** (14 Meilen westl. von Bend), wo 1979 Tausende Hektar Wald verbrannten. Galveston Avenue nach Westen, dann FS-4601 (asphaltiert) 11 Meilen bis Skyliner Lodge, dann FS-4603 (unbefestigt) 3 1/2 Meilen bis unterhalb Tumalo Falls. Unterwegs weite Rodungsflächen! Im Gebiet des Burn sprießt neuer Wald zwischen verkohlten Resten. Kurzer Aufstieg bringt gute Aussicht auf Tumalo Falls; Wanderwege.

Im Winter wird **Mount Bachelor** (2 763 m) zu einem erstklassigen Skigebiet – mit 12 Liften, 60 Abfahrten, 34 Meilen gespurter Loipen (mehr davon bei Dutchman Flat); Ausrüstung zur Miete. Die Saison ist lang, manchmal von November bis Mai. Da müssen die Wanderer schon warten: am oberen Deschutes und Metolius bis April, an den Cascade Lakes und am Newberry Crater bis Mai, in hohen Lagen bis Juni oder Juli. Die beste Wanderzeit ist Spätsommer und Herbst, wenn die Tage noch warm, die Morgenstunden frisch – und die anderen Urlauber wieder zu Hause sind.

16. Tag – Informationen

Vorwahl: ℂ 541

Bend, OR 97701

---

[i] **Bend Area Chamber of Commerce/ Visitor & Convention Bureau/Central Oregon Welcome Center**
63085 N. Hwy. 97

ℂ 382-3221, Fax 385-9929; Internet: http://www.empnet.com/bchamber
Tägl. geöffnet.
Hervorragende Informationsquelle zu Bend und ganz Central Oregon. In der Saison (Mitte Juni–Mitte Sept.) ist Bend »voll«; daher reservieren oder das Center ansteuern.

Bend Ranger Station
1230 N.E. 3rd St. (US-97)
✆ 388-5664

Deschutes National Forest
(Forest Service)
1645 Hwy. 20 E. (US-20)
✆ 388-2715
Mo–Fr 7.45–16.30 Uhr
Ausstellung zu geologischen Phänomenen (Vulkanismus) des National Forest.

Des Chutes Historical Center
129 N.W. Idaho Ave. (zwischen Wall und Bond St.)
✆ 389-1813
Di–Sa 10–16 Uhr
Dokumente zur Geschichte von Bend und der Region. Gute Bücherauswahl (zum Kauf). Eintritt frei.

Lokale in Downtown ...

Great Harvest Bread Co.
835 Bond St.
✆ 389-2888
Sagenhafte Brotsorten aus Vollwertgetreide, außerdem *scones* und *muffins*.

Alpenglow Cafe
1040 N.W. Bond St.
✆ 383-7676
Tägl. 7–14.30 Uhr, Frühstück und Lunch
So nüchtern der Raum ist, so lecker sind die Speisen: Keine Konserven, keine Gefrierkost, Produkte aus der Region, Teigwaren (Pancakes, Waffeln) täglich frisch. $

Cafe Sante
718 N.W. Franklin Ave.
✆ 383-3530
Kreative, gesunde Küche – zum Frühstück, Lunch und Dinner. Kaffee und Kuchen. Abends Dinner-Specials für $ 6–7. $–$$

Baja Norte
810 N.W. Wall St.

✆ 385-0611
Einwandfreie mexikanische Küche: Tostadas, Burritos, Fajitas, Quesadillas werden offen zubereitet. Junge Leute vor und hinter der Theke; nicht allzu gemütlich. $

Hudson's Grill
917 N.W. Wall St.
✆ 385-7098
Mainstream America – mit Coca-Cola, Hamburger, Sandwiches, Hähnchen, Auto-Motiven der 50er Jahre, Rauchverbot. Im Backsteinbau einer Metzgerei von 1912. Ziemlich originell. $

Rosette
150 N.W. Oregon Ave.
✆ 383-2780
Fine Dining, Lunch und Dinner. Pazifischnordwestliche Küche mit einem Schuß Orient. Nichtraucher.
$$–$$$

Deschutes Brewery & Public House
1044 N.W. Bond St.
 ✆ 382-9242
Mikrobrauerei zum Zuschauen. Das Bier ist *handcrafted* und schmeckt – anders. Einfacher Imbiß. $

Cafe Paradiso
945 N.W. Bond St.
✆ 385-5931
Ein toller Hangout für jedermann – bürgerlich bis schick bis schräg. Sofas zum Lümmeln und Lesen. Neben Kaffee, Kuchen, Bier und Wein auch kleine Gerichte. Nichtraucher. $

... und Off-Downtown

Westside Bakery & Cafe
1005 N.W. Galveston Ave.
✆ 382-3426
Frühstück und Lunch mit Pfiff. Radfahrertreff, Kunst im Raum, frisches Brot, gute Stimmung. $

Victorian Pantry
Galveston Ave./14th St.
✆ 382-6411
Frühstück und Lunch im Viktorianerhäuschen. Nette Atmosphäre – fast schon
gemütlich. $

 Honkers Restaurant (Mill A)
805 S.W. Industrial Way (via Colorado
Ave., nahe Brücke)
✆ 389-4665

In einem Werksgebäude der Sägemühle
Brooks-Scanlon (heute »River Bend Deve-
lopment«). Viele historische Motive. $$

 Le Bistro
1203 N.E. Third St. (US-97)
✆ 389-7274
Di–Sa, nur Dinner
Lockeres Bistro-Café in renovierter Kir-
che; hochgelobte französische Küche.
Nichtraucher. $$

Sparks Lake bei Bend

Central Oregon (I)

In und um Bend

Ein Reisender kam ins Welcome Center und sagte harmlos: Bend, das ist ja wohl eine Station auf der Durchreise. Da wurde er aber eines Besseren belehrt: *Bend is not a crossroads, but itself a destination.* Die Ortsdurchfahrt via US-97 hatte das Schlimmste ahnen lassen, und Downtown hielt sich noch versteckt. Doch ein weiteres Vorurteil ging schnell den Deschutes herunter: die Vorstellung von Central Oregon als einem monotonen Binnenland. Binnenland ja – aber zerschnitten von Canyons, durchzogen von Flüssen, gesprenkelt von Vulkankegeln, überragt von weißen Bergen und bedeckt von Wald – wo er nocht steht.

Der Tourismus um Bend ist jung, denn er begann erst in den 1960ern mit der Erschließung von Mount Bachelor zum Skigebiet. Er fängt beim imposanten Welcome Center des Bend Chamber am nördlichen Ortseingang an und ist mit dem blitzsauberen Bend Alpine Hostel noch lange nicht zu Ende. Bend hat drei große Aktivposten (auch wenn manche meinen, der Tourismus habe Bend schon verdorben): die Gastronomie seiner Downtown, die Resorts seiner Umgebung und die Landschaft darum herum. Wohnt man erst im Resort, dann erübrigt sich jede weitere Urlaubsplanung.

Bend liegt 1100 Meter hoch, empfängt 300 Millimeter Niederschlag (die Hälfte davon im Winter als Schnee) und hat 260 Sonnentage im Jahr. Das ergibt frische Höhenluft, geringe Luftfeuchtigkeit

und reichlich Sonne. Ein Shuttle Bus verkehrt täglich von und nach Portland. Weniger gut ist die Bahnverbindung, nämlich 65 Meilen südlich bei Chemult, obwohl einmal gleich zwei nationale Eisenbahngesellschaften nach Bend um die Wette liefen ...

Die Bevölkerung wächst und wächst: von 17 000 (1980) auf 20 000 (1990) auf geschätzte 30 000 »plus« Ende der 90er Jahre. Die Neubürger bedauern nur zweierlei: die Staus auf der US-97 und den dünnen Boden über dem Basalt – die Radieschen wollen einfach nicht wachsen. *What is around the bend* in Bend? Eine ganze Menge – hier eine Liste:
– Bummel durch Downtown
– Besuch des Des Chutes Historical Center
– Wandern, Radfahren und Rafting an und auf dem Deschutes River
– Besuch des High Desert Museum
– Besuch von Lava Lands mit Lava Butte
– Ausflug nach Tumalo Falls
– Sesselbahnfahrt auf Mount Bachelor
– Scenic Drive auf dem Cascade Lakes Highway
– Fahrt zum Newberry Crater mit Lava Cast Forest
– Sport und Spiel im Resort ...
In Richtung Norden gäbe es noch Smith Rock State Park, Cove Palisades State Park mit Lake Billy Chinook, die Achatfelder bei Madras, das Museum von Warm Springs, Kahneeta Resort ... Doch das sind Themen für den 18. Tag. Für

Im Fadenkreuz der Wintersportler: Mount Bachelor in Central Oregon

heute sei vormittags ein Bummel durch die Stadt geplant und nachmittags ein Ausflug zum High Desert Museum oder nach Lava Lands ...

Hat man im gediegenen **Riverhouse Motel** genächtigt, dann wurde man morgens vom Schrei der Kanadagänse geweckt. Geht man – statt zum Frühstück – die paar Schritte zum Fluß hinun-

ter, der mitten durchs Gelände fließt, so liegen dort große, glattpolierte Basaltblöcke, die aussehen, als hätte Henry Moore sie in Bronze gegossen. Zwischen Wacholder und Kiefern spielt das Wasser um das schwarze Gestein. Ein Stück den Deschutes hinunter findet man die Gänse. Sie sind gar nicht scheu. Die Familien haben jetzt (Ende April) sechs

schen Stadtpark am Fluß mit Weiher. Im Welcome Center hat man sich einen Stadtplan und die *Heritage Walk Tour* besorgt und den Wagen an der Brooks Street abgestellt. Das Wetter ist wahrscheinlich gut. Wem jedoch das Stadtpflaster zu hart ist, der holt sich bei »Birkenstock of Bend« in der Wall Street die passenden Treter.

Man läuft seine Schleifen durch Downtown und hält schon mal die Augen offen nach einer passenden Einkehr für mittags oder abends. Bei der **Great Harvest Bread Company** in der Bond Street fängt der Spaß an: mit einer Gratisprobe Brot mit Butter für den Weg. Wer hätte geahnt oder gehofft, daß je wieder solches Brot gebacken würde, nachdem die nationalen Konzerne das Land mit ihren gebleichten Teigschwämmen überzogen hatten? Ein »Dakota Bread« für die Reise, und das nächste Picknick ist gerettet.

An der Ecke Wall Street/Franklin Avenue stolpert man über einen *Man on a Park Bench* von eben dem Richard Beyer, der auch die Plastik *People Waiting for the Suburban* in Seattle und das Holzrelief in der Sun Mountain Lodge von Winthrop geschaffen hat. Dann steht man vor der Tür des **Des Chutes Historical Center** in der Idaho Avenue.

Schon die altertümliche Schreibweise deutet auf französisch-kanadische Entdecker der *Rivière des Chutes* hin. Im Hause sind die Leiden der Siedler des »Lost Wagon Train« eindrucksvoll nachzulesen. Ein Raum ist, neben indianischen Pfeilspitzen aus Obsidian, wie er in Newberry Crater zutage tritt, den Pionierfrauen gewidmet: mit Quilts, Kleidern und – Stöckelschuhen. Panoramafotos zeigen die gewaltigen Dimensionen der beiden Sägemühlen, die von 1916 bis 1994 – in abnehmendem Maße – das Wirtschaftsleben in und um Bend bestimmten. An einem Gesteinsbrocken

bis acht wuschelige Küken – knallgelb wie die Stoffküken, die man als Osterdekoration kennt.

In Downtown liegt das Gute dicht beisammen. Ein paar Schritte im Gitternetz zwischen Wall und Bond Street, Greenwood und Franklin Avenue, und man findet Lokale, Geschäfte, Villen von 1911, ein historisches Museum und einen hüb-

205

Saftiges Grün und unendliche Weiten

im Obergeschoß erfährt man endlich, was *thundereggs* sind: nämlich Achatdrusen.

Der *Heritage Walk* führt ins »historische« Viertel. Will man die feinen Villen aber von innen sehen, dann muß man wohl zu einer List greifen: sich etwa im **Sather House** oder **Lara House** nach Bed & Breakfast für den nächsten Tag erkundigen ...

Wo bei **Drake Park** und **Mirror Pond** die Siedler einst den Fluß per Furt überquerten und Bend als »Farewell Bend« begann, spazieren heute Schwäne, Gänse und Enten zwischen Bänken und Picknicktischen. Stadtgründer Alexander Drake kam 1900 samt Familie aus Minnesota, um »einen ruhigen Flecken zu suchen, wo man seine angeschlagene Gesundheit wiederherstellen und einen neuen Anfang machen konnte«. Das klingt aktuell. Er baute sich an der Brooks Street ein vornehmes Blockhaus, das nicht mehr steht.

Lunchtime! Will man gepflegt speisen, so geht man zu **Scanlon's** (Mount Bache-

lor Village), **Pine Tavern** oder **Rosette**. Die »alternative Ecke« ist in Downtown reich vertreten. **Alpenglow Cafe** ist so auf Frische eingestellt, daß es demjenigen 1 000 Dollar Belohnung verspricht, der einen Büchsenöffner im Hause findet. Im **Wild Onion** (Minnesota Avenue) geht der Koch herum und bietet den Gästen seine neue Suppe zum Probieren an. Und **Cafe Sante** läßt von Hause aus schon gesunde Kost erwarten. Die Wellen der Gastronomie von Bend schwappen noch über den Fluß. An der Galveston Avenue folgen die launige **Westside Bakery** und die gemütliche **Victorian Pantry** aufeinander, während in **Mill A** mit seinen vielen Mementos der *genius loci* der alten Sägemühle von Brooks-Scanlon herumgeistert. Der Developer von »River Bend«, Bill Smith, würde sie als *memorable image* bezeichnen.

Colorado Avenue geht westlich in **Century Drive** über und führt zu den Resorts am Deschutes, zu Mount Bachelor und den Cascade Lakes. Der Fluß, ein alter Bekannter aus Maupins Zeiten, wird hier oben schmaler, frischer und schneller. Er kommt aus den Cascade Lakes, schlängelt sich bei Sunriver durch eine Talaue, springt und sprudelt bei Benham und Dillon Falls über Stufen im Basalt, den ihm Lava Butte vor 6 200 Jahren in den Weg geschüttet hat. Er passiert die klassischen Resorts unter dem River Ridge und rollt in einer weiten Zielkurve in Bend aus. Dort wird er angezapft und für die Bewässerung in Central Oregon genutzt.

Man kann eine Menge mit ihm anfangen – zu Fuß, per Fahrrad und mit dem Boot. Hat man sich eine halbe Meile südlich von Bend im **Mount Bachelor Village** eingemietet, dann liegt einem der Deschutes zu Füßen. Ein Lehrpfad von 2,2 Meilen führt hinunter und wieder herauf. Die begleitende Broschüre erläutert, was es mit Manzanita, Ponderosa, Juniper, Tuff, Bimsstein, Lava, den Pflanzen und Tieren der Uferrandzone sowie »Railroad Logging« und »Hydropower« auf sich hat.

Leiht man sich im **Inn of the Seventh Mountain** (sieben Meilen südlich von Bend) ein Fahrrad, so gelangt man auf sanften Wegen zunächst nach **Dillon Falls** (drei Meilen), dann nach **Benham Falls** (sechs Meilen). Feierlich von hohen Bäumen eingerahmt, schießt das Wasser über die »Fälle«, die gar keine sind – sondern rasante Stromschnellen. Die Holzfirma Shevlin-Hixon hat 1919 entschieden, die hohen Kiefernhaine hier stehenzulassen, »um beim Besucher den Eindruck zu erwecken, er sei von tiefem Wald umgeben« – berichtete damals *The Bulletin.*

Ein hübscher Platz für einen Damm – dachten ihrerseits die Ingenieure des Bureau of Reclamation beim Anblick der Fälle. Ab 1913 diskutierte man hier das »Benham Falls Dam Project«, bis es an einem anderen Projekt scheiterte, dem »Sunriver Resort«. Ein Stausee hinter

Benham Dam hätte die »Great Meadow« des Resort überflutet, und damit dessen künftige Golfplätze. Was beweist: Der beste Schutz der Natur ist – deren höherwertige Nutzung.

Von hier geht es eine halbe Meile auf breiter Trasse (einer ehemaligen Werksbahn) zum schönen Picknickplatz von Shevlin-Hixon. Auf dessen weichem Waldboden feierte die Firma ihr *company picnic*, zu dem Tausende Mitarbeiter und Angehörige auf Plattformwaggons anrollten. Eine Tafel erklärt treuherzig, die Firma habe den Platz gewählt, weil hier so schöne Kiefern standen. Ist das nun zynisch, paradox oder logisch?

Beherzte Radler fahren noch vier Meilen weiter auf FS-9702 zum **Lava Lands Visitor Center** am **Lava Butte**. Dort muß die Radtour aber schließlich doch enden, denn eine Rückfahrt nach Bend über US-97 North ist nicht empfehlenswert.

Eine Steigerung des Flußerlebens ist möglich: mit einer Wildwasserfahrt auf dem Deschutes. Der Inn of the Seventh Mountain bietet Raft Trips auf einem drei Meilen langen Abschnitt mit Stromschnellen der Klassen I bis IV (zwei Stunden zu 30 Dollar). Keine Angst, die Guides lassen die Boote nicht über die Fälle schießen. Wer es gemütlicher möchte, geht zum »Deli Lunch Trip« an Bord des Patio Boat, eine Art motorisierte Terrasse mit Bänken darauf.

Was ist aus dem Ausflug zum High Desert Museum geworden? Es ist in den Deschutes gefallen! So geht es mit Plänen, die man in und um Bend macht. Der Prospekt des Mount Bachelor Village tröstet mit einem englischen Sprichwort: »Jeder Tag am Fluß verlängert das Leben.« Dem ist nichts hinzuzufügen. Und morgen ist auch noch ein Tag.

Etwas Appetitanregendes zum Abendessen gewünscht? Dann ist der **River Run Trail** genau das richtige. Bend besitzt

Sport im Resort, natürlich teilmotorisiert

nämlich eine öffentliche Uferpromenade in bester Lage am Fluß. Der Trail folgt dem Westufer des Deschutes auf drei Meilen vom Nordzipfel der 1st Street (über Portland Avenue) bei Downtown nach Norden bis Sawyer Park.

Auf den weichen Borkenchips des Trails sind am Abend nur ein paar Jogger unterwegs, sonst gehört der Canyon den Tieren. Aus den Weiden- und Erlengebüschen dringt der ganz eigene, schnarrende Ruf der *red-winged blackbirds*, ähnlich dem warmen Klang eines Holzblasinstrumentes, etwa einer Oboe. Gänse nutzen paarweise die Flugschneise des Canyons zum abendlichen Rundflug; Enten kreuzen unorthodox die Bahn. Zwei Maultierhirsche kommen die Böschung herunter, halten inne und kehren um.

Zum Dinner muß es in Bend »nicht immer Kaviar« sein – bzw. **Le Bistro**, **Pescatore's** oder **Broken Top Dining Room** –, es gibt daneben interessante »volkstümliche« Alternativen. Eine davon ist **Baja Norte** mit seinem jugendlichen Ambiente, eine andere **Hudson's Grill** im

Backsteingehäuse von 1912, das an die 1950er Jahre erinnert.

Die beiden Braukneipen sind immer dabei, wenn es darum geht, für Stimmung zu sorgen; sie bieten außer Bier und dem Anblick der Braukessel auch Imbisse. Die Liste der Biersorten in der **Deschutes Brewery** liest sich wie ein touristisches Programm für Central Oregon – ersetzt es aber nicht! Black Butte Porter, Bachelor Bitter, Obsidian Stout und – als »Specials« – Mirror Pond Pale Ale und Broken Top Bock. Doch auch die Konkurrenz von der **Bend Brewing Co.** läßt sich nicht lumpen: mit »Kolsch« (sic) und High Desert Hefeweizen.

Ein Tag in Bend ohne **Cafe Paradiso** ist nur das halbe Vergnügen. In dem ehemaligen Kino mit der hohen Decke findet ein jeder Gelegenheit zu Ratsch und Rückzug – vom hereingewehten Traveler bis zum Staatsförster. Es ist ein Ort zum Alleinsein – in Gesellschaft. Das Problem mit den moderaten Preisen in den Lokalen von Bend ist: Wie bringt man das Tagesbudget an den Wirt?

17. Tag – Route: Bend – High Desert Museum – Lava Lands – Newberry Crater – Bend (163 km/102 mi)

km/mi	Zeit	Route
	Vormittag	Von Bend auf US-97 South zum **High Desert Museum** (6 Meilen): Stippvisite drinnen und draußen. Weiter auf US-97 South zum **Lava Lands Visitor Center** und **Lava Butte** (11 Meilen ab Bend): Lehrpfad oder Shuttle Bus zum Gipfel.
0	Mittag	Abstecher zum Deschutes River bei Benham Falls (vgl. Vortag; 15 Meilen ab Bend) und Picknick. Zurück zur US-97 und 13 Meilen nach Süden zur County Road 21, dann 13 Meilen nach Osten zum
72/ 45	Nachmittag	**Newberry Crater**. Rast am **Paulina Lake** (Paulina Lake Resort) mit Imbiß, Bootfahren oder Wandern am See. Weiter zum **Big Obsidian Flow**; ggf. Fahrt auf **Paulina Peak**. Abends zurück nach
163/102	Abend	Bend.

Weichenstellung: Im High Desert Museum gibt es zwar das Rimrock Cafe und im Paulina Lake Resort einen Imbiß, doch ein gepackter Picknickkorb macht von beiden unabhängig.

Alternativen und Extras: Wem das Programm zu viel ist, der nimmt einen Teil (z. B. Lava Lands) heraus. – Vom Picknickplatz von Shevlin-Hixon (4 Meilen ab Lava Lands auf FS-9702) ist es 1/2 Meile zu Fuß nach **Benham Falls** (vgl. 16. Tag, S. 200). Wer sich gut mit seinem Resort steht, wandert heim und holt den Wagen später ab ...
Vulkanische Phänomene im Umkreis:
1. Lava River Cave (nahe Lava Lands, 12 Meilen südl. von Bend via US-97; Mai–Sept. tägl. 9–16 Uhr) ist eine Lavaröhre, durch die dünnflüssige Lava floß, während die Hülle schon erstarrte. Warme Kleidung, Laterne (vor Ort zu leihen) oder Taschenlampe erforderlich.
2. Lava Cast Forest (14 Meilen südl. von Bend via US-97, dann 9 Meilen auf FS-9720 nach Osten) ist ein durch Lava aus Newberry Volcano vor 6 000 Jahren zerstörter Hochwald, dessen Stämme als Hohlformen abgebildet sind. Schöner Altwald am Trailhead; Lehrpfad (Rundweg 1 Meile).
3. Wem das alles nicht genügt, der findet nahe OR-31 South (südlich von La Pine) »Big Hole«, »Hole-in-the-Ground«, »Crack-in-the-Ground«, »Fort Rock« u. ä.
County Road 21 zum **Newberry Crater** ist meist Ende Mai bis Mitte Okt. frei. Im Winter ist die Straße auf 10 Meilen ab US-97 (bis Snow-Park) geräumt; dort steigt man auf Langlaufskier oder Schneemobile um. Snow-Park-Permits in Bend oder La Pine.

The High Desert Museum
59800 S. Hwy. 97 (6 Meilen südl. von Bend)
 ✆ 382-4754
Tägl. 9–17 Uhr
Eines der großen Museen des Nordwestens – so lebendig, daß auch Kinder ihre Freude haben. Landschaft, Natur, Wirtschaft des zentralen und östlichen Oregon. Desertarium. Historische Installation »Spirit of the West«. $ 5.50

 Lava Lands Visitor Center
58201 S. Hwy. 97 (11 Meilen südl. von Bend)
✆ 593-2421
Mai–Okt. tägl. 10–16, im Sommer 9–17 Uhr
Objekte und Medien zum Vulkanismus. Lehrpfade »Molten Land« und »Whispering Pines«. Shuttle Bus auf **Lava Butte**: Kraterrundweg und Aussicht! Eintritt frei.

 Paulina Lake Resort
(Paulina Lake, Newberry Crater)
 P.O. Box 7
La Pine, OR 97739
✆ 536-2240
12 rustikale Cabins mit Küche. Im Sommer (bis Ende Okt.) wohnen hier die Angler, im Winter (Mitte Dez. – Mitte März) Skilangläufer und Schneemobilfahrer. Restaurant mit Hausmannskost; Bootsverleih. $$

 East Lake Resort
(East Lake, Newberry Crater)
 P.O. Box 95
La Pine, OR 97739
 ✆ 536-2230
Mitte Mai – Anfang Okt.
Cabins und RV-Plätze, Restaurant (Frühstück und Lunch), Laden, Bootsverleih. $–$$

Bird Show im High Desert Museum

Central Oregon (II)
High Desert und Lava Lands

Gestern waren Nahaufnahmen, heute sind Panoramafotos an der Reihe. Gestern tat die Gastronomie von Bend das ihrige, heute muß der Picknickkoffer herhalten. Gestern war Zeit zum Bummeln, heute drängt das Programm. Der Besuch im High Desert Museum kommt zu kurz – gemessen an den Qualitäten des Hauses. McKenzie Pass war die Ouvertüre, Lava Lands ist die Durchführung und Newberry Volcano das grandiose Finale zum Vulkanismus in Central Oregon. Obwohl ähnlich Crater Lake, ist Newberry weit weniger bekannt und besucht als der Nationalpark in Süd-Oregon.

Auf dem Wege zum High Desert Museum stellt sich die Frage, was ist hier *high* und was *desert*? Die **High Desert** ist das Hochland zwischen Kaskaden und Rocky Mountains zwischen 900 und 1200 Metern Meereshöhe mit 250 Millimetern Niederschlag pro Jahr und darunter. Ihre Leitpflanzen sind Sagebrush, Büschelgräser und eingestreuter Wacholder – womit die angebliche Wüste zur Steppe wird. Die Verwirrung um den Begriff *desert* datiert seit 1820, als der Entdecker Stephen Long das Land westlich des Mississippi 1820 zur »Great American Desert« erklärte – zur Verwunderung späterer Weizenfarmer in Kansas und Oklahoma.

Die High Desert nimmt den ganzen Südosten von Oregon und damit 40 Prozent der Staatsfläche ein. Bend und sein Museum liegen an der Grenze zwischen

Wald und Steppe. Der Klimariegel der Kaskaden wirkt sich entscheidend aus. Am Westhang (Detroit) fallen noch 1800 Millimeter Niederschlag pro Jahr, bei Bend sind es 300, bei Redmond 200. Der Tannenwald der Kammlagen geht östlich in Kiefernwald (Ponderosa und Lodgepole) über, der sich immer weiter lichtet, bis sich Wacholder (Juniper) hineinstreut und schließlich Sagebrush (Artemisia tridentata) die Vorherrschaft übernimmt.

Auf dem Gelände des **High Desert Museum** spaziert man von Siedlerhütte zu Hirtenwagen, schaut einem Mini-Sägewerk von der Jahrhundertwende bei der Arbeit zu und läßt sich über »Wald im Wandel« belehren. Seeotter tummeln sich in ihrem Bassin, Stachelschweine verstecken sich in ihren Höhlen, und Greifvögel betrachten leidenschaftslos die Szene.

Drinnen vermitteln Farbfotos von erstaunlicher Auflösung einen visuellen Eindruck von Vielfalt und Weite der Steppe. Im »Desertarium« hängen Fledermäuse im Schummerlicht, hocken Höhleneulen vor ihren Erdlöchern, stellen sich Klapperschlangen leblos. Im Aquarium ziehen »Meuchelmörderforellen« ihre Bahn; auch so kann man *cutthroat trout* übersetzen, doch die harmlose *Salmo clarkii* trägt nur einen roten Streifen am Kiemen.

Die Dioramen von »Spirit of the West« zeigen Szenen mit atmosphärischer Wir-

Der Deschutes River bei Bend

kung; gedämpftes Licht und die Stimmen der Steppe verhelfen zum Sprung aus der Realität. Man wandelt wie durch einen »Zeitkanal« – vom Indianerkamp am sumpfigen See, wo Steppenvögel schnarren, zum Lager der Siedler auf dem Treck. Man taucht in einem Goldbergwerk unter und in der geschäftigen Main Street einer Western Town wieder auf. Dort sorgen Farmerwerkstatt, General Store und ein Bankschalter für Details. Kleidung und Werkzeuge, Karten und Kunst runden die Show ab.

Wieso »Spirit of the West«, wo die Ausstellung doch vom Osten Oregons handelt? Die Perspektive der East Coast, für die alles übrige eben »Westen« ist! Die Indianer bekommen ihren Part in der »Hall of Plateau Heritage«. Der gut mit Büchern und Bildern sortierte Museumsladen setzt einen würdigen Schlußakzent. Wem die Beine schwer geworden sind,

der begibt sich ins Rimrock Cafe und bestellt sich einen Snack.

Lava Butte ist nur einer der vielen Aschenkegel, die wie Seepocken auf den Plateaus um Bend sitzen – aber einer der vollkommensten. Deshalb schätzte man ihn auch lange viel zu jung ein, suchte dann endlich nach verkohltem Holz, das man datieren konnte, und bestimmte ein Alter von 6 150 Jahren. Der kleine Vulkan mit dem perfekten Kegel spie nicht nur Asche und Bimsstein, sondern auch dünnflüssige Lava, die den Deschutes in die Ecke drängte, wo er heute noch fließt. All dies und mehr erfährt man im **Lava Lands Visitor Center** am Fuß des Butte.

Ein bequemer Lehrpfad führt durch die klüftigste und verbogenste Lava, die man sich denken kann, zu Rinnen und Toren und einem Aussichtspunkt, von wo man über Lavafelder auf die weiße

Kette der Kaskaden blickt. Der Punkt ist auch nach Toresschluß und außerhalb der Saison zugänglich. Die Fahrt zum Gipfel übernimmt heute ein Shuttle Bus, nachdem Autofahrer bei der Spiralfahrt Höhenangst und Schwindelanfälle erlitten.

Wenn es im Kaskadengebirge rumpelt, ist Central Oregon meist mit dabei. Der Hausberg von Bend, Mount Bachelor, kam erst vor 8 000 Jahren zur Ruhe – zur Freude der Skifahrer von heute. Mount Mazama (Crater Lake) flog vor 6 800 Jahren in die Luft und Newberry Volcano wohl hundert Jahre später. Lava Butte und andere Kegel bohrten sich vor erst 6 000 Jahren durch ältere Basaltdecken. Die Lavaströme von McKenzie Pass sind jünger als 3 000 Jahre, und Newberry Crater spie noch vor 1 300 Jahren Asche, Bimsstein und Obsidian.

Mount St. Helens in Washington brach 1980 mit katastrophalen Folgen aus – und schuf ein National Volcanic Monument für die Touristen. Wie aber sehen es die Anwohner? Die fragen sich: Wer wird wohl der nächste sein? In Mount Hood und Mount Adams soll es brodeln, und auch Mount Rainier, South Sister und Newberry Crater sind mögliche Kandidaten.

24 Meilen südlich von Bend zweigt die County Road 21 nach Osten zum **Newberry Crater** ab. Die gut geführte Straße steigt in weiten Kurven durch einstiges Rodungsgebiet, wo große Baumstümpfe vom »Ruhme der Holzfällerei« künden. Einzelne reife Ponderosa dienen als »Saatbäume«. Nach 13 Meilen Bergfahrt erreicht man den Kraterrand bei **Paulina Lake**, nach weiteren fünf Meilen den Endpunkt der Straße bei East Lake.

Ein schlummernder Vulkan: Mount Hood

Newberry Volcano ist ein massiver Schildvulkan – ähnlich dem Ätna oder Mauna Loa auf Hawaii –, der vor etwa 500 000 Jahren Basaltdecken bis nach Madras schüttete. Der Gipfel stürzte ein, als die Magmakammern darunter leer waren. Übrig blieb ein Krater von vier bis fünf Meilen Durchmesser, mit zwei kühlen, blauen Seen darin. Newberry ist also ähnlich entstanden wie Crater Lake im Süden Oregons, doch hat Crater Lake eine »Rim Road« und Newberry nur einen »Rim Trail«. Heiliger Tourismus!

Paulina Lake Resort dient mit schlichten Cabins, einem Restaurant-Café, Booten zur Miete und einem sieben Meilen langen Uferrundweg (den man abkürzen kann). Auf dem See hocken vermummte Angler in ihren Booten, werfen hin und wieder den Motor an, um den Standort zu wechseln – und jagen nach Rekorden. Der steht für *German brown trout* bei 27³/₄ amerikanischen Pfund. Sehr sportlich sieht das alles nicht aus.

Die zwölf roh gezimmerten Hütten mit ihrer zusammengewürfelten Einrichtung sind ganz nach dem Geschmack von Männern auf Angeltour: eine »Wohnküche« mit Resopaltisch, grellen Neonröhren, Riesenkühlschrank (der brummt) und einem Power-Ofen (der heizt – und wie!). Das Holz spaltet man sich vor der Hütte selbst. Zum Survival Training gehört außerdem der Umgang mit Papier und Heizöl (als Zünder), *damper* (Luftklappe) und *kindling* (Anmachholz). Abends kommt Besuch von oben. Vorsichtig und elegant schreiten Rehe durchs Camp hinunter zum See. Eines kommt heran und holt sich einen halben Apfel vom Hackklotz.

Im Oktober wirkt der Krater abweisend – dafür ist es ein Vulkan. Hinter dem Wehr liegen tote Fische, andere kämpfen noch gegen die Strömung an. Weiße Bimsteinkiesel, leicht wie Styropor, säu-

men eine Bucht des East Lake. Hunderte Enten hocken dort, zum Abflug bereit – oder wollen sie überwintern? Die struppigen Lodgepole-Kiefern stehen so dicht, daß die bleichen *snags* nicht fallen können. *Pinus contorta* ist adaptiert, weil deren Sämlinge die eiskalte Luft über Bimsstein besser vertragen als Ponderosa. Dem Wild scheint es zu gefallen, ein Schar Rehe überquert gelassen die Fahrbahn.

Newberry National Volcanic Monument

Scharf und schneidend blinkt das schwarze Vulkanglas am **Big Obsidian Flow**. Ein Lehrpfad (0,7 Meile) führt durch die Splitterwüste, in der Obsidian mit Schichten von dunklem und hellem Bimsstein verwirkt sind. Obsidian ist Glas mit über 72 Prozent Silizium, bei dem das Silizium nicht kristallisieren konnte. Die Indianer schlugen daraus Pfeilspitzen, Werkzeuge und – Kapital. Bis nach Mexiko und Kanada führten die Handels-

wege für das geschätzte Gut. Der Astronaut Walter Cunningham testete hier 1964 seinen Mondanzug auf Schnittfestigkeit.

Lohnt es sich, lohnt es sich nicht? Schließlich hat das gastliche Bend auch seine Vorzüge ... Ein normales Auto kommt sowieso erst ab Anfang Juli hinauf ... Mit **Paulina Peak** (2 434 m) erreicht die Caldera von Newberry ihren höchsten Punkt. Selten kommt man mit dem Auto so hoch hinaus – nur Steens Mountain in Südost-Oregon und Harts Pass in den North Cascades sind vergleichbar. Ein Stück des Weges stehen alte Hemlocktannen, die ihre Wipfel wie Zipfelmützen neigen, dort kann man es sich noch einmal überlegen. Zu Fuß geht es übrigens auch, als Teilstück des 21 Meilen langen **Rim Trail** rund um den Krater.

Die Aussicht von oben ist – natürlich – »überragend«. Eine scharfe Vegetationsgrenze läßt sich erkennen, denn Newberry schafft sich dank seiner Masse sein eigenes Klima. Im Westen steht neuer Wald, im Osten, im Regenschatten des Vulkans also, breitet sich die High Desert aus. So weit das Auge blickt: abgeholztes Land, über das sich ein gnädiger Schleier

von Sekundärwald gelegt hat. Das Aderwerk von Bahntrassen und Holzabfuhrwegen verschwindet allmählich im Grün. Aschenkegel sprenkeln die Flanken des Vulkans.

Wie aktiv ist Newberry heute? Immerhin so aktiv, daß in tausend Meter Tiefe Temperaturen von 265 Grad Celsius gemessen wurden. Das rief die Energiewirtschaft zwecks geothermischer Nutzung auf den Plan, aber ebenso die Umweltgruppen. Diese setzten 1990 die Schaffung des **Newberry National Volcanic Monument** durch, um die rauhe Natur des Vulkans für alle zu erhalten. Frühere Versuche, einen Nationalpark zu gründen, waren am Widerstand der Holzwirtschaft gescheitert, die noch einiges zum Abholzen hatte. ✦

Paulina Lake im Newberry Crater, südlich von Bend

Viel Holz

Auf der schiefen Ebene von Central Oregon standen einst die größten Ponderosa-Wälder der Welt – bis die Holzkonzerne sie entdeckten. Als Shevlin-Hixon und Brooks-Scanlon 1916 gleichzeitig zwei riesige Sägemühlen bauten, jubelte Bend. Die Waldvorräte von Shevlin-Hixon sollten 25 Jahre (es wurden 34), die von Brooks-Scanlon 20 Jahre reichen.

1911 kam die Bahn nach Bend, doch war sie nicht die einzige Voraussetzung. Eine weitere war der großflächige private Besitz an Wald. Zuerst holzten nationale Konzerne Neuengland ab, dann schlugen sie die Wälder an den Großen Seen (Michigan, Wisconsin, Minnesota) kahl, dann blickten die Pope, Talbot und Weyerhaeuser vorausschauend zum Pazifik. Am unteren Columbia und um Puget Sound waren sie schon, ab den 1880ern erwarben sie Bestände in Central Oregon.

Die Aneignung besorgten meist Grundstücks- oder Investmentgesellschaften; der »Timber & Stone Act« von 1878 schuf eine der gesetzlichen Voraussetzungen. Danach konnten Siedler eine Quarter-Section (64 Hektar) Wald für 2,50 Dollar pro *acre* zum Häuserbau (!) erwerben, doch gingen diese Flächen schnell an Spekulanten und die *land & timber companies* über, die bis 1896 schon große Areale beisammen hatten. Auf dem Höhepunkt des »Timber Rush« (1902) wurde zugekauft, getauscht und konsolidiert. Die Giganten aus Minnesota, Shevlin-Hixon und Brooks-Scanlon, stiegen ein und erwarben die Dwyer, Mueller, Roberts & Co., so daß Besitztümer von 250 Quadratkilometern zustande kamen. Als man den Rest der *public lands* 1906 unter die Kontrolle des Deschutes National Forest stellte, hatten die Firmen ihre Schäfchen im trockenen. Über Jahrzehnte trieben sie ihre Stichbahnen in den Wald, luden ihre mobilen Holzfällercamps auf die Waggons und zogen zu immer neuen, jungfräulichen Standorten. Der mobile Ort Shevlin mit seinen 700 Einwohnern, Laden, Schule und Gemeindesaal zog so oft um, daß die Postbehörde bisweilen Mühe hatte, ihn zu finden. Als sich ab den 1950ern die flexibleren *logging trucks* durchsetzten, war die Ära des *railroad logging* zu Ende. Die mobilen Hütten von Brooks-Scanlon kamen 1946 in Sisters zur Ruhe, wo man sie noch heute sehen kann.

Am 21. November 1950 hatte Bend sein vorhersehbares Schockerlebnis: Shevlin-Hixon gaben die Stillegung ihres Werkes bekannt, 1 075 Arbeitsplätze gingen verloren. Brooks-Scanlon übernahmen zunächst die Aktiva von Shevlin-Hixon; sie verkauften ihrerseits 1980. Ihre Nachfolger stellten den Betrieb 1994 wegen »schwindender Holzvorräte« ein. Seit 1980 ist die Holzproduktion in Oregon auf etwa ein Zehntel geschrumpft. Die Holzbranche gibt den Umweltschützern die Schuld.

Was tat der U.S. Forest Service derweil? Er vergab Lizenzen – und übernahm die abgeholzten Areale. Heute macht er den Firmen gewisse Auflagen bei der Nutzung von Staatswald. Auf »privatem« Land darf weiterhin kahlgeschlagen werden. Die Branche befindet sich im Aufruhr. Die restlichen Urwälder, derzeit noch durch den »Endangered Species Act« *(spotted owl)* geschützt, kommen politisch wieder unter Druck. Experten sagen, eine Prognose sei nicht möglich.

In der deutschen Version der Oregon State Highway Map steht der humoristische Satz: »Daß die Natur weitgehend ursprünglich erhalten bleibt, dafür sorgen strikte Umweltschutzgesetze, die in den ganzen USA als führend angesehen werden.«

<table>
<tr><td>18. Tag – Route:</td><td>Bend – Smith Rock – Cove Palisades – Warm Springs – Government Camp – Portland – Longview – Long Beach (474 km/296 mi)</td></tr>
</table>

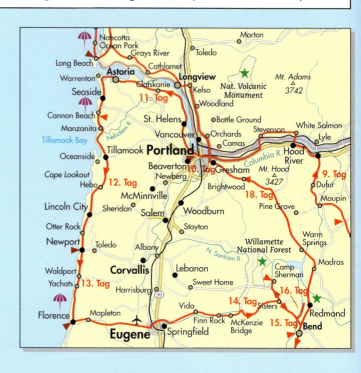

km/m	Zeit	Route
0	8.00 Uhr	Von Bend US-97 North über Redmond nach Terrebonne, dann 3 Meilen über Smith Rock Rd. zum
42/ 26	9.00 Uhr	**Smith Rock State Park**: kurze Wanderung. Zurück zur US-97 und über **Ogden Scenic Wayside** nach Norden zum Abzweig nach Culver, dann TOUR ROUTE folgen bis
74/ 46	11.30 Uhr	**Cove Palisades State Park** um **Lake Billy Chinook**; ggf. Stippvisite am See. Auf Mountainview Dr. am Canyonrand 6 Meilen nach Norden zum **Round Butte Dam Observatory**: Besichtigung und Picknick. (Ggf. Belmont Lane nach Madras und Lunch.) Über Elk Drive und Pelton Dam nach Norden zur US-26 West, dann 5 Meilen bis
109/ 68	15.00 Uhr	**Museum at Warm Springs**. Weiter über Government Camp und Portland (US-26 = Powell Blvd.), I-205 North, I-5 North bis Exit 36 und WA-432 nach

346/216   19.00 Uhr   **Longview:** Rast am Lake Sacagawea. WA-4 West über Cathlamet, Skamokawa, Naselle und US-101 South nach

474/296   21.00 Uhr   **Long Beach**.

Weichenstellung: Wer bei Smith Rock wandern und in Lake Billy Chinook baden will,
muß wissen: Von Madras bis Long Beach sind es noch 243 Meilen – plus Ortsdurchfahrt
Portland!

Alternativen und Extras: Drei »Stippvisiten« am Wege sind möglich: Smith Rock
State Park, Cove Palisades State Park und Museum at Warm Springs. Wer gegen
Abend in Zeitnot gerät, wechselt in Longview zur US-30 nach Oregon und kehrt über
Astoria Bridge und US-101 North nach Washington zurück.
   Eigentlich sind für die Strecke drei Zusatztage erforderlich: **1. Smith Rock und
Cove Palisades** (Übernachtung in Madras); **2. Warm Springs und Kah-Nee-Ta**
(Übernachtung in Kah-Nee-Ta); **3. Timberline Lodge und Mount Hood** (Übernach-
tung in Timberline Lodge).

1. Canyonlands: Smith Rock und Cove Palisades

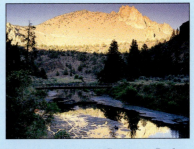

Auf zwei Rundwanderwegen kommt man um
den Umlaufberg von **Smith Rock** herum: 1. mit
geringer Steigung zu den »Wackelsteinen« auf
Tuff (6,6 Meilen), 2. in steilen Serpentinen über
Monkey Face auf Misery Ridge (4,1 Meilen und
240 Höhenmeter!). Wer abkürzen will, legt sich
bei Asterisk Pass auf den Bauch und *schaut* hinüber. Im Juli und August wird es im Canyon brü-
tend heiß. Im populären **La Siesta Cafe** stärkt
man sich à *la mexicaine*.
   Cove Palisades State Park mit **Lake Billy Chinook** bietet im Sommer Baden,
Bootfahren, Wasserski, Wandern, Zelten. Der Canyon hat sein eigenes Klima; im Winter schützt er vor den rauhen Winden der Ebene. Jordan Road (oder Cove Palisades
Park Road) führt in den Westen des weitläufigen Parks. Jenseits Crooked River bietet
die Parkzentrale Camping, Informationen und Zugang zu Badestellen und Wanderwegen. Von hier gelangt man zur rauhen Mesa von The Island mit ihrer unberührten
Vegetation (Crooked River National Grasslands).
   Jenseits Deschutes River streifen Rehe und Hirsche durch offenen Wacholder, ohne
Zäune, ohne Tore. Der Ladenbesitzer in Chinook Village meint, man könne getrost
auch wild zelten, da es Staatsland sei, jedoch nicht im Sommer – es würde zuviel

219

getrunken und geballert. Graham Road (County Rd. 64) führt über Fly Lake hinaus zu zwei einfachen Campingplätzen am Metolius: **South Perry** und **Monty**; *first come, first served*, keine *facilities*, nicht einmal Trinkwasser.

Madras empfängt mit dem diskreten Charme der amerikanischen Provinz: Tankstellen, Autofirmen, Supermärkte, Fast food und Motels am doppelt geführten Highway. (Der Aufenthalt erfordert innere Stärke oder eine nette Reisebegleitung.) Im Truck Stop die üblichen Fragen: *How do you want your eggs? More coffee?* Im **Mexico City Restaurant** wechselt die Kultur – *guacamole* ist immer dabei. Die mexikanische Familie am großen Tisch läßt ahnen, wer hier die Feldarbeit macht. Außer Pfefferminz wachsen in der »Mint Capital of the World« noch Kartoffeln, Knoblauch usw.

 La Siesta Cafe
8340 Hwy. 97
(nahe Abzweig Smith Rock Park)
Terrebonne
Mexikanische Hausmannskost im schlichten Rahmen, bei den *locals* sehr beliebt. $

 Sonny's Motel & Restaurant
1539 S.W. Hwy. 97

 Madras, OR 97741
℗ (541) 475-7217 oder (800) 624-6137
Fax 475-6547
Vernünftiges, *good-value* Motel mit Restaurant, Pool, Hot Tub, Waschdienst am Highway. 44 Zimmer (auch mit Küche). King Suite mit 3 Fernsehern in 3 Räumen für $ 80!
$$

2. Bei den Indianern: Warm Springs und Kah-Nee-Ta

Die Landschaft ist wie im Western: Tafelberge, die sich bis zum Horizont staffeln; trockene Hänge, über die sich Wacholder streut; frische Höhenluft – New Mexico scheint in den Nordwesten verschoben. Im Tal des Warm Springs River wartet das solide **Kah-Nee-Ta Resort**: massives Holz in der Lobby, zentraler Kamin in der Lounge, gepflegtes Speisen im Juniper Room – alles atmet den gelassenen Komfort eines feinen Berghotels. Wer sich keine »Chief Suite« leisten möchte, nutzt Lobby, Restaurant, Thermalbad und Landschaft – und wohnt in Madras im Motel.

Von der **First Mesa** (= Razorback Ridge), die man auf einem Morgenspaziergang erreicht, überschaut man die bizarre Landschaft. *Balsamroot*, wie kleine Sonnenblumen, begleiten den Weg. Oben bilden Felsplatten natürliche Aussichtsplattformen. Knorriger Wacholder rahmt die Szene. Ein Guckkasten *(geo-locator)* erklärt die Topographie – Textschlüssel in der Rezeption. Eine Etage höher liegt High Mesa (= North Rim); für die große Runde braucht man zwei bis vier Stunden, je nach Kondition.

Das Resort pflegt sein indianisches Kulturerbe. Jeden Samstag im Sommer gibt es einen **Salmon Bake**, wobei der Lachs nach Indianerart am Spieß über Erlenholz gegrillt wird. Dazu bekommen die Touristen Bohnen, *Indian fry bread* und *corn on the cob*. Die *huckleberries* für die Marmelade sammeln die Einheimischen an den Flanken von Mount Hood. Zur Unterhaltung werden »traditionelle« Indianertänze geboten. Ein Drittel der Belegschaft des Resort sind Stammesmitglieder.

Kah-Nee-Ta Resort
(11 Meilen nördl. von Warm Springs)
P.O. Box K
Warm Springs, OR 97761
✆ (541) 553-1112 oder (800) 554-4786
Fax 553-1015
April–Mitte Nov. (Lodge), Village ganz-jährig

Komfortzimmer in der Lodge, Cottages und Tepees im Village; 139 Units. Thermalbad, Golf, Tennis, Reiten, Kajakfahren, Wandern und Programme zur Indianerkultur; Spielcasino. Gemütlicher **Juniper Room** und legerer **Pinto Coffee Shop**.
$$$–$$$$

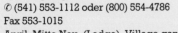

3. Kunst an der Baumgrenze: Timberline Lodge und Mount Hood

Mit 3 424 Metern ist **Mount Hood** einer der höchsten Kaskadenvulkane – und keineswegs im Ruhestand. Hin und wieder dringen Rauchfahnen aus seinen Flanken. Am Südhang steht, nahe der Baumgrenze, **Timberline Lodge**, ein WPA-Projekt der 1930er, 1937 von Präsident Franklin Roosevelt persönlich eingeweiht. Und doch wäre die klassische Lodge in den 40ern und 50ern fast verfallen – sie entsprach nicht der touristischen Mode –, hätten sich ihre Freunde nicht ihrer angenommen.

Die Lodge ist aus Hölzern und Naturstein der Region in Handarbeit gefügt. Hunderte arbeitsloser Handwerker und Künstler fanden bei ihrem Bau eine anspruchsvolle Aufgabe: Steinmetze, Kunstschmiede, Holzschnitzer, Möbeltischler, Teppichknüpfer, Weberinnen, Näherinnen und andere. Ihre Kunst zeigt sich an handbehauenen Balken, geschnitzten Geländern, schmiedeeisernen Leuchtern, handgewebten Vorhängen und Bettdecken – bis hin zu den Malereien, Fresken und Intarsienarbeiten in der Halle. Nicht handgewebt ist der Bernhardiner, der an der Pforte döst.

Unter dem Zeltdach der **Great Hall**, in der sich die Umrisse von Mount Hood widerspiegeln, laufen alle Wege zusammen. Alles ist hier sechseckig – der Grundriß, der hohe Kamin, die tragenden sechs Säulen selbst. Die kleinen Zimmer verraten das Baujahr: In ihrer komfortlosen Funktionalität setzen sie touristische Maßstäbe – längst vergangener Zeiten. Die erstaunliche Lodge ist nicht nur Unterkunft, sondern darüber hinaus Zeitdenkmal und Museum.

Vor der Tür läuft man in einem der berühmtesten Skigebiete Nordamerikas Ski – im Winter, im Sommer und in der Nacht! **Timberline Trail** führt Wanderer in drei bis fünf Tagen in Höhe der Baumgrenze um den Berg herum. Mit dem **Magic Mile Lift** kommt man etwa zu der Stelle hinauf, von wo Joel Palmer im Oktober 1845 das Gelände überschaute; **Magic Mile Interpretive Trail** führt zur Lodge zurück. Ab US-26 kann man nach Spuren der **Old Barlow Road** suchen oder zum **Enid** oder **Mirror Lake** wandern.

Timberline Lodge & Ski Resort
Timberline, OR 97028
(7 Meilen ab US-26)
✆ (503) 272-3311 oder (800) 547-1406
Klassisches Berghotel mit 71 Zimmern

(1937). Fine Dining im **Cascade Dining Room** ($$–$$$), kleinere Speisen in **Ram's Head Bar**. Schwimmbad, Hot Tub, Sauna. $$ (Mehrbettzimmer), sonst $$$–$$$$

18. Tag – Informationen

Vorwahl für Central Oregon: ☎ 541; **Region Portland:** ☎ 503; **West-Washington:** ☎ 360

 Smith Rock State Park
(3 Meilen östl. von Terrebonne/US-97)
Felsmassiv aus Vulkantuff über Crooked River – zum Klettern, Wandern, Picknicken.

 Cove Palisades State Park
(4 Meilen westl. von Culver)
 7300 Jordan Rd.
Culver, OR 97734
☎ (541) 546-3412
Beliebtes Feriengebiet um Lake Billy Chinook mit Baden, Booten/Hausbooten, Camping (April–Okt.); 272 RV-Plätze (mit *full* Hookups) an 2 Standorten. Ab Headquarters Zugang zu Badestellen, Wanderwegen, The Island. Reservierung: Rt. 1, Box 60 CP.

 Round Butte Dam – Observatory & Museum
 (ab Mountainview Dr.)
☎ (503) 464-7619 (Portland General Electric)
Sommer tägl. 10–19 Uhr, Frühjahr/Herbst an Wochenenden
Keine Sternwarte, sondern Guckposten über Stausee und Damm im nördlichen Cove Palisades State Park. Adlerbeobachtung Ende Feb. – März.

 Mexico City Restaurant
215 S.W. 4th St.
Madras, OR 97741
☎ (541) 475-6078
So–Do 11–21.30, Fr–Sa 11–23 Uhr
Gute mexikanische Küche: Tacos, Enchiladas, Tortillas, Churritos, Burritos; einfacher Rahmen. Daß Hispanics hier einkehren, spricht für das Lokal. $–$$

The Museum at Warm Springs
2189 Hwy. 26
Warm Springs
☎ (541) 553-3331
Tägl. 10–17 Uhr

Atmosphärisches Museum (1993) zu Handwerk, Kunst und traditioneller Lebensweise der Warm Springs, Wasco und Paiute. Artefakte und aktuelle Fotos. $ 6

Long Beach, WA 98631   Vorwahl: ☎ 360

 Long Beach Peninsula Visitors Bureau
P.O. Box 562
☎ 642-2400 oder (800) 451-2542
Ecke US-101/Pacific Hwy. (= WA-103).

 Our Place at the Beach
1309 S. Boulevard St.
☎ 642-3793 oder (800) 538-5107
Eine Menge Motel fürs Geld! – Mit schöner Lage zum Dünengürtel, Privatweg zum Strand. Fitneß, Sauna, Dampfbad, Hot Tubs. $$

 Arcadia Court
401 N. 4th./Boulevard Sts.
☎ 642-2613
Malerische Motelzeile mit 8 gepflegten Zimmern (5 mit Küche) und geschütztem Zugang (= »Arkaden«). Helen McDaniel spricht deutsch (d.h. pfälzisch). $$

 Nendel's Edgewater Inn
409 W. 10th St.
☎ 642-2311 oder (800) 547-0106 (Hotel);
☎ 642-3252 (Restaurant)
Wohnen mit Meerblick am Boardwalk; 84 Zimmer; Lounge. Oben **Lightship Restaurant & Columbia Bar** mit Aussicht. Rabatte in der Off-Season! $$–$$$

 Sand-Lo Motel & Trailer Park
1910 N. Pacific Hwy. (am nördlichen Ortsende)
☎ 642-2600 oder (800) 676-2601
Sauber, geräumig, preiswert. 10 Zimmer, 15 Hookups. $$

 Shelburne Country Inn (B&B)
4415 Pacific Way/45th St.
Seaview, WA 98644
☎ 642-2442, Fax 642-8904 (Hotel)

✆ 642-4142 (Restaurant)
Feines, viktorianisches Hotel von 1896 mit 15 Zimmern voller Antiquitäten und superfeinem Frühstück. Lunch und Dinner tägl. im renommierten **Shoalwater Restaurant** ($$$), danach ins **Heron & Beaver Pub.** $$$–$$$$

P.O. Box 224
Chinook, WA 98614
✆ 777-8755
US-101, zwischen Astoria Bridge und Chinook.
23 Betten.
$

Ocean Park Resort
259th Ave./R St. (2 Blocks östl. Pacific Hwy.)
Ocean Park, WA 98640
✆ 665-4585 oder (800) 835-4634
12 Motelzimmer ($–$$), 8 Cabins, 140 RV-Plätze; Spiel- und Sportgelegenheiten.

Fort Columbia Hostel
Fort Columbia State Park

Fort Canby State Park
(2,5 Meilen westl. von Ilwaco)
P.O. Box 488
Ilwaco, WA 98624
✆ 642-3078
Schönster Park der Halbinsel, Nähe **Lewis and Clark Interpretive Center.** Picknick und 250 Plätze, davon 60 *full* Hookups.

Lake Billy Chinook, Stausee im Canyon des Crooked, Deschutes und Metolius River

Nordwärts durch die Mitte
Von Central Oregon nach Long Beach

Es wird eine Reise mit Siebenmeilenstiefeln – die längste Etappe der Tour und die kontrastreichste: High Desert, Basaltplateaus und Canyons, Kaskadengebirge, unterer Columbia und pazifische Küste. Die Reise geht an vielen Sehenswürdigkeiten – vorbei. Am Ende heißt es, wie bei William Clark: *Ocian in view! O! The joy.*

Die Wacholderbäume im Juniper Grassland nördlich von Bend sind knorrig und knotig wie alte Olivenbäume. Ihre blauen Beeren dienten den Indianern als Überlebensnahrung. Hölzerne Tore markieren die Einfahrten zu den Ranches – NO TRESPASSING! Je weiter die Straße nach Norden dringt, desto karger wird die Steppe. Im Osten lagern die Plateaus der Hochsteppe mehrschichtig übereinander; am Rimrock brechen sie abrupt ab. Im Westen leuchtet die weiße Kette der Kaskaden. Seltsame Hüte, Wülste, Schnuten und Zacken an Broken Top; Three Sisters und Three Fingered Jack verraten Gletscherbiß.

Hochlandwetter herrscht zu jeder Jahreszeit: Frühlingsluft und hohe Wolken, aus denen leichter Regen fällt ... Sengende Sommerhitze, die Windhosen steigen läßt ... Klare Sicht mit Sturm, der Staub über die Steppe jagt ... Ruhiges Hochdruckwetter und eine dünne Schneedecke auf den Weideflächen ... So lustig wie an den Skiliften am Mount Bachelor geht es hier im Winter sicher nicht zu.

In Terrebonne zweigt die Straße zum **Smith Rock State Park** ab. Man könnte nach Sicht fahren – so deutlich weist der rote Tuff-Felsen auf sich selber hin. Folgt man den Schildern, so gelangt man an eine Koppel mit richtigen Büffeln – pardon: amerikanischen Bisons. Den Hinweis auf BUFFALO MEAT FOR SALE nehmen sie mit Gleichmut. Am Park selbst zahlt man seine drei Dollar an den Automaten und wandert durch würzigen Sagebrush hinunter zum Fluß.

Links hinter der Brücke geht es zu den berühmten Kletterwänden. Herausfallende Steinchen haben Löcher geschaffen, in die sich die Kletterer krallen. Sie kommen aus aller Welt und stehen an gefragten Wochenenden Schlange. Die Seilschaften sind Gruppen junger Leute oder auch Paare, von denen einer sichert, während der andere in der Wand hängt. Und einer witzelt: Er mag die Überhänge, weil man weich fällt, wenn man fällt, und nicht am Felsen schrappt. *Of course, the idea is not to fall!*

Auf US-97 North rollt man nichtsahnend dahin – bis sich hinter dem Geländer einer Brücke ein gähnender Abgrund auftut. Von der **Ogden Scenic Wayside** kann man den Canyon des Crooked River in Ruhe betrachten, es führt sogar ein Weg hinunter. Die Eisenbahnbrücke im Westen hat Geschichte gemacht, als sie 1911 den Wettlauf der Eisenbahnen nach Bend zugunsten der Oregon Trunk Line entschied. Damals

Smith Rock State Park: Hier treffen sich Kletterer aus aller Welt

Eine Landschaft wie New Mexico: Kah-Nee-Ta am Warm Springs River

war sie mit 98 Metern eine der höchsten der Welt.

Die Siebenmeilenstiefel wollen im Dreisprung nach Norden: Madras, Portland und der Pazifik, aber ein Sidetrip über Culver zum **Cove Palisades State Park** muß erlaubt sein. Die TOUR ROUTE führt direkt in die Canyonlands von Arizona – pardon: Oregon. Das Pla-

teau scheint bis an den Rand der Kaskaden zu reichen, doch plötzlich bricht es ein. Staunend gewahrt man einen tiefen Canyon mit mehrfachen Armen, in dem ein großer Stausee blinkt. Im **Lake Billy Chinook** vereinen sich der Crooked, Deschutes und Metolius River. Eine bequeme Straße führt hinunter ... Doch Zeit für Extratouren läßt die

Mount Jefferson

stellt seinen Picknickkorb an den Abgrund.

Dies ist nichts für tollkühne Kinder! Von der Felskante schweift der Blick frei in die Tiefe, wo Fallwinde die Oberfläche des Stausees kräuseln. Bei Tillamook Cheese und Red Delicious ist das der rechte Abschluß für Central Oregon! Nördlich des Dammes windet sich das Betonband der »längsten Fischtreppe der Welt«, aber die Fische wollten sie nicht benutzen. Dämme, Turbinen und Fische vertragen sich schlecht. Jetzt züchtet man Jungfische in den Segmenten der Treppe und schafft sie per Tankwagen zum See.

Picknick beiseite! Ordentliche, verantwortliche Leute fahren über Belmont Lane nach **Madras** und nehmen im **Mexico City Restaurant** (oder besser) den Lunch ein. Am Parkplatz vor dem Supermarkt würden sie des seltsamen Geschehens gedenken, das sich hier Anfang 1983 täglich abspielte, wenn der Bhagwan mit einer kleinen Autokarawane aus dem 70 Meilen entfernten Rajneeshpuram kam, um einen Eiskremsoda zu schlürfen. Währenddessen riefen seine Jünger »Huh! Huh! Huh!«, tanzten und herzten sich – sehr zum Befremden der Ortsbevölkerung ... Sodann würden

Etappe nicht, daher geht es am Canyonrand auf Mountainview Drive nach Norden zum **Round Butte Dam Observatory**. Sollten die bizarren Öffnungszeiten der Betreiber den Besuch verbieten, so schlüpft man einfach durch ein Loch im Zaun (wenn's keiner sieht), sucht einen Sandweg zwischen Wacholder und bunten Steppensträuchern hindurch und

227

Thermalbad für Touristen im Kah-Nee-Ta Resort

sie mit US-26 nach Nordwesten abschwenken und – in einem steten Sinkflug – durch die Wolkendecke des Plateaus zum Tal des Deschutes hinunterstoßen.

Wer jedoch eine Berg-, Tal- und Kurvenfahrt nicht scheut, fährt von Round Butte Dam in Richtung Norden zum Anschluß an US-26 West, bevor diese den Fluß kreuzt. Das Kulturzentrum der Warm Springs, Wasco und Pajute macht mit einem Kreissymbol auf hohen Stäben auf sich aufmerksam. Das **Museum at Warm Springs** führt das traditionelle Leben der Indianer stimmungsvoll vor Augen, zeigt die Beeren und Wurzeln, die sie sammelten, und die Hütten, in denen sie wohnten – das *wickiup* der Paiute, das *teepee* der Warm Springs und das *plank house* der Wasco.

Das nette Arrangement, die hübsche Wasco-Hochzeit in Diorama und Wildleder, lassen einen die harten Fakten der

Geschichte besser vertragen. Immerhin traten die Stämme von »Middle Oregon« im Vertrag von 1855 fast 40 000 Quadratkilometer ihres Lebensraumes ab – für ein Reservat von 2 584 Quadratkilometern plus 150 000 Dollar in Raten. Auf den Farbfotos scheinen die Stammesmitglieder höchst lebendig, sonst sieht man sie kaum. Die 3 500 Angehörigen der Confederated Tribes arbeiten im stammeseigenen Sägewerk, ihrer Textilfabrik sowie im Kah-Nee-Ta Resort. Im Safeway in Madras sieht man sie einkaufen.

Nur elf Meilen zum **Kah-Nee-Ta Resort** durch eine sensationelle Landschaft ... Entspannende Thermalbäder, die sogar Leute aus Bend aufsuchen, um sich im Winter auftauen zu lassen ... Im »romantischen« Juniper Room Spezialitäten wie *Cornish game hen called Bird-in-Clay* ... Wenn nur die Zeit ausreichte! Wer abends am Pazifik sein will, muß bei Warm

Springs aufs Gas treten – hinauf zur Hochfläche um Mount Hood. Das Klima wechselt und damit die Vegetation. Die Steppe geht in lichtem Kiefernwald über – zum Teil so licht, daß nur noch die Baumstümpfe zu sehen sind. In Warm Springs sinnen die Verantwortlichen des Reservates inzwischen darüber nach, ob es richtig war, den Wald zu verkaufen. Fichten und Tannen treten zu Kiefern, übernehmen allmählich die Oberhand und wandeln sich westlich der Wasserscheide zu sattgrünem Regenwald.

Seit langem drängt sich der weiße Kegel von **Mount Hood** in den Blick, jetzt zieht er am rechten Wagenfenster vorbei. Er ist nur um den Preis eines Zusatztages zu haben. Ansonsten setzt man mit I-205 North über den Columbia, wechselt den Staat und holt sich im Welcome Center drüben letzte Informationen über Washington.

Longview ist keine Schönheit, aber im Park von **Lake Sacagawea** könnte man sich die Beine vertreten, wenn der würzige Duft real arbeitender Papierfabriken nicht stört (15th Avenue kurz rechts, dann halblinks in Kessler Boulevard). WA-4 folgt nun der Wasserlandschaft des unteren Columbia, an dessen schlammige Flußwatten sie sich auf lange Strecken lehnt. Für die alte Flußstadt **Cathlamet** (seit 1846) mit ihren Backsteinbauten und dem **Wahkiakum County Historical Museum** bleibt ebensowenig Zeit wie für den Besuch des Julia Butler Hansen Wildlife Refuge, wo seltene Weißwedelhirsche wandeln.

In der klassischen River Town **Skamokawa** stehen zerfallende Häuser auf Stelzen im Schlick, moderne Schiffswracks im Wasser des Slough. Das **River Life Interpretive Center** in der alten Redmen Hall könnte viel über das Leben am Fluß zwischen 1850 und 1930 erzählen. Im

Skamokawa Vista Park am westlichen Ortsausgang ist schließlich Halt für einen letzten Blick auf den Columbia. Frachter schieben sich durch die Fahrrinne stromauf, Treibholz gleitet träge stromab. Die Chinook meinten mit »Skamokawa«: »Rauch über dem Wasser« – aber nicht den der Papierfabriken, sondern die Frühnebel über dem Columbia.

Der Highway verläßt den Strom und schlägt einen Bogen durchs Hinterland. Nach von Regen taufrischem Wald (der zweiten oder dritten Generation) kommt bei Grays River ein offenes Tal, in dem Rinder weiden. Begibt man sich ein Stück hinein, so gelangt man an sumpfige Gewässer, von Schlammgirlanden gesäumt, in denen sich das Wasser im Rhythmus der Gezeiten vor und zurück bewegt. Plötzlich erhebt sich ein Geschrei in der Luft, als Schwärme von Wildgänsen aufsteigen und in Geschwadern am Himmel ihre Bahn ziehen.

Auf die Idylle folgen Kahlschläge und verkohlte Hänge. Die Trucker haben ihre Fahrzeuge in die Einfahrten ihrer Häuser gestellt, Hinterachse Huckepack, und verkünden: WE SUPPORT THE TIMBER INDUSTRY. Jawohl! Am anderen Ufer des Columbia zeichnen ausgefranste Hügelkanten merkwürdige Konturen in den Himmel. Dort stehen zerzauste Restbäume im Wind. Die werden schon für Nachwuchs sorgen!

Die Wattenküste kündigt sich mit dem buchtigen Naselle River an, der unmerklich in Willapa Bay übergeht. Dann rollt man über Seaview ins Sommerferienparadies der **Long Beach Peninsula** ein. Das Gute an einem solchen Publikumsliebling ist, daß man reichlich Unterkunft findet – wie im **Arcadia Court**, der sich wie eine Kate in Jütland an den Dünenrand duckt, oder in **Our Place on the Beach**, wo man nachts den ewig rollenden Zug der Brandung hört. ✺

19. Tag – Route: Long Beach – (Halbinseltour) – Aberdeen/ Hoquiam – Lake Quinault (245 km/153 mi)

km/mi	Zeit	Route
	Morgen	Spaziergang am Strand, in Dünen, auf Boardwalk.
0	Vormittag	Halbtagesausflug über Pacific Hwy. (WA-103) nach Norden, nach **Oysterville** und **Nahcotta** nach Osten und über Sandridge Rd. zurück nach Long Beach (Ort).
48/ 30	Mittag	Lunch in Long Beach oder Seaview. US-101 South nach Ilwaco, an der Ampel rechts und über North Head Rd. zum
58/ 36	14.00 Uhr	**Fort Canby State Park** (Cape Disappointment) und **Lewis & Clark Interpretive Center**; ggf. Aussicht von Leuchtturm **Cape D** oder **North Head**. – Dann US-101 North über South Bend, Raymond, Aberdeen, Hoquiam, Humptulips und S. Shore Rd. (2 Meilen) zur
245/153	Abend	**Lake Quinault Lodge** am Lake Quinault (Olympic National Park).

Weichenstellung: Im Nationalpark sind die Läden rar, daher rechtzeitig bei **Swanson's** in Hoquiam (US-101 South – Gegenrichtung) Lebensmittel einkaufen! Das ist eine traditionelle *local chain* mit eigener Bäckerei (die sogar »Pumpernickel« bäckt – ohne Konservierungsstoffe).

Alternativen und Extras: Naturfreunde finden im **Willapa National Wildlife Refuge** Watten, Marschen und festes Land mit Rehwild, Bibern, Bären, Kojoten und Tausenden von Zugvögeln. Auf Long Island steht ein Hain urwüchsiger, tausendjähriger *western redcedars*, einer der letzten des Nordwestens. Beste Besuchszeit: Okt.– Mai.

Whale Watching in **Westport** (ab Raymond 33 Meilen auf WA-105): Charterfahrten des Seattle Aquarium von 2$1/2$ bis 3 Std. für $ 20–25. Die Boote fahren so dicht wie möglich an die Wale heran und schalten den Motor ab.

Die Lodge als Lifestyle

Wenn man im Nordwesten wählen kann zwischen Hotel, Motel, Bed & Breakfast, Resort und einer »klassischen« Lodge, dann ist die Lodge leicht die erste Wahl. Ob sie Sun Mountain, Wallowa Lake, Tu Tu Tin, Crater Lake, Kahneeta, Timberline, Quinault oder Kalaloch heißt, eine Lodge hat meist Patina, eine großzügige Bauweise und eine schöne Lage – alles, worauf Touristen früher Wert legten. Eine Lodge ist kommunikativ. Sie besitzt eine Great Hall, Lobby oder Lounge, in der ein Kaminfeuer knistert und die Gäste ihre Drinks einnehmen, plaudern, lesen oder in die Runde schauen.

Quinault oder Kalaloch? **Lake Quinault Lodge** blickt auf seinen See, **Kalaloch Lodge** aufs Meer. Quinault wurde 1926 von Künstlern und Handwerkern als Lodge gebaut, Kalaloch begann 1953 als Anglerherberge. Kalaloch bietet komfortable Blockhütten – so nah am Ozean, daß man ihn rauschen hört. Den Holzofen (das Holz liegt gespalten vor der Tür) muß man jedoch richtig bedienen, sonst raucht er, und es gibt Feueralarm. Vom Restaurant blickt man auf Sonnenaufgang, Sonnenuntergang, Sturmwellen und Wale. Über *beach logs* klettert man zum Strand. Wer weder in Quinault noch Kalaloch Quartier findet, muß in Forks ins Motel!

Lake Quinault Lodge
345 S. Shore Rd. (2 Meilen ab US-101)
Lake Quinault, WA 98575
✆ (360) 288-2900 oder (800) 562-6672
Klassische Lodge von 1926, ganzjährig geöffnet. 92 Zimmer unterschiedlichen Typs in verschiedenen Gebäuden; Rabatte im Winter sowie *mid-week specials*. **Roosevelt Dining Room** für alle Mahlzeiten; Lounge. Swimmingpool, Sauna, Game Room; Kanu- und Fahrradverleih. Guter Zugang zum Regenwald. $$–$$$$

Kalaloch Lodge
157151 Hwy. 101
(35 Meilen südl. von Forks) Forks, WA 98331
✆ (360) 962-2271
By the Sea. In Olympic National Park (so steht's im Pro-spekt); ganzjährig. 40 Cabins (ohne TV und Telefon) und 8 Lodge-Zimmer im Coastal Strip des Nationalparks. Im Winter und *mid-week* ermäßigte Preise. Kleines, feines **Galley Restaurant** mit Meerblick für alle Mahlzeiten; Lounge. $$–$$$

Lake Quinault Lodge

Long Beach, WA 98631

Sea Mist Restaurant
4th N. St./Pacific Hwy.
✆ 642-3522
Frühstück, Lunch, Dinner. Hervorragendes Seafood im biederen Rahmen (mit Blick auf die Küche). Im *seafood platter* ist alles drin, was um Long Beach herumschwimmt. Sehr preiswert! $–$$

My Mom's Pie Kitchen
12th St. S./Pacific Hwy.
Di–So 11–16 Uhr
Erstklassige Clam Chowder und beste, selbstgemachte Torten – wie von Muttern. $

Cafe Pastimes
5th St. S./Pacific Hwy.
✆ 642-8303
Älteste Espresso-Bar der Halbinsel mit künstlerischem Touch. Tägl. Spezialitäten

zum Lunch. Einmal im Monat Open House mit lokalen Künstlern. Andenken, Antiquitäten. $$

Nahcotta Natural Store – Cafe & Post Office
270th St./Sandridge Rd.
Nahcotta
✆ 665-4449
Gesundheitskost am Watt; außerdem B & B. Ausflüge auf Willapa Bay für Naturfreunde sowie Kajak- und Fahrradverleih. $

Lewis & Clark Interpretive Center
Ilwaco
✆ 642-3029 oder 642-3078
Tägl. 10–17 Uhr
Vom Parkplatz in Fort Canby State Park 200 Meter bergauf zu Resten des Forts und zum Center. Sehr gute Darstellung der Expedition von Lewis und Clark (mit Ton-Bild-Schau) und der Seefahrt am Columbia. Eintritt frei.

Willapa National Wildlife Refuge
Ilwaco
✆ 484-3482
Schutzgebiet um Leadbetter Point, südl. Willapa Bay und Long Island. Zentrale 8 1/2 Meilen nördl. Kreuzung US-101/101 ALT (vis-à-vis Long Island). Ökotouren 4 Std. Eintritt frei.

Rain Forest Resort Village
516 S. Shore Rd. (3 1/2 Meilen östl. US-101)
Lake Quinault, WA 98575
✆ 288-2535 oder (800) 255-6936
In der Südostecke des Sees Cabins, Motelzimmer und RV-Plätze; ganzjährig. General Store, Restaurant & Lounge. $$–$$$

Kalaloch Campground
(US-101, bei Kalaloch Lodge)
Größter Campingplatz des Nationalparks: 177 Plätze. Schöne Bäume, frischer Wind. *First come, first served*. RV's OK, aber keine Hookups.

Strand, Watten, Regenwald
Von Long Beach zur Olympic Peninsula

Long Beach ist nicht so schlimm, wie man es von einem solchen Urlaubsort erwartet. Zugegeben, dem »Langen Strand« fehlt ein rechtes Zentrum, Autoschlangen schaffen noch kein urbanes Flair, und die paar *murals* im Stadtbild bleiben Kulisse. Doch auf den ersten Eindruck folgt ein zweiter, auf den Pacific Highway eine zweite und dritte Reihe – wo alte Bäume stehen, Ferienhäuser und hübsche Unterkünfte. Als vierte Reihe kommt der **Boardwalk** hinzu. Der ist aus echtem Holz, 3,65 Meter breit, 700 Meter lang und abends beleuchtet (Zugang ab Ende Bolstad Street).

Die drei Säulen der Wirtschaft der Halbinsel sind Tourismus, Austern und Preiselbeeren. Und die Säulen des Tourismus? Der »längste Strand der Welt«, ein breiter Dünengürtel, ein Wattenmeer, das Willapa Wildlife Refuge, das alte Dorf Oysterville, der alte Fischerort Ilwaco, Cape Disappointment mit zwei alten Leuchttürmen und einem Museum zu Lewis und Clark – dazu reichlich Unterkunft und Gastronomie. Und noch eines:

Dinosaurier an der Küste

Long Beach ist *good value*, mit einem
Preisvorteil gegenüber der Oregon Coast.
Und – höre, Cannon Beach – Galerien
gibt es auch ...

Es regnet bis in den Juni hinein, dann
kommen drei trockene Monate und mit
ihnen die Sommerfrischler mit Kind und
Kegel. Sie bauen Sandburgen, lassen
Drachen steigen und fahren mit Autos
über den Strand. An gefragten Wochenenden (4th of July, Labor Day) oder zum
Kite Festival ist hier alles ausgebucht.
Dann erhöhen die Motels die Preise, um
hereinzuholen, was ihnen im Winter ent-
gangen ist. Mit den Preisen steigen die
Feste – Ragtime & Dixieland (Ende
April), Jazz & Oysters (Mitte August),
das Kite Festival (Ende August), ein Rod
Run für alte Autos (Anfang September),
ein Knoblauchfest im Juni und ein Prei-
selbeerfest im September.

Im Winter ist hier alles ruhig – und das
gefällt den paar hundert ständigen Einwohnern, die die zwei Meter Regen im
Jahr nicht scheuen und die Abgeschie-
denheit, die Weite des Ozeans (bis Japan
keine Siedlung!) und den lässigen Lebensstil schätzen. Zusammen mit anderen
Weitgereisten und Ausgeklinkten bilden
sie eine kleine Boheme, die sich im **Cafe
Pastimes** zum Open House trifft. In den
drei Buchläden der Halbinsel versorgen
sie sich mit Lesestoff, in Jack's Country
Store, »der alles hat«, mit allem übrigen.
Achtundzwanzig Meilen fester Sandstrand
sind eine ganze Menge – da bläst der
Wind so manchen Kopf klar. Wenn es
richtig weht, wickeln sich zarte Sandfah-
nen um die Knöchel. In den Übergangs-
jahreszeiten treiben Regenschauer vom
Pazifik herein, dann reißen blaue Löcher
in die Wolken, durch die die Sonne
strahlt. Mit Wetterjacke und Kapuze ist
man immer richtig angezogen. Der Vorteil gegenüber dem »Kontinent«: Der April
kommt schon im Februar.

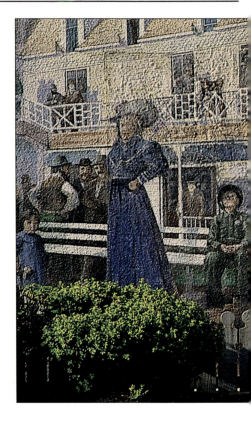

Der Tourismus hat in Long Beach Tradition – Sou'Wester Lodge (1892) und
Shelburne Inn (1896) sind Zeugen.
Damals kamen die Leute mit dem Rad-
dampfer den Columbia herunter, setzten
von Astoria mit der Fähre über und
ließen sich von der »Clamshell Railroad«
an ihre Urlaubsziele bringen. Diese
»Bähnle« der Ilwaco Railroad & Naviga-
tion Company war 1889 bis Nahcotta
fertig; es holte Austern und Holz von der
Halbinsel. Sechzehn Wandbilder zwischen
Chinook und Ocean Park zeigen die
historischen Motive.

Auch heute haben es die Touristen auf
Long Beach gut. Da gibt es noch Restau-

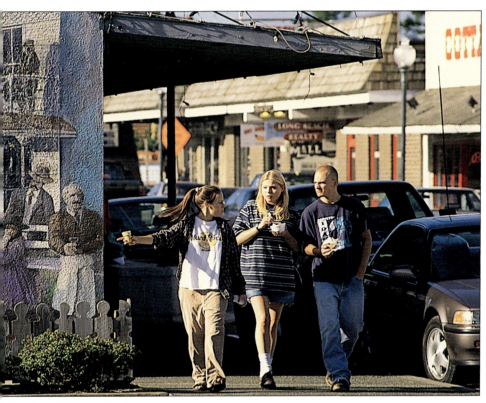

Public Art in Long Beach

rants wie **Sea Mist**, die unauffällig den Highway säumen, jedoch mit herrlichem, frischem Seafood aufwarten. Aber: Der Lange Strand wird entdeckt, die Kalifornier kommen. »Kalifornier« sind all diejenigen, die den unschuldigen, naturreinen Nordwesten überrollen, bevölkern, verstädtern, verderben oder kaufen wollen. Schon haben die Makler im Dünengürtel von Surfside ihre Claims abgesteckt, schon warten in Dune Crest neue Zweithäuser auf Kunden.

Die Einheimischen stehen dem Boom mit gemischten Gefühlen gegenüber. Teils rufen sie den Neuen zu: »Go *down* where you came from!«, teils spotten sie,

daß es »für Florida wohl nicht gereicht« habe. Teils machen sie Geschäfte.

Die Spitze der Halbinsel zeigt wie eine Magnetnadel nach Norden, und dorthin geht die Fahrt. Nahtlos verschmelzen Seaview und Long Beach, Ocean Park und Surfside am Pacific Highway (WA-103 North). Stichstraßen geben Autofahrern BEACH ACCESS; wenn wieder einer im Treibsand steckenbleibt, geschieht's ihm recht. Oysterville Road führt zur Ostseite hinüber, doch **Leadbetter Point State Park** lohnt kaum den Weg – zu lange stapft man durch monotonen Fichten- und Kiefernwald.

In **Oysterville** weisen Halden von Austernschalen den Weg zum ältesten

Bootspartie im Wattenmeer der Willapa Bay

Gewerbe der Halbinsel. Seit Häuptling Nahcati den ersten Siedlern 1854 die Austernbänke von Willapa Bay zeigte, gingen die Schalentiere auf Seglern nach San Francisco, wo man in Gold dafür bezahlte. Heute hat man hier eine japanische Art, sagt der junge Mann am Verkaufsstand, aber die *ghost shrimp* macht ihnen – den Austern wie den Züchtern – zu schaffen. Im seichten Wasser der Bucht stehen Graureiher und spähen nach Fischen. Warum läuft hier niemand im Watt? *It's too muddy*, sagt der Austernmann. Aber das ist es ja gerade, Junge!

Von der Boomtown Oysterville ist ein richtiger Dorfkern erhalten – eine Seltenheit im westlichen Amerika. Das Kirchlein von 1892 lädt zu »romantischen« Trauungen, das Ensemble alter Häuser ist seit 1976 als National Historic District geschützt.

Bei **Nahcotta** türmen sich weitere Schalenhalden, und die sind nicht alle Küchenabfälle des renommierten Feinschmeckerrestaurants **The Ark**. Am **Willapa Bay Interpretive Center** kommt man ans Wattenmeer heran, was sonst kaum möglich ist. Blickt man wenig später durch die beschlagenen Scheiben des Wagens, dann glaubt man an eine Erscheinung: Im Sprühregen des feuchten Februartages steht ein Naturkostladen, komplett mit Café und Post. Im ehemaligen Bahnhof der Schmalspurbahn serviert ein schüchterner junger Mann hausgemachte Bohnensuppe.

An der Sandridge Road reihen sich die FOR-SALE-Schilder der *realties* und *realtors*. Da die Wattenküste fest in privater Hand ist, folgt man gern der plakativen Einladung des Händlers zur Besichtigung von THREE LARGE LOTS WITH BAY VIEW – und staunt, was es alles Schönes zu kaufen gibt. Wagt man sich in eine der Privatstraßen hinein, so findet man am Ende eine gut getarnte Villa in bester Lage. Unauffällig legt man den Rückwärtsgang ein und macht sich aus dem Staube. Zum Lunch gibt es in **My Mom's Pie Kitchen** in Long Beach erstklassige Clam Chowder (aber nicht nur dort).

Im **Lewis & Clark Interpretive Center** am Cape Disappointment kann man den zwei Reisebekannten Lebewohl sagen. Mit suggestiven Bildvergrößerungen, ausgewählten Realien (wie Einbaumkanu) und einem Lehrfilm stellt das Museum geographische, historische und menschliche Aspekte der Expedition dar. Zum Glück verzichtet der Film auf Schauspieler; dafür holt er weit aus, nämlich bis nach Illinois, wo die Reise vorbereitet wurde.

Die Schiffahrt am Columbia war schon immer schwierig, wie auch der britische Seefahrer John Meares erfahren mußte, der 1788 die Mündung verpaßte und sich mit dem Namen »Cape Disappointment« rächte. Die berüchtigte *Columbia River bar*, eine der gefährlichsten Mündungsbarrieren der Welt, machte den Bereich zum »Graveyard of the Pacific«. Heute fangen Molen die wandernden Sande ab, markieren Bojen die Fahrrinne, halten Bagger sie frei. Auch Long Beach hat seinen Nutzen von den Molen: Der Lange Strand wächst und wächst.

Am Kap entstanden zwei der ältesten Leuchttürme des Nordwestens, **Cape D** (1856) und **North Head** (1898) – aus naheliegenden Gründen. Ein ziemlich feuchter Fußweg (3/4 Meile) führt zu »D« hinüber und hinauf. Unten schlagen die Wellen wie wild gegen die Klippen: Storm Watching, noch bei Windstille.

Wo eine Lichtung ist, läßt er sich fotografieren: der Regenwald

Direttissima nach SEA-TAC

Wer seinen Urlaub in Long Beach voll ausgeschöpft hat und schnell zum Flughafen muß, findet an der US-101 North hinter Raymond einen Schleichweg. Ein Schild weist rechts nach BROOKLYN (sic) – es ist der kürzeste Weg nach Seattle! Zunächst ist die Straße noch ordentlich geteert, dann geht sie in lose Schotter über, so daß der Wagen schwebt und schwimmt. Kommen Holztransporter entgegen, sucht man lieber die Bankette auf. Sonst ist die Strecke einsam. Brooklyn kommt und geht. An einer Baustelle die bange Frage: Straßensperrung? Dann die armseligen Hütten der Chehalis-Indianer bei Oakville, US-12 East, I-5 North, Tacoma und schließlich – SEA-TAC. Jetzt noch die richtige Spur zu den Car Rental Returns finden, und ab nach Europa!

Eine Weile noch streift US-101 North die Schlammbänke von Willapa Bay, dann überquert sie den trichterbreiten Naselle River, durchquert South Bend und Raymond am Willapa River, um nördlich davon in junge Forsten einzutauchen. In diesem Gebiet besitzt Weyerhaeuser große Areale, und hier begannen die Holzfirmen 1941, den Wald als »nachwachsende Ressource« zu betrachten und »Baumfarmen« anzulegen. Nach 15 Jahren dünnt man Douglastannen und Hemlock aus, und bei »Baumreife« schlägt man in der Regel kahl. Die Kahlschläger führen an, die neuen Setzlinge bekämen so mehr Licht. Der Staat verlangt nur, daß nach zwei Jahren wieder aufgeforstet wird.

In **Aberdeen** liegt Holz und nochmals Holz – Stämme zum Verschiffen, fertige Platten, Bauholz, Chips oder Sägespäne. Im Chehalis River modern die Pfosten alter Stege, und auch sonst bieten Aberdeen und **Hoquiam** ein Bild des Niedergangs. »Hoquiam« *(ho-qui-umpts)* heißt bei den Indianern: »hungrig nach Holz«, und so war es denn auch: Seit 1892, als die erste Sägemühle an Grays Harbor entstand, gehen Holz und Holzprodukte von hier in alle Welt. Die lange Ortsdurchfahrt wird zur ödesten der Reise.

Nördlich der Doppelstadt zeigt sich das Drama des nordwestlichen Waldes in voller Schärfe. Der Altwald ist bis auf mächtige Baumstümpfe, die nicht verwittern wollen, verschwunden. Die Holzgesellschaften haben Tafeln aufgestellt: CLEARCUT 1920 – CLEARCUT 1976 – PLANTED 1977 ... READY FOR NEXT HARVEST: 2046. Bisweilen schieben sie die Parole nach: TREES GROW JOBS. Wenn man später einmal den Nationalpark verläßt, wird es heißen: WELCOME TO A WORKING FOREST – im Gegensatz zu dem nichtsnutzigen im National Park. Das mag vernünftig erscheinen, ist es aber nicht. Die *old-growth forests* kommen nie wieder, dazu müßte alles noch einmal in der Nacheiszeit beginnen.

Bei **Humptulips** (ja, so heißt der Ort) steht eine zünftige Highway Tavern am Wege, die **Oxbow Tavern**. Vom Barhocker aus überschaut man die Cheeseburger, die auf der Platte brutzeln, den Herrn an der Theke (ein arbeitsloser Logger?), der pausenlos Lose öffnet, die Country Boys, die in einer Ecke sitzen und miteinander erzählen, die beiden Fernsehgeräte, die gleichzeitig laufen, die Jukebox, den Spielautomaten, den Billardtisch und die Bierreklamen in den Fenstern.

Ein Schild an der Tür verrät, woher der Wind weht: SUPPORTED BY TIMBER DOLLARS. Wenn man hier in ein

Klassisches Ferienhotel in bester Lage: Lake Quinault Lodge

Gespräch gerät, eifern die Männer gegen die Regierung, die Naturschützer und die *spotted owl*, die ihnen das Abholzen verbieten wollen. Dabei ist nicht mehr viel zu holen. Wer sähe Humptulips noch an, daß hier einmal die dichtesten Douglasienhaine des Nordwestens standen – so dicht, daß die Bäume in derselben Richtung gefällt werden mußten. Bei Neilton hat jemand die Baumstümpfe mit Rasen umpflanzt, jetzt wirken sie wie eingewachsene Grabsteine.

Vor Neilton geht der Moclips Highway zur **Quinault National Fish Hatchery** ab, doch dafür ist es wohl heute zu spät (siehe 20. Tag). Dann tauchen doch noch hohe, alte Bäume am Highway auf, die den Nationalpark ankündigen. Die Allee der Fichten, deren Kronen sich im Abendnebel verlieren, geleitet den Reisenden wie durch einen Tunnel. Noch einmal erscheinen linker Hand, auf dem

Gebiet der Quinault Indian Reservation, wüste Rodungen, dann geht es rechts durch Wald zur schönen alten **Lake Quinault Lodge**.

Die Lodge ist ein Glücksfall. Sie wurde 1926 schnell, aber gut gebaut. Ihre Balkendecke stützt sich auf zarte, vierkantige Säulen, ihr gemauerter Kamin strahlt Wärme aus. Durch einen Park mit alten Bäumen schaut sie auf den See. Ihr Angebot lautet: Rückzug in ein behagliches Inneres, ohne TV und Telefon. Und das Wetter? Im Mai hellt es auf, der Juni bringt wieder Schauer, die wirklich trockenen Monate sind Juli, August und September. Wenn es im November heftig schüttet, wird es in der Lodge erst so richtig gemütlich – und die Preise purzeln (bis auf 30 Dollar pro Zimmer). Mal gegen den Strich gedacht: Für jemand, der in Arizona leben muß, wäre der Regen von Washington doch eine Attraktion. ✺

---

20. Tag – Route: Lake Quinault – Forks – Neah Bay –
Lake Crescent (278 km/174 mi)

---

km/mi	Zeit	Route
0	8.00 Uhr	**Quinault Rain Forest Nature Trail** (1/2 Meile), S. Shore Rd., nahe US-101. Dann US-101 North über Queets nach
51/ 32	9.30 Uhr	**Kalaloch:** Lodge (mit Shop), Bucht (mit *beach logs*), Ranger Station (mit Infos) und **Kalaloch Creek Nature Trail**. Weiter über **Ruby Beach** (ggf. Stippvisite) nach
107/ 67	12.00 Uhr	**Forks:** Lunch hier oder Picknick später. (Ggf. Stichfahrt nach La Push – 14 Meilen eine Tour.) US-101 North, dann WA-113 North/ WA-112 West über Clallam Bay und Sekiu nach
187/117	14.00 Uhr	**Neah Bay: Makah Museum**. Dann »Geländefahrt« nach **Cape Flattery**. WA-112 East über Pysht bis nahe Joyce, dann auf Piedmont Rd. nach Süden zum
278/174	19.00 Uhr	**Log Cabin Resort** am Lake Crescent. Dinner in **Lake Crescent Lodge**. (Alternative: Port Angeles.)

Weichenstellung: Das **Makah Museum** schließt um 17 Uhr; das heißt für den Zeitplan: 15 Uhr in Neah Bay! Der Picknickkorb sollte gefüllt sein, denn die Gastronomie en route ist bescheiden. Tanken in Forks, Sappho Junction oder Clallam Bay.

Alternativen und Extras: Die Strecke ist lang. Regenwald sieht man auf den beiden Nature Trails um Quinault und Kalaloch und (ggf.) auf dem Wege nach Third Beach bei La Push. Für alle folgenden Optionen ist ein Extratag erforderlich; Teilung der Strecke dann bei Kalaloch, Forks, La Push, Manitou Lodge (zwischen Forks und La Push) oder Neah Bay.

Ausflüge und Wanderungen

1. Halbtageswanderung auf **Quinault Loop Trail** (4 1/2 Meilen ab Quinault Lodge oder Quinault Village). Gut markierter Rundweg am Südufer des Sees, Teilstück des **Quinault Nature Trail** (vgl. Text), über Bäche, durch Zedernsumpf und Sekundärwald (*springboard*-Löcher im hohen Stumpf). Ein Trainingsrundgang für den Vormittag!

2. Autorundfahrt um **Lake Quinault** (31 Meilen über N. und S. Shore Rd., mit teils rauher Wegstrecke). Dabei Rundgang auf **Maple Glade Nature Trail** (1/2 Meile; N. Shore Rd., Quinault River Ranger Station) durch moosverhangene Ahornbäume und Erlen *(red alder)*. Ausdehnung der Fahrt zu den Trailheads **Graves Creek** oder **North Fork** möglich. Die Ranger nach Wanderwegen fragen!

3. Besuch der **Quinault National Fish Hatchery** (Moclips Hwy., 11 Meilen südl. von Quinault). Zucht von Chinook-Lachsen und Forellen. Im Mai ist *tagging time*. Dann stehen die Quinault-Indianer aus Taholah dicht gedrängt im Trailer, werfen die Fingerlinge ins Narkosebad, beschneiden die Fettflosse und stanzen winzige Marken in die Nasen der Fische. Im Herbst kommen reife Lachse den Cook Creek herauf, werden gefangen, erschlagen, entlaicht und an die Natives verteilt.

4. Zünftige (!) Wanderung zum wilden **Queets Rain Forest**. 5 Meilen östl. von Queets auf Queets River Rd. abbiegen, dann 13 Meilen bis **Queets Campground**. Dort zieht man die Schuhe aus, denn über den Queets River geht es nur über eine Furt. Dafür wird man mit ursprünglichem Regenwald, uralten Baumriesen und menschenleerer Stille belohnt. Nach der Tageswanderung in **Kalaloch Lodge** übernachten.

Die heutige Etappe berührt drei Indianerreservate – das der Quinault, Quileute und Makah. Will man deren Kultur erleben, muß man ihre Feste besuchen: Taholah Days (Anfang Juli), Quileute Days (Mitte Juli) und Makah Days (Ende August).

Übernachten in Port Angeles (WA 98362)

Manches spricht für Port Angeles – alternativ zu Lake Crescent – als Etappenziel: ordentliche Motels und Restaurants, die Nähe zu Hurricane Ridge, Seattle und SEA-TAC (vgl. 21. Tag). Als Stadt ... na ja. Immerhin hat Safeway 24 Stunden pro Tag geöffnet!

 Port Angeles Chamber of Commerce – Visitor Center
121 E. Railroad Ave. (am Fährhafen)
℃ (360) 452-2363

 Flagstone Motel
415 E. 1st St. (zentral)
℃ (360) 457-9494
As good as any – mit 45 sauberen, geräumigen, quadratischen Zimmern. Echte Möbelimitate, energische Wirtin. $$

Zwei ruhige Motels in höherer Lage: **Hill Haus Motel** (111 E. 2nd St., ℃ 360-452-9285; 23 Zimmer) und **Uptown Motel** (101 E. 2nd St., ℃ 360-457-9434; 51 Zimmer); beide $$–$$$.

Die Option La Push

La Push Road (WA-110) führt 14 Meilen ab US-101 zum alten Indianerdorf **La Push**. Doch vor La Push kommt der Trailhead für Third Beach. Der Gang zum Strand (1½ Meilen) wird zu einer Symphonie mit zwei Themen: Regenwald und Ozean.

Die Ouvertüre ist noch *piano*. Am Waldboden herrscht feierliche Stille. Im Dämmerlicht liegen Baumriesen, die hundert Jahre brauchen, um zu verwittern. Weiter geht es *al passo maestoso* – die Bäume ragen in unsichtbare Höhen. Dann wird der Wald lichter, und das Rauschen des Ozeans schwillt zum *crescendo*. Noch liegt ein Riegel aus verkantetem Treibholz im Weg, dann kommt der Ozean – als krachendes Finale in *fortissimo*.

Die Quileute betreiben ihre Resorts **Ocean Park** und **Shoreline** selbst. Das machen sie recht nonchalant und familiär. Da mag das Paneel der Zimmerwände ruhig aus Holzimitat (mitten im Regenwald!) sein und frischer pazifischer Wind durch die Türritzen wehen. Im Büro legt die junge Dame mit dem dicken schwarzen Zopf gern das Video vom »Paddle to Seattle« (1989) auf. Alles macht sie langsam, freundlich, zugewandt.

An der Tribal School vorbei geht man zum Hafen, wo Fangkörbe für *Dungeness Crabs* auf dem Pflaster ruhen. Vor der Bucht liegen die *Seastacks* mit ihrer Bürstenfrisur im Dunst. Im **Boatlauncher Restaurant** führt ein junger Mann Regie, so resolut und *mainstream* wie einer, der gerade sein Betriebswirtschaftsstudium mit Bravour absolviert hat. Dann erzählt er von den vier Rehen, die ihm heute morgen am Strand begegnet seien. Das gefällt ihm (die niedrigen Mieten auch). Und daß man dem Holzschnitzer, der das Werk von Earl und Pat Penn fortsetze, über die Schulter schauen könne. Im Kulturzentrum gebe es eine kleine Sammlung von Masken, Schnitzereien und Körben ...

Doch die neue Zeit hält schon Einzug. Eine Resort Company hat am Ortseingang einen nagelneuen **Lonesome Creek RV Park** errichtet, samt Grocery Store und Post Office. Und schon heißt es wieder: NO PUBLIC ACCESS – bei gepfefferten Preisen für die Hookups. Ein Casino ist in Planung. Die Betreiber haben den Dorfbewohnern in Erwartung künftiger Einnahmen schon ein paar neue Häuschen spendiert. Es wäre doch gelacht, wenn man das verschlafene Nest nicht aufpolieren könnte!

La Push Ocean Park & Shoreline Resorts
P.O. Box 67 (15 Meilen westl. von Forks)
La Push, WA 98350

ℂ (360) 374-5267 oder (800) 487-1267
Stammeseigener Betrieb der Quileute: Motels, Cabins, Camping (mit RV-Hookups) direkt am Meer (= First Beach). $$

ℹ️ Olympic National Park – The Superintendent
600 E. Park Ave.
Port Angeles, WA 98362
ℂ 452-4501
Zentrale Auskünfte über den Nationalpark.

ℹ️ Quinault Ranger Station (Forest Service)
353 S. Shore Rd.
Quinault, WA 98575
ℂ 288-2525

Mo–Fr 8–16.30 Uhr
In Quinault Village. Aktuelle Wege- und Wanderinformationen.

ℹ️ Quinault River Ranger Station
(National Park Service)
913 N. Shore Rd.
Amanda Park, WA 98526
ℂ 288-2444
Am **Maple Glade Nature Trail**, via Nordufer von Lake Quinault in Richtung Regenwald (Winter geschl.)

Quinault National Fish Hatchery
(Moclips Hwy., 5 Meilen westl. US-101)
ℂ 288-2508
Tägl. 8–15.30 Uhr
Visitor Center zu Natur, Wirtschaft und
Geschichte des Reservates; freundliche
Auskunft und Führung. Eintritt frei.

Forks, WA 98331

 Forks Chamber of Commerce
1411 S. Forks Ave.
ℂ 374-2531 oder (800) 44FORKS
Am südl. Ortseingang, neben Loggers
Memorial und Timber Museum.

 Rain Forest Hostel
169312 Hwy. 101
(23 Meilen südl. von Forks)
ℂ 374-2270
Internet http://www.hostels.com/rainforest
Freundliche Herberge fürs ganze Jahr,
ideal zur Küste und zum Hoh Rain Forest
gelegen; Linienbus von/nach SEA-TAC.
25 Betten in diversen Räumen, auch für
Paare oder Familien. Bettzeug, Regen-
zeug, Beratung. $

 Allen Logging Company
176462 Hwy. 101
(15 Meilen südl. von Forks)
ℂ 374-6000
Holzbetrieb. Führungen Juni–Aug. 10–15
Uhr.

 Forks Motel
351 S. Forks Ave.
ℂ 374-6243 oder (800) 544-3416
Fax 374-6760
Traditionsreiches Motel (seit 1947) mit
73 Zimmern, großzügig und funktional,
z. T. mit *kitchenettes*. Waschautomat, Pool.
Morgens dröhnen die Holztransporter. $$

 Manitou Lodge & Indian Gift Shop (B & B)
P.O. Box 600 (8 Meilen westl. von Forks)
ℂ 374-6295
Ab La Push Rd. (WA-110) über Mora Rd.

(WA-110 SPUR) und Kilmer Rd. Villa im
Wald mit 5 schönen Zimmern, plus Cabin;
zivile Preise, ganzjährig geöffnet. Gäste-
raum mit Kamin und Klavier (für die
Gäste). Im **Gift Shop** Kunst der Makah
und Quileute (Olympic West Arttrek). $$

 Makah Museum & Cultural Center
Neah Bay (am Ortseingang)
ℂ 645-2711
Sommer tägl. 10–17 Uhr, Mitte Sept.–En-
de Mai Mi–So
Kultur der Makah vor 500 Jahren (nach
Ausgrabungen). Komplettes Longhouse;
Dioramen der Meeresküste. Shop mit
Korbwaren, Schmuck, Schnitzereien der
Makah. Video: *A Gift from the Past*. Zum
Erinnern: *Museum Exhibit Leaflet*. $ 4

 The Cape – Motel & RV Park
Bayview Ave.
Neah Bay, WA 98357
ℂ 645-2250
Sportlich-rustikale Unterkunft. $$

 Log Cabin Resort
3183 E. Beach Rd.
(Nordufer von Lake Crescent)
Port Angeles, WA 98363
ℂ 928-3325, Fax 928-2088
Mitte Mai bis Ende Sept.
Resort mit Tradition (seit 1895) in schöner
Lage am See. Komfortable Zimmer (ohne
TV und Telefon), Chalets, rustikale Ca-
bins, RV-Plätze und alte Zedern. Re-
staurant; Bootsverleih: Ruder- und Pad-
delboote, Kanus. $$–$$$

 Lake Crescent Lodge
416 Lake Crescent Rd. (US-101, Südufer
von Lake Crescent)
Port Angeles, WA 98362
ℂ 928-3211
Ende April – Ende Okt.
Gasthof von 1915: einst Anglerherberge,
heute Hotel mit schöner Lobby, Zimmern
und Cabins. Hervorragendes Restaurant
(leichte Kost, halbe Portionen möglich;
$$) und Bar. $$$

Wilder Nordwesten
Olympic Peninsula und ihre Küsten

Im *Official Travel Guide* für Oregon steht geschrieben: »Jahrhunderte vor Chartres, Sankt Peter und Notre Dame gab es in Oregon Kathedralen, die noch immer stehen. Durch uralte, hohe Säulen gefiltert, dringt dämmeriges Licht auf den Boden, wo eine unheimliche Ruhe herrscht. So total ist die Einsamkeit, die Stille so vollkommen, daß man meint, man habe die Hallen eines Heiligtums betreten …«

Wilde Küste im Coastal Strip des Olympic National Park: Mora bei la Push

Auch ohne das lyrische Zutun der Branche sind die Regenwälder der Olympics eine der großen Attraktionen des Nordwestens. Bei **Quinault, Queets** und **Hoh** erreichen sie ihre vollkommenste Form. Die Standortfaktoren sind Jahresniederschläge von 3 500 Millimetern und mehr, milde Temperaturen und geringe Höhenlage. Ihre Charakterbäume werden 80 Meter hoch; den Rekord hält eine Douglastanne im Hoh Rain Forest mit 91 Metern Höhe und elf Metern Umfang. Zwischen den Koniferen gedeihen moosbehangene Laubbäume wie Ahorn und Erle; im Dämmerlicht des Waldbodens wuchern

Farne; auf den gestürzten Stämmen hockt rittlings der Nachwuchs.

Der kurze Rundweg des **Quinault Rain Forest Nature Trail** führt zu einem steifen Nacken – so kerzengerade ragen die Fichten in den Himmel. Die »Großen Vier« des Regenwaldes stehen eng beieinander: Sitkafichte, Douglastanne, Hemlock und Zeder. Keine Art verdrängt die andere, die Natur mischt sie durch. Da geben die Monokulturen von Douglasien und Hemlock draußen ein anderes Bild. Reichen die Kronen auch in die Wolken, man erkennt sie dennoch an ihrer Rinde: *Sitka spruce* – groß geschuppt; *Douglas-fir* – rauh mit tiefen Scharten; *western hemlock* – eng gerippt; *western redcedar* – geflochtene Strähnen.

Wo einer der Baumriesen gefallen ist, dringt Farbe ein: das saftige Grün des Laubes und der Farne, das warme Braun der modernden Baumstümpfe. Wie mit Fangarmen umklammern die Jungbäume ihre »Ammen« *(nurse logs)*, aus denen sie im Sommer Wasser ziehen. Als Folge dieser Starthilfe stehen noch reife Bäume in Reihe und oft auf Stelzen. Die Parkbehörde empfindet darin Poesie. Die Ammenbäume geraten ihr zu Sinnbildern ewigen Werdens und Vergehens, denn wo sie stürzen, wächst neues Leben.

Außerhalb des Nationalparks ist es mit der Poesie kahlschlagartig vorbei. Jim Tobin von J J's Restaurant in Amanda Park nimmt das Abholzen nicht tragisch. Er ist Yakama-Indianer, der sich den Quinault angeschlossen hat *(it' good to belong somewhere)*. Er findet es richtig, daß die Quinault ihren Wald verkaufen, denn im Park verkomme er ja nur *(goes to waste)* – eine Formel, die man im Lande häufig hört. Allein der Verlust der Zedern rührt ihn, weil die nicht wiederkommen – so langsam ist ihr Wachstum. *Thuja plicata*, oder Riesen-»Lebensbaum«, war der »Überlebensbaum« der Ureinwohner schlechthin.

Big boys, big trees, big trucks

Seit 1922 holen die Holzfirmen aus dem Reservat heraus, was zu holen ist. Aufgrund von langfristigen Verträgen mit dem Indian Bureau schlugen sie von 1950 bis in die 1970er ganze Landstriche kahl, so daß die Flüsse in Schlamm und Astwerk erstickten. Als die Jüngeren aus den Colleges zurückkehrten und sahen, was geschah, blockierten sie 1971 die Holzabfuhrwege. Heute hat man einige Auflagen in die Abholzungsverträge geschrieben. Entlang des Highway stehen kleine Schindelfabriken mit dampfenden Meilern. Ob die wohl die gefallenen Zedern verarbeiten, die nicht verwittern können?

Das Indianerdorf **Queets** kostet nur einen Schlenker ab US-101 North: trostlose Hütten in Reihe, einige abgebrannt, Autowracks, Kinderspielzeug, Unrat. Ein Hund spaziert auf der Straße – mürrischen Blicks, weil es ihm aufs Fell regnet. Überall sitzen sie: an den Türschwellen, an den Briefkästen, auf den Driveways – alles Mischlinge. Als ein Artgenosse in einem Schuppen heult, laufen sie alle zusammen, beschnuppern die Tür, drehen ein paar Runden und ziehen wieder ab. Ein Mann befreit den Hund. Er hat eine Schachtel in der Hand, aus der

er löffelt. »Must steal some beans«, murmelt er und geht weiter.

Der Coastal Strip des Nationalparks beginnt mit South Beach, von da an sind die Strände durchnumeriert: Eins bis Sechs, plus Ruby Beach. Alle Strände sind zugänglich. Die wilde Küste des Coastal Strip mit ihren Kiesbuchten, Treibholzbarrieren und Seastacks reicht hinauf bis zum Reservat der Makah – 57 Meilen. Manche Felsvorsprünge sind nur bei Ebbe zu umrunden.

Triefender Regenwald – auf seinem Boden herrscht immer Dämmerung

Um **Kalaloch Lodge** gruppieren sich ein pittoresker Campingplatz, ein Lehrpfad durch Regenwald und eine Ranger Station. Die Ranger wissen viel über den Nationalpark, aber über die Holzwirtschaft wollen sie sich nicht äußern. Sie verweisen auf die **Allen Logging Company**, weiter oben am Hoh River. Die führen durch ihren Betrieb, den sie einschränken müssen – *for lack of available trees.*

Indessen holen Trucker weiter alte Bäume aus dem Wald und transportieren sie – wie Trophäen – in beide (!) Richtungen. Drei Trucker haben sich eine Fichte geteilt, jeder fährt ein 30-Tonnen-Stück. Wo sie die herhaben, wollen sie nicht sagen, aber sie bringen sie zum Hafen in Aberdeen. Ob der Baum zu Sägemehl verarbeitet wird? Nein, dazu ist er zu schade!

Auf dem Plankenweg des **Kalaloch Creek Nature Trail**, der gleich nördlich der Brücke rechts abgeht, haften Turnschuhe am besten, besonders bei Nässe

247

Wilde Washington Coast

(das tun sie auch auf den *beach logs* am Strand). Gegen den Regen braucht man ferner einen Regenhut und ein Cape, das über den Tagesrucksack reicht. Der Lohn für die durchweichten Turnschuhe? Eine mit allen Sinnen wahrnehmbare Frische. Die Tropfen am Hemlock glitzern wie Perlenstickereien der Plateauindianer.

Die US-101 schwenkt landeinwärts. Den berühmten **Hoh Rain Forest** hebt man sich für eine spätere Reise auf. Die Betriebe am Highway heißen Cedar Products, Cedar Company, Logging & Shake Company ... Dann kündigt sich die Hölzerstadt **Forks** mit groben Schnitzereien und einem Holzfällerdenkmal an. Der Name rührt von den drei »Gabeln« des Bogachiel, Calawah und Sol Duc River, die hier zum Quillayute River zusammenlaufen. Im Timber Museum findet sich der übliche heimatkundliche Krimskrams.

Zum Lunch kann man Holzfällerportionen erwarten, jedenfalls im **Coffee Shop** des Pay & Save Supermarket. Der *short stack* (zwei Lagen) Hotcakes zum Frühstück war schon nicht zu bewältigen. Ein Herr grub sich durch einen Berg Bratkartoffeln, Eier, Speck und Toast und ließ die Hälfte übrig – nach Holzfällerart: reinhauen, rausholen und die Reste liegenlassen! Die alten Männer draußen humpeln aus ihren Pickups zum Schwatz am Vormittag. Sie sind gezeichnet wie der Wald.

Auf nach Norden zur Strait of Juan de Fuca! Die Küstenstraße folgt dem Meeresarm so eng, daß der Beifahrer die Vögel auf den Muschelbänken sehen kann. Der Fahrer schaut den schwarzen Kormoranen lieber nicht hinterher, zu eng sind doch die Kurven. Wo spitze Felsen das Ufer markieren, gelangt man über Parkbuchten zum Strand. In den Häfen von Clallam Bay, Sekiu und Neah Bay schaukeln Sportboote und Jachten, auf der schmalen Küstenstraße wippen sie PS-starken Familienjeeps hinterher. Entsprechend sind die Unterkünfte in **Neah Bay**: sportlich-rustikal. Alle Motels an der Bayview Avenue bieten Platz für Wohnwagen. WELCOME TO MAKAH INDIAN RESERVATION. Gleich am Ortseingang erwartet das **Makah Museum** den Besucher, eines der feinsten Museen des Nordwestens. In ihm sind die Relikte des Fischerdorfes Ozette bewahrt, das vor etwa 500 Jahren von einer Schlammlawine verschüttet wurde. Mit den Funden formt das Museum ein Bild vom täglichen Leben der einstigen Bewohner. Die verwendeten das Material ihrer Umwelt: Knochen, Stein, Holz, Gräser – aber kein Metall. Sie gingen in Einbaumkanus auf Waljagd, benutzten Harpunen aus Eibenholz, Klingen aus Muschelschalen, Widerhaken aus Hirschgeweih, Klebstoff aus Fichtenpech, Seile aus Zedernzweigen und Schwimmkörper aus Seehundsfell.

Drei große Totempfähle geleiten feierlich hinein. Dort steht im gedämpften Licht – zum Schutz der Objekte – ein komplettes Longhouse. Echter Fischgeruch schwebt durch den Raum – von den Lachsschwarten, die von der Decke baumeln. Jim Jarmusch hat seinen Film *Dead Man* mit indianischen Komparsen aus Neah Bay gedreht (allerdings in Süd-Oregon). Die Kulissen wurden nachgebaut, ein Totempfahl aus Styropor liegt draußen vor dem Museum. Keiner hier hat den Film gesehen, denn er war ein Flop.

Im Rücken von Neah Bay gabeln sich die Wege. Links geht es nach Waatch und zur Cape Flattery Loop; zu den CAPE TRAILS sind es 7,5 Meilen. Für die Fahrt nach **Cape Flattery** benötigt man Geduld, Geschick und Vertrauen. Gleich hinter Waatch kracht der Wagen ins erste Schlagloch – es bleibt nicht das einzige. Die Strecke wird zum Slalom, daß die Achsen hüpfen. An einer Wegweitung hat

jemand ein rohes Schild TRAILS an einen Baum genagelt. Von dort geht man zu Fuß.

Eine halbe Stunde stolpert man über Wurzeln und querliegende Bäume abwärts, patscht auf schwappenden Planken durch schlammige Pfützen. Kein weiterer Hinweis wird gegeben. Dann öffnet sich der Wald, und man tritt auf den nordwestlichsten Punkt des Reservates, des Staates Washington und der zusammenhängenden USA. Von jener Felsplatte, die nur mit Rhododendron und jungen Fichten umwachsen ist, schaut man ungläubig in die quirlende Tiefe. Die Brecher zerstieben an triefenden Felsen, knallen in Höhlen hinein und schäumen durch Spalten wieder heraus. Vor der Küste liegt Tatoosh Island mit seinem Leuchtturm. Die tiefstehende Sonne blendet.

Kein Geländer schützt den Besucher, keine Tafel regelt Haftungsfragen – ein Schritt daneben, und die Reise ist zu Ende. Dafür gibt es keine Menschenmassen, keine Hookups und keine Gift Shops. Die Makah haben ja schließlich auch niemand hergebeten. Zum Glück für die Gäste ist der Besitz, Transport oder Genuß von Alkohol auf dem Reservat verboten.

Niemand kann die Vollendung der Cape Flattery »Loop« empfehlen. Der Fahrweg geht in eine Piste über, die immer enger wird, mit immer tieferen Schlag- und Wasserlöchern, bis die Zweige der Bäume gegen die Scheiben klatschen. Wer die Nerven behält und den Kurs beibehält, wird nach langer Blindfahrt auf eine Sandstraße treffen, an deren Rändern verlorener Hausrat den Weg zurück nach Neah Bay weist. Böse Zungen behaupten, daß die Makah ihren Koitlah Point als Müllkippe verwenden. Landschaftspflege im preußischen Sinne ist ihre Sache nicht.

Es geht, diesmal auf WA-112 *West*, in Richtung Port Angeles aus dem Reservat heraus. Ein gnädiges Schicksal hat dem lieblichen Pysht River eine Allee alter Bäume bewahrt. Auf ihrer **Pysht Tree Farm** betreiben Merrill & Ring *resource management*, das heißt, sie forsten wieder auf. Ihre Manager kamen 1882 aus Saginaw, Michigan, wo sie die *white pines* abgeräumt hatten, inspizierten das Land und kauften es. Heute zielen sie auf *sustained yield* – »jedes Jahr und für alle Zeiten«. Auf einem Lehrpfad erfahren Schulkinder vom Segen der kommerziellen Forstwirtschaft. Die Branche rühmt sich, für jeden gefällten Baum vier neue zu pflanzen. *Big deal* – bei dem Größenunterschied!

Vor Joyce führt ein glücklicher Einfall rechts nach **Lake Crescent**, statt geradeaus nach Port Angeles. Wie zu einem labenden Bade schwebt man von den Höhen zum idyllischen See hin ein – und rollt direkt vor die Pforten des **Log Cabin Resort**. Dort wird der Einfall zum Glücksfall. Auf den grünen Wiesen am Seeufer spazieren Entenpaare, die am Morgen zur rückwärtigen Terrasse hereinschauen werden. Die ehrwürdige **Lake Crescent Lodge** leuchtet über den See und lädt zum Dinner.

Dort weht ein Hauch von Altem Süden, denn süßlicher Magnolienduft erfüllt die Luft, Rhododendren und Azaleen säumen den Kiesweg. Die aufgereihten Cabins mit ihren *porches* wirken – pardon – wie Sklavenhütten, nur daß heute die Touristen darin wohnen. Vom nüchternen Restaurant schaut man auf den See (draußen) und auf Hirsche im Regenwald (drinnen). Das Essen ist hervorragend: Minestrone, Quiche aus *Dungeness Crab*, warme Brombeertorte – dazu die gute Sitte, das Dressing auch ungebeten *on the side* zu liefern. So ist das Leben in Ordnung. ⚛

Fischer beim Netzeflicken

21. Tag – Route: Lake Crescent – Port Angeles – Port Townsend – Bainbridge Island – Seattle (234 km/146 mi)

km/mi	Zeit	Route
0	9.00 Uhr	Abschied von Lake Crescent. US-101 East nach Port Angeles, dort auf Lauridsen Blvd. abzweigen, dann Race St. rechts zum **Olympic National Park Visitor Center** (Pioneer Memorial Museum). Über Mt. Angeles Rd. nach **Hurricane Ridge** (17 Meilen); ggf. Wanderung nach Hurricane Hill. Zurück nach
83/ 52	13.00 Uhr	**Port Angeles** (ggf. Lunch). US-101 East über Sequim und WA-20 East (ab Discovery Bay) nach
160/100	15.00 Uhr	**Port Townsend:** Stadtbummel. WA-20 West, WA-19 South, WA-104 East, Hood Canal Floating Bridge, WA-3 South, WA-305 East zur
234/146	19.00 Uhr	Fähre von Bainbridge Island (Winslow) nach **Seattle**.

Alternativen und Extras: Die Fahrt nach **Hurricane Ridge** ist nur bei guter Sicht sinnvoll; bei schlechtem Wetter sind **Port Townsend** und das **Suquamish Museum** (siehe Zusatztag Seattle) gute Alternativen.

Wer in **Port Townsend** (statt Seattle) übernachten will, muß am Folgetag etwa 4 Std. (außerhalb der Rush-hour) Zeit für die Fahrt zum Flughafen einkalkulieren.

Wer noch Urlaub hat und die **San Juan Islands** besuchen möchte, setzt von Port Townsend nach Keystone über, durchquert Whidbey Island nach Norden und geht in Anacortes ins Hotel oder an Bord. Im Sommer sollte man die Wochenenden meiden!

---

21. Tag – Informationen

Vorwahl: ✆ 360

Port Angeles, WA 98362

 Olympic National Park Visitor Center/ Pioneer Memorial Museum

3002 Mt. Angeles Rd. (über Race St.)
✆ 452-0330 oder 452-4501
Tägl. 9–16 Uhr (ganzjährig)
Am Wege nach Hurricane Ridge. Informationen zum Nationalpark. Exponate zu

Natur und Geschichte der Olympics. *Discovery room* für Kinder. Eintritt frei.

 Bonny's Bakery
 502 E. 1st/Vine Sts. (US-101 East, gegenüber Hauptpostamt)
✆ 457-3585
Bäckerei zum Zuschauen mit kleinen Gerichten. *French pastries* zum Kaffee, *rustic bread* für den Picknickkorb. $

Pier bei Port Townsend

 Coffee House Restaurant & Gallery
118 E. 1st St. (US-101 East)
℃ 452-1459
Bekanntes Restaurant für Naturkost (auch vegetarisch) zum Frühstück, Lunch und Dinner – täglich. Kunstszenetreff. $$

 Cafe Garden
1506 E. 1st St. (US-101 East, östl. Ortsausgang)
℃ 457-4611
Frühstück, Lunch, Dinner. Üppige Salate (auch mit Seafood), Pasta, Stir-Fries. $

Port Townsend, WA 98368

 Port Townsend Chamber of Commerce – Visitor Center
2437 E. Sims Way
℃ 385-2722
Tägl. geöffnet.

 Jefferson County Historical Museum
210 Madison St.
℃ 385-1003
Mo–Sa 11–16, So 13–16 Uhr
Im alten Rathaus – vier Etagen Geschichte des »Victorian Seaport«.

 Zu den interessanten historischen Stadthotels gehören **Palace Hotel** (1004 Water St., ℃ 385-0773 oder 800-962-0741; $$–$$$)

– feudales Stadthotel von 1890 – und **Bishop Victorian** (714 Washington St., ℃ 385-6122 oder 800-824-4738; $$–$$$) – 13 renovierte Suiten in Backstein von 1890.

 Holly Hill House (B & B)
611 Polk St.
℃ 385-5619 oder (800) 435-1454
Gepflegtes Haus von 1872, schöne Zimmer, hohe Betten, erlesenes Frühstück – mit Breakfast Talk der Wirtin. Über eine nahe Staffel geht es hinunter zur Stadt. $$–$$$

 Sea Breeze Center
1408 Sims Way
℃ 385-0440
RV-Siedlung mit komplettem Service, zentral gelegen.

 Silverwater Cafe
237 Taylor St.
℃ 385-6448
Interessante Biere, Weine aus biologischem Anbau, gesunde Küche (regionale Produkte aus organischem Anbau). Publikum: schick, hip, New Age und jedermann. $$

 The Public House – Grill & Ales
1038 Water St.
 ℃ 385-9708
Nichtraucherkneipe mit Stil und hohen Decken. Für Hamburger und Bier ab Theke genau richtig. $

Gute Heimreise!
Zurück nach Seattle

Wer sich von Crescent Lake schwer trennen kann, mietet sich im Log Cabin Resort ein Paddelboot oder bucht eine Passage auf der »Storm King« (ab Lake Crescent Lodge). Oder er blickt vom kleinen **East Beach** unter Zedern und bunten Madrona-Bäumen zurück auf den See. Wenig Freude bereitet der vier Meilen lange Spruce Railroad Trail am Nordufer, der so eben ist, wie es die Eisenbahn nun mal braucht. Uferwege sind rar, weil Highway und Privatgrund die Ufer besetzen.

An der **Storm King Ranger Station** (am Südufer) bündeln sich die Aktivitäten. Knallblaue Häher mit schwarzen Köpfen – *Steller's jays* – hüpfen am Parkplatz durch immergrüne Zedern. Die »Storm King« mit ihren Schaufelattrappen sticht alle zwei Stunden in See. Der Ranger ermutigt zur Wanderung nach **Marymere Falls** (1 Meile) durch *old growth – not many of these left!* **Rosemary Inn** dient Senioren zur Bildung (Elderhostel), läßt aber auch Menschen unter 55 auf den hübschen Uferpfad, der von hier zur Lake

The Great Port Townsend Bay Kinetic Sculpture Race

Crescent Lodge hinüberführt – zum Lunch?

Die Engel, die bei der Gründung von »Puerto de Nuestra Señora de Los Angeles« Pate standen, haben sich aus Port Angeles verabschiedet. Die Stadt ist Hafen, Highway und Tor zum **Olympic National Park**, der sich mit **Visitor Center** und **Pioneer Memorial Museum** vorstellt. Von dort führt die Straße auf 17 Meilen im steten Steigflug von quasi Null auf 1 594 Meter nach **Hurricane Ridge**. *Den* Rundblick wird man nicht vergessen: die ganze Gipfelflur der Olympic Mountains in Cinemascope!

Nach **Hurricane Hill** geht es drei Meilen weiter und 150 Meter höher hinauf. Dabei steigt der Weg aus dem Tannengürtel in die Höhenzone der Bergblumen und Gräser auf. Die *subalpine firs* tragen ein tiefgrünes Nadelkleid, das sie wie eine Schürze bis zum Boden umhüllt. Sie stehen da wie vollkommene Kirchturmspitzen.

Am Picknicktisch an der Hurricane Hill Road warten schon die aufgeplusterten, grauen *dipper*, und kaum hat man die Brotzeit ausgepackt, da weiß man, warum sie so heißen. Zunächst hocken sie noch in den Tannenzweigen und warten ab, was passiert. Dann tauchen sie in einer Abwärtskurve zum Tisch hinab und mit dem Gegenschwung an den Baum gegenüber zu ihrem nächsten Sitz. Es wird ein Picknick fürs Erinnerungsalbum – eine Rast in völliger Ruhe und Reinheit der Luft. Der Rest ist Talfahrt, Rückfahrt, Heimfahrt, Abschied.

In **Port Angeles** ist der Mittagstisch schon gedeckt. Für den schnellen (oder süßen) Snack am Highway ist **Bonny's Bakery** geeignet, schon wegen der guten Düfte, des Kaffees und der Croissants. Bei den *locals* hoch geschätzt ist **Coffee House & Gallery** – mit Bildern an der Wand und einem Hang zur gesunden Küche. Weniger *upscale*, dafür schon in

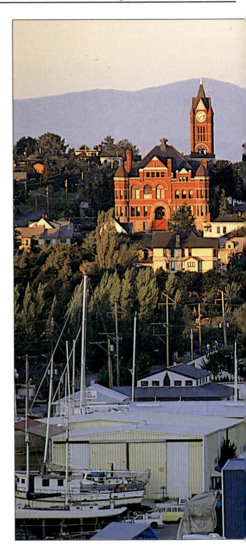

Zielrichtung am östlichen Ortsausgang gelegen, ist **Cafe Garden** mit seinen gehaltvollen »Garden Salads« und interessanten »Stir-Fries«.

Im dichten Verkehrsstrom der US-101 schwimmt man mit nach Osten. Links ginge es auf Kitchen-Dick Lane zum

Port Townsend, Waterfront und Uptown

Dungeness Spit, der »längsten Nehrung der USA«, in dessen Lagune sich Tausende Seevögel tummeln – so öde ist es da draußen. Was in aller Welt spricht für das ebenfalls langgezogene **Sequim**? Das Klima. Statt im Dungeness Valley und in der Sequim Prairie weiter Landwirtschaft zu betreiben, lockt man jetzt Rentner an, die angeblich die Dürre mögen. Seine relative Trockenheit mit 380 Millimetern im Jahr verdankt »Sunny Sequim« dem Regenschatten der Olympics.

Die Betonfestung des **7 Cedars Casino** bei Blyn kommt wie ein Schock. Ist sie

eine Kulisse, made in Hollywood? Eine
Haftanstalt? Oder eine Fata Morgana?
Nein, nur eine harmlose, bürgerliche
Spielhölle, in der schon Kinder zum
Bingo willkommen sind. Die Macher des
Jamestown S'Klallam-Stammes zeigen
sich stolz: »Das Kasino ist ein Schlüssel
zur Verwirklichung eines Traumes«, sagt
der Stammesvorsitzende. »Es zeigt, was
Indianer leisten können.« Drei mächtige
Totempfähle an der Einfahrt demonstrie-
ren denn auch indianisches Kulturerbe.

»Stadt der Träume« nennt sich **Port
Townsend** auch, wohl wegen der zahlrei-
chen Frühstückspensionen, die Paaren
ein *romantic getaway* bieten. Diese Stadt
ist in der Tat mehr als einen Kaffeebe-
such wert. Wie Seattle 1851 gegründet,
holzte Port Townsend zunächst seine
Wälder ab, verkaufte sie nach Kalifornien, wurde – mit Seattle – Welthafen am
Sund, baute in den 1880ern Handelshäu-
ser und Herrenhäuser, hatte in den
1890ern seine Krise, weil die Transkonti-
nentalbahn nicht nach Port Townsend,
sondern nach Tacoma und Seattle verlegt wurde. Hippies entdeckten den »viktorianischen Seehafen« Ende der 1960er
wieder. Heute bummeln Touristen und
Tagesbesucher in Scharen über die zentrale **Water Street**.

Die Besitzer feiner Villen in Uptown
haben die Stadt zur *bed & breakfast capital of the Northwest* gemacht und bieten
ihren Gästen Frühstückssereignisse im
großbürgerlichen Dekor. Da wollen die
alten Stadthotels nicht zurückstehen,
sondern wedeln den Staub von den Ver-
tikos, modernisieren ihre Suiten und
nutzen ihre hohen Hallen und alten Ge-
mäuer, um den Besuchern Authentisches
zu bieten. Die Gemeinde hält mit: Der
ganze Stadtkern ist seit 1976 ein National Historic District.

Dann aber geht es unweigerlich zurück
nach Seattle. Das Land um die östliche

Olympic Peninsula, die nördliche Kitsap
Peninsula und Bainbridge Island ist von
Meeresarmen zergliedert und diffus
bewaldet, so daß man kaum einen freien
Blick erwischt. Doch, jenseits der Hood
Canal Floating Bridge bei **Port Gamble**,
das wie eine englische Landstadt wirkt,

Mount Rainier: Sein Gipfel schwebt über allem

schaut man frei in die Bucht. Ist noch Zeit für das **Suquamish Museum**, nahe Agate Passage (siehe Zusatztag Seattle)? Good-Bye, Chief Sealth.

Seattle greift mit seinen Schlafsiedlungen um so energischer über den Sund, je näher man ihm kommt. Schließlich, beim Ablegen vom Fährhafen in Winslow, erscheint die Skyline in voller Pracht. Mit jeder Meile gewinnt sie an Größe und Detail. Das letzte Wort hat Mount Rainier, der größte der Kaskadenvulkane (4 392 Meter): Sein weißer Schneehut schwimmt wie ein ferner Eisberg über den Wolken.

V SERVICETEIL

REISEPLANUNG

REISEDATEN

Reiseplanung

An- und Einreise

Seattle ist als »Gateway« zum Nordwesten gut gelegen und von Europa per Direkt- oder Code-share-Flug gut zu erreichen. Weitere günstige Einflughäfen sind Portland (OR), Vancouver (BC) und San Francisco (CA). Da die Route eine »Acht« beschreibt, kann die Reise an jedem Punkt derselben beginnen. Der gestückelte Flug aus Europa, z.B. über Amsterdam und Detroit, dauert ca. 19 Stunden und erreicht Seattle am Abend (Ortszeit); wegen der Zeitdifferenz von 9 Stunden ist man entsprechend müde.

Über preiswerte Holiday- und andere Sondertarife sowie Charterflüge informieren die Reisebüros. Am Rande der Saison gibt es manchmal günstige Last-Minute-Angebote, z.B. nach Vancouver. Überhaupt hat Vancouver als Gateway seinen Reiz. Dazu gehören eine auch abends belebte City um Robson und Denman Street, der fabelhafte Stanley Park, das öffentliche Nahverkehrsnetz sowie Stadthotels wie Kingston, Buchan und Sylvia – in aufsteigender Linie.

Während des Fluges kann das Einreise- und Zollformular ausgefüllt werden. Dabei ist es wichtig, eine konkrete Adresse in den USA anzugeben: ein Hotel (in Seattle z.B.) mit Anschrift. Da die Visumpflicht für Besucher aus Deutschland, Österreich und der Schweiz aufgehoben ist, genügt ein Reisepaß, der noch 6 Monate gültig ist.

Vor der Gepäckausgabe wartet der *immigration officer*, und zwar in dem Flughafen, wo man zuerst in den USA landet. Dort bringt man auch sein Gepäck durch den Zoll und checkt es ohne Umstände wieder ein. Der Beamte der Einwanderungsbehörde erkundigt sich nach Zweck *(holiday)* und Dauer der Reise und setzt daraufhin die Aufenthaltsdauer fest. Manchmal fragt er auch nach dem Rückflugticket oder der finanziellen Ausstattung.

Am Flughafen von Seattle (SEA-TAC) beantwortet ein **Visitor Information Center** alle Fragen. Wer sich ein Mietauto bestellt hat, wird die Hinweise auf die Autoverleihfirmen *(car rentals)* nicht übersehen. Pendelbusse verkehren zu den Flughafenhotels, Taxis, Limousinen und Busse in die Innenstadt. In Seattle sind es Linie 174 und 194, in Portland Linie 12 und in Vancouver Linie 100 und 20. In allen drei Städten steuert ein Bus (»Airporter«) die größeren Hotels in Downtown an.

Auskunft

Die zentralen Tourismusbehörden der beiden Nordweststaaten sind:

Washington State Tourism Office
101 General Administration Bldg.
Olympia, WA 98504-2500
✆ (800) 544-1800

Oregon State Tourism Division
775 Summer St., N.E.
Salem, OR 97310
✆ (800) 547-7842

Darüber hinaus geben die regionalen **Chambers of Commerce** bzw. **Visitor & Convention Bureaus** bereitwillig Auskunft. Deren Adressen, Ruf- und Faxnummern finden Sie in den Info-Teilen zu den einzelnen Reisetagen.

Automiete

Man sollte das Auto bereits vor Antritt der Reise über das Reisebüro mieten und bezahlen; am besten gleich mit Vollkasko. Das ist preislich günstiger. Bei der Übernahme des Wagens vor Ort legt man neben seinem Voucher den **Führerschein** (der »internationale« zählt nicht) und eine **Kreditkarte** vor. Ohne Kreditkarte geht nichts: Sie dient nicht nur zum Bezahlen, sondern auch als Sicherheit für den Vermieter.

Es kann passieren, daß der Agent am Schalter gleich mit *Hard-selling*-Methoden auf den Reisenden losgeht und ihm Zusatzversicherungen (über den CDW hinaus) oder gar ein größeres Auto unterjubeln will. Wenn Sie

schon Vollkasko haben (vgl. Gutschein), brauchen Sie keine *extended protection* mehr. Wer vorhat, auch unbefestigte Straßen im Hinterland *(back country)* zu benutzen, sollte darauf achten, daß sein Mietvertrag keine *unpaved, gravel* oder *dirt roads* ausschließt.

Überprüfen Sie den Wagen bei der Übernahme (Reserverad), und lassen Sie sich gegebenenfalls unbekannte Technik (Automatikschaltung) erklären.

Geld/Devisen/Reisekosten

Die Reisekasse verteilt man am besten auf drei Zahlungsmittel: **US-Dollar in bar**, **Reiseschecks** *(traveler's checks)*, die auf US-Dollar ausgestellt sind, und eine **Kreditkarte** (VISA, EUROCARD, AMERICAN EXPRESS o.a.). Man darf bis zu $ 10 000 in bar oder anderen Zahlungsmitteln in die USA einführen, ohne sie deklarieren zu müssen. Reiseschecks einzulösen ist unproblematisch. Man zahlt damit im Restaurant, an der Tankstelle oder im Hotel und bekommt den Restbetrag bar zurück. **Euroschecks dagegen sind in den USA unbrauchbar.** DM-Reiseschecks und Bargeld in DM werden selbst in den Großstädten nur am Flughafen oder zu normalen Banköffnungszeiten in einigen wenigen Wechselstuben umgetauscht.

Der US-Dollar ist in 100 Cents unterteilt. Es gibt **Münzen** zu 1 ¢ *(penny)*, 5 ¢ *(nickel)*, 10 ¢ *(dime)*, 25 ¢ *(quarter)*, 50 ¢ *(half dollar)* und 1 $. Vorsicht: Die **Dollar-Scheine** *(bills, notes)*, die im Wert von 1, 2, 5, 10, 20, 50, 100 $ kursieren, sind alle gleich groß und grün.

Reiseschecks über 100 Dollar werden an entlegenen Orten mitunter kritisch beäugt, große Scheine von vorsichtigen Angestellten (vor allem nachts) nicht akzeptiert. Deshalb sollte man sein Papiergeld – Banknoten und Schecks – stets in kleiner Stückelung bei sich führen, große Scheine läßt man am besten an der Hotelrezeption wechseln. In Großstädten geben die Banken Bargeld gegen Vorlage von Kreditkarte und Reisepaß ab.

In den USA muß man nicht nur bei der Automiete auf verdeckte Kosten achten. Es ist üblich, Preise ohne Umsatzsteuer anzugeben, d.h., man bezahlt meist mehr, als ausgewiesen ist. Oregon ist einer der wenigen Bundesstaaten, die keine *sales tax* erheben; in Washington liegt sie dagegen um 8 %. Häufig wird eine *bed tax* auf den Zimmerpreis aufgeschlagen, und die Hotels in den Städten verlangen häufig eine Parkgebühr, die leicht bis zu $ 20 pro Übernachtung betragen kann.

Gepäck/Klima/Kleidung

Im Nordwesten genügt lockere **Freizeitkleidung** für alle Lebenslagen. Will man sich in exklusiven Stadthotels bewegen oder in Seattle oder Portland schick ausgehen, dann braucht man etwas Feineres. Ansonsten aber paßt man mit Jeans, T-Shirt, Freizeithemd und Turnschuhen gut in die Outdoors-Gesellschaft der Region.

Die Vielfalt der Landschaften und Klimate des Nordwestens erfordert eine flexible Garderobe. An der Küste und auf den Kämmen weht der Wind. Im östlichen Binnenland kann es schon im Frühjahr tagsüber sehr heiß und abends sehr frisch werden. Regenjacke und Regenhut sind unabkömmlich. Wanderfreunde brauchen Stiefel, ansonsten sind Turnschuhe der kleinste gemeinsame Nenner.

Wenn man mit eigenem elektrischen Rasierapparat oder Fön anreist (die auf 110 Volt umgestellt werden können), sollte man einen **Adapter** für amerikanische Steckdosen mitbringen. In den USA muß man oft lange danach suchen. Auch **Filme** kauft man besser schon zu Hause, da die Preise in den USA höher liegen und die Entwicklung nicht im Preis eingeschlossen ist.

Medizinische Vorsorge

In den USA ist man automatisch Privatpatient, und die Arzt- bzw. Krankenhauskosten haben es in sich. Man sollte sich also bei seiner Krankenkasse erkundigen, welche Kosten notfalls übernommen werden. Auf jeden Fall ist eine **Auslandskrankenversicherung** anzuraten, die für Urlaubsreisen äußerst preiswert zu

haben ist. Doch auch wenn Sie versichert sind: In den USA muß man beim Arzt oder im Krankenhaus sofort bezahlen, meist im voraus. Dafür erweist sich wiederum eine Kreditkarte als sehr nützlich.

Apotheken *(pharmacy)* sind meist in Drugstores zu finden, die auch Toilettenartikel und Kosmetika führen. Ständig benötigte Medikamente sollte man selbst mitbringen (und möglichst ein Attest ausstellen lassen für den Fall, daß der Zoll Fragen stellt). Viele Medikamente, die in Europa rezeptfrei sind, müssen in den USA vom Arzt verschrieben werden.

Reisezeit

Der Nordwesten ist, mit gewissen Einschränkungen, ein Land für alle Jahreszeiten. Die besten Reisezeiten sind April/Mai bzw. September/Oktober. An der Küste herrscht dann frisches, wechselhaftes Wetter, während es im Binnenland schon (oder noch) angenehm warm ist. Der große Vorteil der Vor- oder Nachsaison ist, daß man dem Ansturm der Feriengäste auf die beliebten Urlaubsziele entgeht. Dieser erreicht seinen Höhepunkt während der Sommerferienzeit von Mitte Juni bis Mitte September.

Das **Frühjahr** ist die beste Zeit, um Vögel in den Wildlife Refuges zu beobachten. Dann blüht die High Desert, und die Matten der Gebirge überziehen sich mit Wildblumen. Im **Sommer** bietet sich ein Strandurlaub an der Oregon und Washington Coast an; und die hohen Wanderwege der Kaskaden sind dann schneefrei. Im zentralen Binnenland und in den östlichen Becken wird es heiß. Der **Herbst** beginnt nach Labor Day Anfang September, wenn die meisten Touristen wieder abgereist sind: Die Sicht auf den Bergen wird dann noch klarer, und das Laub der Espen in den Flußauen färbt sich gelb und rot. Der **Winter** bringt der Küste Regen und Sturm, dem Pistenfahrer und Loipengeher aber deckt er einen weißen Tisch. Jetzt zeigen die Metropolen erst recht, was sie zu bieten haben.

Übrigens bedeutet »**Sommer**« im touristischen US-Jahreszyklus die Zeit **zwischen Memorial Day** (letzter Montag im Mai) **und Labor Day** (1. Montag im September). »**Winter**« heißt **der Rest des Jahres**.

Reservierungen

Das verbreitete Klischee vom »Amerikaner« als lässig, praktisch und improvisationsbereit legt den Schluß nahe, man könne einfach in seine Freizeit-Gesellschaft hineinplatzen und völlig unbekümmert etwa an einer Führung teilnehmen, im Lokal den letzten freien Tisch ergattern, spät nachts noch auf Quartiersuche gehen und so weiter. Für solche ungewöhnlichen Gäste gibt es sogar einen Begriff: *drop-in* oder *walk-in*.

Ob Nobelrestaurant oder Motel, Kanutrip oder Ranchbesuch – in der Praxis lautet die erste Frage eisern: »Haben Sie reserviert?« Freizeit-Amerikaner sind geradezu besessen von Reservierungen, Vorkehrungen, Bestätigungen und so weiter, das gehört einfach zu ihren Spielregeln. Dazu zählt auch, daß Wirte gerne wissen wollen, wann genau man bei ihnen eintrifft.

Unterkunft

In den **Hotels und Motels** des Nordwestens findet man durchweg vernünftige Standards an Geräumigkeit, Ausstattung und Preis. Als störend könnte der naturverbundene Reisende allerdings empfinden, daß manche »modernen« Motels aus Sicherheits- oder technischen Gründen ihre Fenster verriegeln und die Atemluft aus der Maschine liefern. Da hilft dann nur: Kette vor die Tür und Schuh in den Spalt!

Nicht zu empfehlen ist die Zimmersuche ins Blaue hinein am Abend der Ankunft, in dem naiven Glauben, »da müßte doch was kommen«. Was kommt, sind unter Umständen reine Wohnviertel, Gewerbeparks oder Wald, und man wird froh sein, wenn man in irgendeinem noch geöffneten Waschsalon oder Videoshop Einheimische trifft, die man fragen kann. Motels sind wie Möbelhäuser: Sie bilden Nester.

Einige der in den Info-Teilen genannten Häuser können von Europa aus reserviert werden. **In den USA selbst sollten Sie dazu die stets gebührenfreien 800-Nummern nutzen.** Anzuraten ist das für die Hauptreisezeit Juni, Juli, August und/oder an Wochenenden und Feiertagen, besonders für ländliche Erholungsgebiete. Bei Reservierungen über die 800-Nummer zahlt man bei Hotelketten oft weniger als beim Einchecken vor Ort.

Auch für die Hotelreservierung gilt: Ohne Kreditkartennummer geht nichts mehr. Haben Sie eine, wird das Zimmer garantiert. Wird eine Reservierung ohne Kreditkarte akzeptiert, muß man bis **spätestens 18 Uhr** einchecken. Bei der kurzfristigen Zimmersuche sind die örtlichen Visitor Bureaus behilflich. Inzwischen sind die meisten Zimmer in Hotels/Motels *nonsmoking rooms*.

Die unter den Tages-Infos auf den blauen Seiten angegebenen Preiskategorien gelten jeweils für einen *double room*. Einzelzimmer sind nur unwesentlich billiger, während man für ein zusätzliches Bett etwa $ 5–10 zuzahlen muß. Für Kinder, die im Zimmer der Eltern schlafen, wird meist kein Aufpreis berechnet.

Die Bedeutung der Dollarsymbole für einen *double room* (zwei Personen) in diesem Buch:

$ – bis 50 Dollar
$$ – 50 bis 80 Dollar
$$$ – 80 bis 120 Dollar
$$$$ – über 120 Dollar

Bed & Breakfast ist das angelsächsische Pendant zum Hotel garni: Zimmer mit Frühstück also, meist im historischen Rahmen. Die B&Bs stehen im Nordwesten hoch im Kurs, eine gewisse Klientel steuert solche Häuser sogar aus Liebhaberei an. Ein feudales Frühstück, die Gesellschaft der anderen Gäste und das gewachsene Ambiente eines Viktorianerhauses mögen ihnen anziehender erscheinen als die stereotypen Räumlichkeiten eines Motels. Manchmal bergen die »antiken« Zimmer allerdings soviel Zierat, daß man Mühe hat, eine Ablage zu finden.

Die Info-Seiten stellen bewußt ein nach Typ und Preisklasse gefächertes Spektrum von

Reiseplanung

Unterkünften vor. Die Kombination »gut und günstig« gilt stets als Empfehlung, besonders wenn schöne Lage, pfiffiges Interieur o.ä. hinzukommen (Luxushotels findet man von selber). Wo es sie gibt, sind **Hostels** genannt, um dem *budget traveler* entgegenzukommen. Zu den besonderen Vorzügen des Nordwestens gehören seine klassischen Lodges, modernen Resorts, individuellen Bed & Breakfasts und alten Stadthotels.

Der Nordwesten ist fürs **Camping** wie geschaffen. Oregon besitzt die meisten State Parks der westlichen Staaten, einige sind ganzjährig geöffnet. Für die meisten Campingplätze in Nationalparks und State Parks gilt: *first come, first served*, doch für 13 State Parks in Oregon und 12 in Washington werden Reservierungen für die Sommermonate entgegengenommen.

Kürzlich haben Oregon und Washington ihre Auskunfts- und Reservierungssysteme für über 60 State Parks koordiniert:

Reservations Northwest
℃ (800) 452-5687 (Mo–Fr 8–17 Uhr)
℃ (800) 233-0321 (Auskunft Washington)

Bei privaten Campingplätzen sind Reservierungen möglich und erwünscht. Wer verläßlichen Komfort sucht, hält sich an die Campingkette KOA (Kampgrounds Of America), die in Oregon und Washington mit je 13 Plätzen vertreten ist. Der Jahreskatalog von KOA ist über ℃ (406) 248-7444 (oder P.O. Box 30558, Billings, MT 59114-0558) zu erhalten. Die schönsten Plätze sind allerdings oft die *primitive campgrounds* des Forest Service oder BLM mitten in der Natur.

Zoll

Zollfrei in die USA einführen darf man außer der persönlichen Reiseausrüstung (Kleidung, Kamera etc.):

– 200 Zigaretten oder 100 Zigarren (möglichst nicht aus Kuba) oder 3 Pfund Tabak
– 1 Liter Alkohol
– Geschenke im Wert von bis zu $ 100

Tierische und pflanzliche Frischprodukte (Obst, Wurst, Gemüse) dürfen nicht eingeführt werden. Die Zollbeamten sind da unerbittlich; Wurstbrot und Orange werden konfisziert. Dagegen sind Gebäck, Käse und Süßigkeiten (keine Schnapspralinen!) erlaubt.

Den eigenen Wagen darf man (bis zu einem Jahr) einführen, was sich aber nur bei einer Aufenthaltsdauer von mindestens 2 Monaten lohnt. Bleibt man länger als 12 Monate, muß das Fahrzeug nach den amerikanischen Sicherheitsbestimmungen umgerüstet werden. Wenn man seinen Wagen nach einer Reise in den USA verkaufen möchte, heißt es ebenfalls umrüsten und zusätzlich Zoll bezahlen.

Bei speziellen Fragen zu den amerikanischen Zollbestimmungen setzt man sich am besten mit dem nächsten US-Konsulat in Verbindung.

Reisedaten

Auskunft vor Ort

Fast alle größeren Orte besitzen ein **Visitor Bureau** oder eine **Chamber of Commerce**, die Unterkünfte vermitteln, Restaurants empfehlen und Tips zu Sehenswürdigkeiten geben (vgl. Tages-Infos). Am besten, man deckt sich gleich im Visitor Information Center von Seattle mit den wichtigen regionalen Quellen ein: Straßenkarte, Unterkunftsverzeichnis, Campingplätze, Outfitter (je nach Sportart), Fährkalender für Puget Sound, *Cascade Loop Traveler's Guide* für die North Cascades usw.

Mitglieder des ADAC, des schweizerischen oder österreichischen Automobilclubs sollten sich das *TourBook* der American Automobile Association (AAA) zu Oregon/Washington besorgen, das es bei Vorlage des eigenen Mitgliedsausweises kostenlos gibt; dieses enthält u.a. ein zuverlässiges Hotelverzeichnis – als Ergänzung bzw. Bestätigung der hier im Buch empfohlenen Häuser. Unter den gleichen Bedingungen erhält man bei der AAA auch exzellente Straßenkarten.

AAA-Büros findet man in den Großstädten, die Adressen im örtlichen Telefonbuch; Bürozeit ist gewöhnlich Mo–Fr 8.30–17.30 Uhr.

Autofahren

Europäische Autofahrer können sich auf den US-Highways erst mal entspannt zurücklehnen. Man fährt dort vergleichsweise rücksichtsvoll und vor allem – langsamer. Meistens jedenfalls. **Landkarten** und **Stadtpläne** bekommt man an vielen Tankstellen, in Drugstores und Buchhandlungen.

Einige Verkehrsregeln und Verhaltensweisen unterscheiden sich von denen in Europa:

- Die **Höchstgeschwindigkeit** ist ausgeschildert: auf Interstate Highways 65 m.p.h (Meilen pro Std.; d.h. 105 km/h), in Ortschaften 25–30 m.p.h. (40–48 km/h).
- An **Schulbussen** mit blinkender Warnanlage, die Kinder ein- und aussteigen lassen, darf man nicht vorbeifahren. Das gilt auch für Fahrzeuge aus der Gegenrichtung!
- **Rechtsabbiegen an roten Ampeln** ist erlaubt, nachdem man vollständig angehalten und sich vergewissert hat, daß kein Fußgänger oder anderes Fahrzeug behindert wird.
- Außerhalb von Ortschaften muß man zum Parken oder Anhalten mit dem Fahrzeug **vollständig von der Straße runter**.
- Fußgänger, besonders Kinder, haben immer Vorfahrt!

Die Farben an den Bordsteinkanten bedeuten folgendes:

Rot: Halteverbot
Gelb: Ladezone für Lieferwagen
Gelb und Schwarz: LKW-Ladezone
Blau: Parkplatz für Behinderte
Grün: 10–20 Minuten Parken
Weiß: 5 Minuten Parken während der Geschäftszeiten.

Wenn keine Farbe aufgemalt ist, darf man ungestraft und unbegrenzt parken, aber nie an Bushaltestellen oder vor Hydranten!

An **Tankstellen** muß man manchmal **im voraus bezahlen** (PAY FIRST) bzw. eine Kreditkarte hinterlegen. Die Preise variieren: Gegen Barzahlung und/oder bei Selbstbedienung (SELF SERVE) gibt es mehr Sprit als auf Kreditkarte und/oder beim Tankwart (FULL SERVE).

Bei **Pannen** sollte man sich als erstes mit seiner **Mietwagenfirma** in Verbindung setzen, um die weiteren Schritte abzusprechen. In Notfällen wendet man sich an die Highway Patrol. Diese informiert dann Abschleppdienste, Notarzt usw. Auch die AAA unterhält einen eigenen Pannendienst, den man als Mitglied des ADAC, ÖAMTC und anderer Clubs in Anspruch nehmen kann. In beiden Nordweststaaten herrscht Gurtpflicht für jeden im Auto.

Feiertage/Feste

An den offiziellen Feiertagen quellen viele beliebte Ausflugsziele über – besonders im Sommer. Da viele *holidays* auf einen Montag fallen, entstehen lange Wochenenden und während dieser oft touristisch bedingte Staus. Das gilt besonders für die Wochenenden von Memorial Day (Beginn der Reisesaison) und Labor Day (Ende der Saison); da kann es auf der Küstenstraße eng und auf den Fähren zu den San Juans voll werden. Banken und öffentliche Gebäude haben feiertags geschlossen, Verkehrsbetriebe und Museen sind dann wie sonntags geöffnet.

Offizielle Feiertage:

Neujahrstag (1. Januar)
Martin-Luther-King-Tag (3. Montag im Januar)
Presidents' Birthday (3. Montag im Februar)
Memorial Day (letzter Montag im Mai, Beginn der Hauptsaison)
Unabhängigkeitstag (4. Juli)
Labor Day (1. Montag im September, Ende der Hauptsaison)

Reisedaten

Columbus Day (2. Montag im Oktober)
Veterans Day (11. November)
Thanksgiving (4. Donnerstag im November)
Weihnachten (25. Dezember)

Für den Zaungast sind die inoffiziellen, lokalen und ethnischen Feiern und Feste meist viel ergiebiger, denn auf Rodeos, Powwows, und Festivals geht es bunt her. Es gibt immer etwas zu essen und zu trinken, viel zu sehen und oft gute Musik zu hören, und jeder findet schnell Anschluß, weil alle mit Kind und Kegel und in guter Stimmung unterwegs sind. Dasselbe gilt für die »Saturday Markets«, auf denen Kunsthandwerker ihre Produkte feilbieten.

Hinweise für Behinderte

Einrichtungen für Rollstuhlfahrer finden sich in den USA erheblich öfter und sind besser ausgestattet als z. B. in Deutschland. Allgemein kann man sich darauf verlassen, daß alle öffentlichen Gebäude (z. B. Rathäuser, Postämter, Besucherzentren) mit Rampen versehen sind. Das gilt auch für die meisten Supermärkte, Museen, Sehenswürdigkeiten und Vergnügungsparks. Die Bordsteine an den Fußgängerüberwegen sind durchweg abgeflacht und nicht etwa zugeparkt. Und auch öffentliche Verkehrsmittel sind für Rollstuhlfahrer zugänglich. Portland gilt als besonders behindertenfreundlich. In vielen Hotels und Motelketten (z. B. **Motel 6**) gibt es Rollstuhlzimmer. Die Firma AVIS vermietet Autos mit Handbedienung.

Kinder

Die Amerikaner sind allgemein kinderfreundlich. Kindermenüs, eigene Sitzkissen und Kindertische in den Restaurants, billige, wenn nicht gar kostenlose Unterbringung in Hotels und Motels sind selbstverständlich. Auf Touren, in Museen usw. zahlen Kinder weniger; die in den Info-Teilen aufgeführten Preise gelten durchweg für Erwachsene. Visitor Bureaus und Hotels in den Städten vermitteln Babysitter.

Literatur

Dürfte man nur ein einziges Buch mitnehmen, dann müßte man sich im Nordwesten zweiteilen: Den *Atlas & Gazetteer* von DeLorme gibt es nämlich in zwei Ausgaben, eine für Oregon und eine für Washington. Wer topographische Karten lesen kann und will, den führt der Atlas auf geheimen Wegen bis tief ins Hinterland.

Wer stilvoll wohnen und gehoben speisen will, ergänzt dieses Buch durch das schöne Bilderbuch *Weekends for Two in the Pacific Northwest: 50 Romantic Getaways* von Gleeson und Hopkins. Wer Oregon en detail kennenlernen will, blättert in den Werken von Ralph Friedman, und wer mehr über Central Oregon und das »Big Country« wissen will, liest nach bei Ray Hatton. Der beste Führer zu den Indianern der Region: *Native Peoples of the Northwest* von Halliday und Chehak.

Maße und Gewichte

Vor einigen Jahren schien die Umstellung der USA auf das metrische System schon in Sicht, doch heute ist wieder alles beim alten, d.h. bei *inch* und *mile*, *gallon* und *pound*. Man muß sich

Längenmaße:	1 *inch (in.)*	= 2,54 cm
	1 *foot (ft.)*	= 30,48 cm
	1 *yard (yd.)*	= 0,9 m
	1 *mile*	= 1,6 km
Flächenmaße:	1 *square foot*	= 930 cm^2
	1 *acre*	= 0,4 Hektar
		(= 4 047 m^2)
	1 *square mile*	= 259 Hektar
		(= 2,59 km^2)
Hohlmaße:	1 *pint*	= 0,47 l
	1 *quart*	= 0,95 l
	1 *gallon*	= 3,79 l
Gewichte:	1 *ounce (oz.)*	= 28,35 g
	1 *pound (lb.)*	= 453,6 g
	1 *ton*	= 907 kg

Temperaturen:

Fahrenheit (°F)	104	100	90	86	80	70	68	50	40	32
Celsius (°C)	40	37,8	32,2	30	26,7	21,1	20	10	4,4	0

Bekleidungsmaße:

Herrenkonfektion

Deutsch	46		48		50		52		54		56		58
Amerikanisch	36		38		40		42		44		46		48

Damenkonfektion

Deutsch	38		40		42		44		46		48
Amerikanisch	10		12		14		16		18		20

Kinderbekleidung

Deutsch	98		104		110		116		122
Amerikanisch	3		4		5		6		6X

Kragen/*collars*

Deutsch	35–36		37		38		39		40/41		42		43
Amerikanisch	14		14½		15		15½		16		16½		17

Strümpfe/*stockings*

Deutsch	35		36		37		38		39		40		41
Amerikanisch	8		8½		9		9½		10		10½		11

Schuhe/*shoes*

Deutsch	36	37	38	39	40	41	42	43	44	45	46	47
Amerikanisch	5	5¾	6½	7¼	8	8¾	9½	10¼	11	11¾	12½	13¼

also wohl oder übel darauf einstellen. Die nebenstehende kurze Anleitung soll dabei helfen.

Öffentliche Verkehrsmittel

Taxi-Unternehmen in den Städten finden Sie auf den gelben Telefonbuchseiten bzw. erfahren Sie beim Hotelportier. Seattle, Portland und Vancouver haben ausgebaute Nahverkehrssysteme, die sich auf ein Netz von Bussen stützen. In Portland kommt der kreuzungsfreie Schienenweg *(light rail)* des MAX (Metropolitan Area Express) hinzu.

Greyhound-Trailways haben ihre Überlandlinien in den letzten Jahren auf Kernstrecken reduziert, also von und nach Vancouver (BC), Seattle, Portland und Kalifornien sowie Spokane, Bend und Salt Lake City. Man darf sich nicht scheuen, den Fahrer eines Überlandbusses gegebenenfalls zu bitten, die »Gefrierung« abzustellen, denn er hat ein unabhängiges Kühlsystem für sich.

Die Reise mit der nationalen Eisenbahngesellschaft AMTRAK kann zum Abenteuer werden: Der Normalbürger schüttelt den Kopf, und Fachleute haben keine Ahnung. Immer wieder werden Verbindungen aus Rentabilitätsgründen gestrichen. Trotzdem gibt es sie noch: den *Coast Starlight* zwischen den Städten der Westküste (mit einem prekären Appendix nach Vancouver), den *Empire Builder* und *Pioneer* von Seattle und Portland über Spokane bzw. Baker City nach Osten und Chicago. Nichts geht ohne Reservierung: ✆ 800-USA-RAIL (872-7245).

Reisedaten

Post

Postämter gibt es in den winzigsten Ortschaften. Je kleiner das Nest, um so kürzer die Wartezeiten für den, der ein Päckchen aufgeben oder Briefmarken kaufen will, und desto pittoresker unter Umständen das Amt. Die Beförderung einer Postkarte in die Heimat dauert inzwischen oft länger als eine Woche. Man kann sich Sendungen postlagernd nachschicken lassen, mit folgender Adressierung: (Nam, Familienname unterstrichen)

c/o General Delivery
Main Post Office
Portland, OR (z.B.)
USA

In den USA hat das Telefonsystem mit dem Postwesen nichts zu tun, daher findet man in den Postämtern auch keine Telefonzellen. Telegramme können bei der **Western Union Telegraph Company** aufgegeben werden (auch telefonisch).

Restaurants/Essen und Trinken

Ihre kulinarische Vielfalt verdanken die USA zum größten Teil ihren ethnischen Küchen, im Falle des Nordwestens vor allem der asiatischen. Die Empfehlungen in diesem Buch weisen, wo immer es möglich ist, Wege zu diesen Leckerbissen. Man findet sie vor allem in den individuell geführten Restaurants der größeren Städte und den bekannten Ferienorten der Küste; dort kommen Meeresfrüchte (Seafood) frisch auf den Tisch.

Bei der Auswahl eines Restaurants für den Info-Teil gilt gute Qualität zum günstigen Preis als Vorzug. Wenn Gesundheits- oder vegetarische Kost geboten wird, gilt dies als zusätzliche Empfehlung, weil man solche »Außenseiter« schwerer findet. Filialen von Fast-food-Ketten werden nicht genannt, weil man sie leicht selber findet.

Ein Tip fürs Frühstück: Da amerikanische Portionen, ob als Omelette oder Dreifachstapel von Pancakes serviert, meist zu groß, fettig oder süß sind, hält man sich lieber an kalkulierbare Risiken wie Toast mit Marmelade, Haferbrei (oatmeal) oder Müsli (granola).

Draufpacken kann man immer noch, auch wenn die Rechnung schon da ist.

Die großen Städte des Nordwestens sind zugleich auch Schulen einer neuen **Kaffeekultur**, in denen die Amerikaner lernen, guten Kaffee zu brühen und zu trinken. Überall in der Region gibt es inzwischen Filialen von Starbucks, Coffee People u. a., die frisch gerösteten Kaffee als Espresso, Cappuccino, Caffe Latte etc. neben frischen Backwaren und Sandwiches anbieten. Aber Vorsicht mit der Dosierung vor dem Schlafengehen: Der Kaffee ist echt!

Leider hat das Geschmacksniveau der »Northwest Cuisine« und neuen Kaffeehausszene noch nicht die Landstraße oder das Hinterland erreicht. Auch im Nordwesten ist die Provinz kein Schlemmertopf. Die Kettenrestaurants bieten die bekannte Einheitskost, und in den Highway-Cafés brodelt unablässig der Labberkaffee in seiner Glaskanne, bereit zu endlosen *refills* und *warmups* in eine *endless cup*.

Für Kleinigkeiten und Zwischenmahlzeiten sind amerikanische Supermärkte recht gut geeignet, weil sie Gemüse, Obst, Sandwiches, Gebäck usw. frisch, preiswert und manchmal auch lecker anbieten, und das oft zu jeder Tages- und Nachtzeit. Auch die Shops der Tankstellen kommen als Versorgungsstationen in Frage. Schöner ist es natürlich, im »Farmers Market« oder am »Roadside Stand« direkt beim Erzeuger einzukaufen. Picknickfreunde und Selbstversorger sollten überdies wissen, daß man sich in den Restaurants grundsätzlich alles, was man einmal bestellt hat, zum Mitnehmen einpacken lassen kann.

Im Vergleich zu Europa essen die meisten Amerikaner früh zu Abend; in kleineren Städten heißt das: bis 21 Uhr. Selbst in den großen Städten fällt es mitunter schwer, nach 22 Uhr noch ein offenes Restaurant zu finden.

Die unter den Tages-Infos empfohlenen Restaurants sind nach folgenden Preiskategorien für ein Abendessen (ohne Getränke, Steuer und Trinkgeld) gestaffelt:

$ – bis 10 Dollar
$$ – 10 bis 20 Dollar
$$$ – über 20 Dollar

Die USA sind inzwischen zu einem gnadenlos raucherfeindlichen Land geworden; die Nordweststaaten bilden da keine Ausnahme, sondern sind eher noch Vorreiter. In öffentlichen Gebäuden und Verkehrsmitteln besteht generell Rauchverbot, in Restaurants werden Raucher und Nichtraucher strikt getrennt. Die Mißachtung des Nichtrauchergebotes wird keineswegs als Kavaliersdelikt betrachtet.

Sicherheitshinweise

Der Nordwesten ist insgesamt ein sicheres Reiseziel – tagsüber auf jeden Fall. Trotzdem sollte man in bestimmten Vierteln von Seattle und Portland nicht unbedingt nach dem Abendessen oder Barbesuch noch durch menschenleere Straßen schlendern, ein Taxi ist im Zweifelsfall sicherer. Läßt man Gepäck im Wagen, weil man unterwegs wandern möchte, so sollte man dieses unsichtbar machen, d. h. im Kofferraum einschließen. Vorsichtige Reisende fertigen sich eine Kopie der Reisedokumente an (Paß, Flugticket usw.).

Auch die sogenannte freie Natur birgt Risiken, die viele der an Parks und Stadtwälder gewöhnten Mitteleuropäer unterschätzen. Die Wildnisregionen der USA eignen sich nur bedingt zur Kaffeefahrt oder zum unbekümmerten Spaziergang! Skorpione, Klapperschlangen, Schwarze Witwen, Moskitos und Giftsumach (poison oak) können den Urlaub ebenso verhageln wie plötzliche Regengüsse in der Steppe. Amerikanische Quellen warnen außerdem vor »Giardia«, einer Parasitenkrankheit mit Durchfall, die man sich durch infiziertes Wasser holen kann. Mit Bären oder Berglöwen hat man normalerweise nichts zu tun.

Fragen Sie die Ranger der Nationalparks und -forsten nach potentiellen Gefahren und wie man ihnen vorbeugt. Achten Sie auch darauf, daß Sie im heißen – oder kalten – Binnenland stets genügend Trinkwasser bzw. warme Kleidung mit sich führen. Festes Schuhwerk ist unumgänglich, Stiefel und lange Hosen sind auch besser gegen Schlangenbiß als Halbschuhe und nackte Beine.

Sprachtips

Schulenglisch reicht im Nordwesten allemal aus. Es kann aber nicht schaden, ein paar Begriffe zu kennen, die gewissermaßen am Wege liegen. Dazu gehört ein Wortschatz »rund ums Auto« sowie zum Reisen, Wohnen und Speisen und zur Region.

Wortschatz rund ums Auto

AAA (sprich: *triple-A*)	– Amerikanischer Automobilclub
air pressure	– Luftdruck
to accelerate	– beschleunigen
brake	– Bremse
Denver shoe	– Radkralle
engine	– Motor
fender	– Kotflügel
gear	– Gang
hood	– Motorhaube
licence plate	– Nummernschild
muffler	– Auspuff
steering wheel	– Lenkrad
tire	– Reifen
transmission	– Antrieb
trunk	– Kofferraum
windshield	– Windschutzscheibe
wiper	– Scheibenwischer

Tankstellen (*gas stations*) haben oft zwei Zapfreihen, eine für SELF SERVE und eine (teurere) für FULL SERVE, wo u.a. auch das Öl nachgesehen wird (*to check the oil*) und die Scheiben gereinigt werden. Hier lautet die Anweisung an den Tankwart normalerweise: *Fill it up, please.* Sprit (*gas* oder *fuel*) gibt es als unverbleites (*unleaded*) und verbleites (*leaded*) Normalbenzin (*regular*) bzw. als Super (*premium*). Nahezu alle Mietwagen laufen mit unverbleitem Benzin. PAY FIRST heißt es, wenn man vor dem Zapfen bezahlen bzw. eine Kreditkarte hinterlegen muß. Unterwegs gibt es einiges auf Schildern zu lesen:

DEAD END oder NO THROUGH STREET	– Sackgasse
YIELD	– Vorfahrt beachten

Reisedaten

RIGHT OF WAY — Vorfahrt
WATCH FOR
PEDESTRIANS — auf Fußgänger achten
SLIPPERY WHEN WET — Rutschgefahr bei
Nässe
DIP — Bodensenke, Delle
MPH (= *miles per hour*) — Meilen pro Stunde
SPEED LIMIT — Tempolimit
MAXIMUM SPEED — Höchstgeschwindig-
keit
MERGE — einfädeln
U-TURN — Wende um 180°
NO PASSING — Überholverbot
ROAD CONSTRUCTION
AHEAD — Baustelle voraus
FLAGMAN AHEAD — Baustelle: Straßenar-
beiter mit Warn-
flagge
MEN WORKING — Straßenarbeiten
DETOUR — Umleitung
TOLL — Maut,
Gebühren(stelle)
R.V. — Camper
(= *recreational vehicle*)
ADOPT A HIGHWAY
CODE/PROGRAM — Diese Schilder nennen
(oder suchen) Schulen,
Firmen etc., die frei-
willig einen Straßenab-
schnitt sauberhalten.

Geparkt wird meist am Straßenrand *(curb)*,
dessen Bordsteinkante verschiedene Farben
haben kann:

LOADING ZONE (gelb) – Ladezone
PASSINGER LOADING ZONE (weiß) – nur zum
Ein- und Aussteigen
HANDICAPPED PARKING – nur für Behinderte
RESTRICTED PARKING ZONE – zeitlich
begrenztes Parken

Bei Hydranten besteht ein ebenso striktes
Park-Tabu wie in den *tow-away zones*, wo man
nicht nur einen Strafzettel *(ticket)* bekommt,
sondern auch abgeschleppt wird. Ein Ticket ist
auch dann fällig, wenn die Parkuhr *(parking
meter)* abgelaufen *(expired)* ist oder bei zu
schnellem Fahren *(speeding)*.

In den Städten findet man häufig den Hinweis auf
PUBLIC PARKING, d. h. auf öffentliche und/oder
gebührenpflichtige Parkplätze; oder es heißt
schlicht PARK IN REAR (Parken im Hinterhof).
Wenn dies etwas kostet, übernehmen die Firmen oft die Gebühr ganz oder teilweise *(they
validate parking)*. Steht am Parkplatz VALET
PARKING, dann parkt das Personal Ihren Wagen
– gegen Gebühr und Trinkgeld, versteht sich.

Wortschatz für Reisende – allgemein ...

area code — Vorwahl
coin laundry — Münzwaschsalon
cruise — Bootsrundfahrt
ferry — Fähre
foliage — farbiges Herbstlaub
frontage road — Service-Fahrbahn, parallel
zur Interstate
getaway — Urlaubsziel – fern vom Trubel
gravel road — Schotterstraße
hands-on
exhibit — Ausstellung zum Anfassen
und Mitmachen
laundromat — Waschmaschine
loop — Schleife, Rundkurs
motorhome — größeres Wohnmobil
nature trail — Lehrpfad
no trespassing — Betreten verboten
public transit — öffentlicher Nahverkehr
rough road — holprige, unbefestigte Straße
scenic highway — landschaftlich schöne
Strecke, Panoramastraße
shuttle bus — Pendelbus
trail — Wanderweg, Skipiste
trailhead — Anfangspunkt eines Wander-
weges
voucher — Gutschein
wilderness — absolut geschützte Naturland
area schaft
wildlife refuge — Wildschutzgebiet
zip code — Postleitzahl

... zum Wohnen und Speisen

bathroom down the hall — Etagenbad
bed and breakfast — Frühstückspension

268

brewpub	– Brauereikneipe
budget hotel	– preisgünstiges Hotel
cabin	– einfaches Ferien- haus
campsite	– Stellplatz (auf einem Campingplatz)
condo (= condominium)	– Ferienwohnung
cottage	– Ferienhaus
country inn	– Gasthaus in ländli- cher Umgebung mit Restaurant
deck	– Terrasse (aus Holz)
diner	– kleineres, ursprüngl. langge- strecktes Restaurant
drive thru	– Imbißlokal zum Durchfahren
dump (station)	– Abwasserstelle
fast food	– Schnellimbiß
first floor	– Erdgeschoß
full hookup	– alle Anschlüsse: Wasser, Strom, Abwasser
hangout	– beliebter Treff- punkt, Bar etc.
happy hour	– blaue Stunde (wenn's billiger wird)
hookup	– Anschluß
hot tub	– große Badewanne, meist im Freien
jacuzzi	– Sprudelbad
junk (trash) food	– Essen ohne Nähr- wert
kitchenette	– Einbauküche
lodge	– Ferienhotel, meist in schöner Lage
loft	– Zimmer auf zwei Ebenen (Maisonette)
lounge	– Bar
private bath	– eigenes Bad
resort	– Feriendorf oder -siedlung mit brei- tem Freizeitangebot
soda fountain	– a) in Cafés Zapf- säule für Sprudel, b) Theke für die Zubereitung von Soft Drinks und Eis

spa	– Warmbad
stir-fry	– Zubereitungsart für Gemüse etc. im Wok
studio	– Appartement mit Kochnische
tentsite	– Stellplatz ohne Hookup, mit Pick- nicktisch und Feuer- stelle
three-quarter bathroom	– Bad mit Dusche, ohne Wanne
veggie burger	– Gemüseboulette

... und zur Region

anadromous fish	– Fische, die zum Lai- chen flußaufwärts wandern
clamming	– Muschelngraben
coulee	– Fließrinne im Plateau
coyote	– Kojote, Präriewolf
crabbing	– Krebsefangen
cross-country skiing	– Skilanglauf
dim sum	– chinesische Vor- speise
downhill skiing	– Abfahrtslauf
elk	– kein Elch, sondern der Wapiti-Hirsch der Rocky Moun- tains
fossil bed	– Sediment mit Fossi- lien
grunge	– Rock aus Seattle vom Anfang der 1990er
kayak	– Kajak, Paddelboot
mesa	– (spanisch für) Tafel- berg
Native American	– Indianer
nordic ski	– Skilanglauf
old-growth forest	– Urwald
outfitter	– Anbieter von Touren in die Natur (z. B. Wildwasser)
petroglyph, pictograph	– Felszeichnung, Fels- gravur
powwow	– indianisches Fest

Reisedaten

rafting — Schlauchbootfahren auf Wildwasser *(white water)* oder gemütlicher als *float trip*

range — a) Gebirgszug, b) offenes Weideland

scabland — durch eiszeitliche Fluten erodiertes Grundgestein

seastack — Fels vor der Küste

tidepool — Gezeitenbecken

Abkürzungen

AC oder *a/c* (= *air conditioner*) — Klimaanlage

BBQ (= *barbecue*) — Grill

BLM = *Bureau of Land Management*

BLT (= *bacon, lettuce tomato*) — Sandwich mit Schinken, Blattsalat und & Tomate

CCC (= *Civilian Conservation Corps*) — Programm des New Deal von 1933 zur Landschaftspflege

FIT (= *foreign independent traveler*) — Das sind Sie! – im Jargon der Touristiker

FS = *Forest Service*

FS-48 — Forststraße 48

HI/AYH = *Hostelling International/American Youth Hostels*

KOA (= *Kampgrounds of America*) — private Campingkette

ORV (= *off-road vehicle*) – Geländefahrzeug

RMS AVL (= *rooms available*) — Zimmer frei

WPA (= *Works Projects Administration*) — Programm des New Deal von 1935 zum Straßen- und Brückenbau etc.

yuppie = *young urban professional*

Kühne Abkürzung auf einer Leuchtreklame in Portland:
8 PC KFC 999 = *eight pieces Kentucky Fried Chicken $ 9.99*

Aussprachehilfen

Champoeg — tschäm-PU-i
Coeur d'Alene — KUR da-lin
Kalaloch — ka-LEI-lok
Malheur — mel-HUR
McKenzie — mek-KEN-si
Methow — MET-HAU
Nez Perce — nes PÖRß
Okanogan — o-ka-NOH-gen
Quinault — kwi-NOHLT
salmon — ßÄ-men
San Juans — ßän WUANS
Sequim — ßKWIM
Siuslaw — ßJUS-lawa
slough — ßLU
Stehekin — ßte-HI-kin
Wallowa — wa-LAU-a
Willamette — wil-Ä-met

Telefonieren

An öffentlichen Telefonen herrscht in den USA kein Mangel. Benutzen Sie diese für Auskünfte, Reservierungen usw., es erspart Ihnen Enttäuschungen und Zeitverluste. Hilfreich ist zu allen Zeiten der Operator (»O«), der/die Rufnummern vermittelt, Vorwahlnummern *(area codes)* und die Preiseinheiten für Ferngespräche angibt.

Um eine Nummer herauszufinden, ruft man die *directory assistance*, die man im eigenen Vorwahlbezirk unter der Nummer »411« erreicht; für andere Bezirke wählt man die jeweilige Vorwahl und dann die ℂ 555-1212. Auskünfte über die gebührenfreien ℂ 800-Nummern gibt es unter ℂ 1-800-555-1212.

Das Telefonieren aus der Telefonzelle, dem *payphone*, erfordert etwas Übung. Ortsgespräche *(local calls)* sind einfach: Man wirft 25 ¢ ein und wählt die siebenstellige Nummer. Wie man Ferngespräche *(long distance calls)* führt, wird meist in der Aufschrift am Telefon erläutert. Häufig wählt man die dreistellige Vorwahl und die Nummer, doch ist manchmal eine »1« oder eine andere Zahl als Vorwahl erforderlich. Danach meldet sich der Operator oder eine Computerstimme und verlangt die

Gesprächsgebühr für die ersten 3 Minuten. Spricht man länger, kommt die Stimme wieder und möchte mehr Geld. Es empfiehlt sich also, 25-¢-Stücke zu horten, um allzeit telefonbereit zu sein.

In den USA gibt es auch einige Gesprächsarten, die in Europa nicht oder nicht mehr üblich sind – z.B. R-Gespräche, die der Angerufene bezahlt. Man wählt dafür 0 + Vorwahl + Teilnehmernummer und bittet den Operator um einen *collect call*. Außerdem gibt es die Möglichkeit eines *person to person call*, bei dem man nur bezahlen muß, wenn sich der Angerufene selbst meldet oder geholt werden kann. Man wählt dafür ebenfalls 0 + Vorwahl + Nummer und teilt dem Operator seinen Wunsch mit.

Vom Hotel/Motel aus kann man über den Hotel-Operator oder direkt innerhalb der USA und nach Europa telefonieren. Falls man über einen Code (steht auf dem Apparat, meist »7« oder »8«) eine Amtsleitung bekommt, fragt meist eine freundliche Stimme nach der Zimmernummer, damit das Gespräch abgerechnet werden kann.

Bequem und praktisch sind »Direkt«-Gespräche, bei denen man auch von der Telefonzelle aus eine Vermittlung in Deutschland, Österreich bzw. der Schweiz erreicht und noch nicht einmal für die Vermittlung Münzen braucht, weil der Empfänger die Gebühren zahlt.

Deutschland Direkt 1-800-292-0049 + Nummer
Österreich Direkt 1-800-624-0043 + Nummer
Schweiz Direkt 1-800-745-0041 oder 1-800-305-0041

Das nützlichste Utensil für das Telefonieren in den USA ist die **Telefonkarte** *(calling card)*, wie sie von diversen Gesellschaften ausgegeben wird (z.B. von AT&T). Man kann damit praktisch von jeder Straßenecke aus den Rest der Welt erreichen, ohne pfundweise Kleingeld bei sich tragen zu müssen. Außerdem spart man die erheblichen Zuschläge der Hotels auf die Gebühreneinheiten. Die Handhabung ist einfach, wenn man sie verstanden hat. Zu jedem Gespräch bekommt man eine genaue Abrechnung mit Rufnummer, Datum, Ort, Zeit und Gebühr auf seinem Kontoauszug.

Das Wählverfahren erläutert die Karte. Mit »0« oder »1« vor der Rufnummer stellt man die Weichen: auf Karte und Konto oder den Anschluß, von dem man anruft. Komplizierter wird es, wenn das örtliche Telefonnetz nicht von der Firma betrieben wird, die die Karte ausgibt. Dann müssen Fragen beantwortet, Notizen gemacht und eine Unzahl von Ziffern eingegeben werden, was in einer zugigen Telefonzelle mitunter kein Vergnügen ist. Kommt man an ein *rotary phone*, statt *touchtone*, dann hilft nur noch der Operator und die eigene Stimme.

Trinkgeld

Trinkgelder gibt man den *bellboys*, den Kofferträgern, je nach Hotelklasse etwa 50 ¢ bis 1 $ pro großem Gepäckstück, Taxifahrern und Frisören etwa 15–20 % vom Rechnungsbetrag, in den Bars etwa 50 ¢ je Drink und dem Zimmermädchen bei mehrtägigem Aufenthalt 3–4 $. Im Motel erübrigt sich gewöhnlich ein Trinkgeld.

Restaurants sind ein Kapitel für sich. Hier läßt man rund 15 % des Rechnungsbetrages als *tip* auf dem Tisch liegen. Das ist kaum als fürstlich zu werten, da das Trinkgeld in den USA nicht im Preis enthalten ist und die Bedienung im wesentlichen davon lebt, und nicht vom Gehalt. Im Klartext, 15 % ist die Untergrenze! Im Fast-food-Restaurant oder an der Selbstbedienungstheke entfallen Trinkgelder in der Regel.

Zeitzone

Die Route dieses Buches bewegt sich im Bereich der *Pacific Time Zone* (MEZ minus 9 Stunden). Zwischen Anfang April und Ende Oktober wird die Uhr ähnlich wie in Europa um eine Stunde auf Sommerzeit *(daylight saving time*, DST) vorgestellt.

Orts- und Sachregister

(Die *kursiv* gesetzten Begriffe bzw. Seitenzahlen beziehen sich auf Angaben im Serviceteil, **fette** Ziffern verweisen auf ausführliche Erwähnungen.)

Namenregister

Fotonachweis:

Siegfried Birle, Kaltental-Frankenhofen: S. 64, 69, 101, 118, 122/123, 141, 154, 171, 198, 225 o., 231, 237, 248

Bodo Bondzio, Köln: S. 58, 179

Manfred Braunger, Freiburg: Umschlagrückseite, S. 40/41, 42, 43, 45, 46, 47, 54, 60, 61, 63, 71, 72/73, 74, 88, 90/91, 94, 98, 106, 107, 110, 111, 113, 116, 119, 120, 128, 133, 145, 146, 250

LOOK, München/Hauke Dressler: S. 10, 15, 17, 169, 174/175, 176/177, 178, 252, 253, 254/255

LOOK, München/Christian Heeb: Titelbild, vordere Umschlagklappe (außen), Schmutztitel-Dia, Haupttitel (S. 2/3), S. 7, 9, 11, 12, 13, 14, 16, 18, 44, 52, 53, 55, 81, 82/83, 85, 86, 89, 93, 108/109, 121, 130/131, 132, 134 o., 134/135, 138, 140, 142, 143, 144, 147, 150, 156, 162/163, 164/165, 166/167, 184/185, 186, 187, 192, 194 o., 194/195, 197, 202, 204/205, 206, 208, 210, 212, 213, 214/215, 216, 219, 223, 225, 226/227, 227 o., 228, 233, 234/235, 236, 244/245, 246 o., 246/247, 256/257

LOOK, München/Karl Johaentges: S. 239

Look, München/Florian Werner: S. 152/153

Gaby Wojciech, Köln: S. 188

Alle übrigen Abbildungen stammen aus dem Archiv des Autors.

Textnachweis: Der Serviceteil ist eine modifizierte Fassung eines Textes von Horst Schmidt-Brümmer.

VISTA ✦ POINT......................open end

... Wenn Ihnen die Routenvor-
schläge in diesem Reiseführer
noch nicht ausreichen, können Sie
Ergänzungstouren durch Oregon
und Washington anfordern – alle
mit genauem Routenprotokoll
und Hintergrundinformationen,
wie bei VISTA POINT üblich.

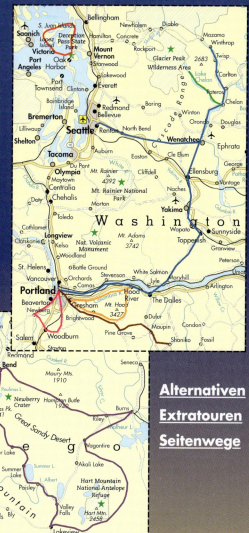

Alternativen
Extratouren
Seitenwege

Inhalt: Von Florence über Crater Lake nach Bend (3 Tage durch Süd-Oregon) • Geländefahrt nach
Südost-Oregon (3 Tage für Wüstenfüchse) • Cascade Lakes Highway und die Resorts (1 Extratag in der
Umgebung von Bend) • San Juans (2 Tage mit Fähre und Fahrrad) • Über Lake Chelan zum Stehekin
Valley (2 Tage im Gebirge) • Seitenwege zum Oregon Trail (1 Extratag von Shaniko nach Portland)
• Nach Central Washington (8tägige Winterreise) • Von Portland zum Mount Hood (1 Extratag durch
die Gorge) • Oregon City und Yamhill County (1 Extratag für Geschichte und Wein)

Ca. 45 Druckseiten. Schutzgebühr: DM 25 (inkl. Porto und Versand).
Bestellungen unter Stichwort: »Nordwesten ... open end« direkt beim **Vista Point Verlag**
Postfach 27 05 72 · 50511 Köln · Telefon 02 21/92 16 13-0 · Fax: 02 21/92 16 13-14

Danksagung

Für geteilte Entdeckerfreude in Regenwald, an der Küste und bei den Indianern danke ich **Beate Wiegand**. Mein Dank gilt **Kristina Linke** und **Horst Schmidt-Brümmer**, beide Vista Point Verlag, für Betreuung und Beratung; der Serviceteil dieses Buches stützt sich auf den Text von Horst Schmidt-Brümmer zu *Route 66*. Die Familie **Ashton** in Portland, die mir schon als Austauschschüler 1955/56 Gastfamilie war, unterstützte mich mit Wohnung und Wagen.

»Richtungweisende« Gespräche und Beiträge verdanke ich vor allem **Larry Chitwood**, Geologe des Forest Service in Bend; ferner **David Nissen** von Wanderlust Tours in Bend, **Larry Whiteman** von der Cascade Loop Association in Wenatchee und **Stephen Tuckman**, Hotelier in Cannon Beach.

Außerdem danke ich allen, die mir unterwegs mit Rat und Tat behilflich waren: **Diane Allen**, Ashland Chamber of Commerce; **David Blandford**, Seattle/King County News Bureau; **Terri Cowling**, Visitor & Convention Bureau, Lincoln City; **Todd Davidson**, Oregon State Tourism Division, Salem; **Trina Dice**, Grand Coulee Dam Area Chamber of Commerce; **Jackie French**, Bend Chamber of Commerce; **Monica Hautzenrader**, Washington State Tourism Division, Olympia; **Jeanne Kjack**, Palouse Country Tours, Malden; **Connie Pound**, Baker County Visitor & Convention Bureau; **Dana Schilperoort**, Hospitality House, Sisters; **Bill Smith**, William Smith Properties, Bend; **Susan Solari**, Portland/Oregon Visitors Association; **Rob Thorlakson**, Sun Mountain Lodge, Winthrop; **Martha Lou Wheatley**, Spokane Regional Convention & Visitors Bureau.

Umschlagvorderseite: Cape Kiwanda, Oregon. Foto: LOOK/München, Christian Heeb

Vordere Umschlagklappe (innen): Übersichtskarte Washington/Oregon mit der eingetragenen Route

Schmutztiteldia (S. 1): Holzskulptur bei Cannon Beach. Foto: LOOK/München, Christian Heeb

Haupttitel (S. 2/3): The Needles, Cannon Beach. Foto: LOOK/München, Christian Heeb

Hintere Umschlagklappe (innen): Herausnehmbare Karte des Westens der USA

© 1998 Vista Point Verlag, Köln

Alle Rechte vorbehalten

Reihenkonzeption: Dr. Horst Schmidt-Brümmer, Andreas Schulz

Lektorat: Birgit Förster

Layout und Herstellung: Andreas Schulz, Horst Dohm

Reproduktion: Litho Köcher, Köln

Kartographie: Berndtson & Berndtson Productions GmbH, Fürstenfeldbruck (vordere Umschlagklappe innen, Stadtpläne, Routenkarten); Geo Data (herausnehmbare Karte des Westens der USA)

Printed in Spain

ISBN 3-88973-185-6

Kartenregister

Bainville (MT)   Hf 42
Bairoil (WY)   Hc 48
Bajamar **MEX**   Gd 58
Baker (CA)   Gd 55
Baker (MT)   Hf 44
Baker (NV)   Gf 51
Baker (OR)   Gc 46
Bakersfield (CA)   Gb 55
Balfour **CDN**   Gd 41
Bamfield **CDN**   Fe 42
Bancroft (ID)   Gj 48
Banderas **MEX**   He 60
Bandon (OR)   Ff 47
Banks (ID)   Gd 46
Banning (CA)   Gd 57
Banos, Los (CA)   Fk 53
Barnum (WY)   Hd 47
Barnwell **CDN**   Gh 41
Barranco de Guadalupe **MEX**
   Hf 60
Barreal **MEX**   Hc 59
Barstow (CA)   Gc 56
Bartle (CA)   Fj 49
Basalt (CO)   Hc 51
Basin (WY)   Hb 46
Basque (OR)   Gc 48
Bataques **MEX**   Ge 58
Bateman **CDN** Hd 41
Batesland (SD)   Hh 47
Battle Ground (WA)   Fh 45
Battle Mountain (NV)   Gd 50
Battleview (ND) Hh 42
Bavispe **MEX**   Hb 60
Baviácora **MEX**   Gk 61
Bay City (OR)   Fg 45
Bayard (NE)   Hg 49
Bayard (NM)   Hb 58
Bayfield (CO)   Hc 53
Baynes Lake **CDN**   Ge 41
Bayview (ID)   Gd 43
Beach (ND)   Hg 44
Bear Valley (CA)   Fk 52
Beatty (NV)   Gd 54
Beatty (OR)   Fj 48
Beaumont (CA)   Gd 57
Beaver (OR)   Fg 45
Beaver (UT)   Gh 52
Beaver Marsh (OR)   Fj 47
Beaver Mines **CDN**   Gf 41
Beaverdell **CDN**   Ga 41
Beaverhead (AZ)   Ha 57
Beaverton (OR)   Fh 45
Beazer **CDN**   Gg 41
Beckton (WY)   Hc 46
Belden (CA)   Fj 50
Belden (ND)   Hh 42
Belen (NM)   Hd 56
Belfield (ND)   Hg 44
Belfry (MT)   Ha 45
Belgrade (MT)   Gj 45
Belknap Springs (OR)   Fh 46
Belle Fourche (SD)   Hg 46
Bellemont (AZ)   Gj 55
Bellevue (ID)   Gf 47
Bellevue (WA)   Fh 43
Bellevue **CDN**   Gf 41
Bellingham (WA)   Fh 42
Bellota (CA)   Fj 52
Bellview (NM)   Hg 56
Bellvue (CO)   He 50
Belmont (NE)   Hg 48
Belt (MT)   Gk 43
Bemersyde **CDN**   Hh 41

Bend (OR)   Fj 46
Benewah (ID)   Gd 43
Benge (WA)   Gb 44
Bengough **CDN**   He 41
Benicia (CA)   Fh 52
Benito Juárez **MEX**   Hd 61
Benito Juárez **MEX**   Hd 60
Benjamin (UT)   Gj 50
Benjamin Hill **MEX**   Gj 60
Bennett (CO)   Hf 51
Bennett (NM)   Hg 58
Benson (AZ)   Gk 59
Benson **CDN**   Hg 41
Benton (CA)   Gb 53
Benton City (WA)   Ga 44
Beowawe (NV)   Gd 50
Beque, De (CO)   Hb 51
Berenda (CA)   Fk 53
Berino (NM)   Hd 58
Berkeley (CA)   Fh 53
Bernalillo (NM)   Hd 55
Bernardo (NM)   Hd 56
Berne (MT)   Fj 43
Berthold (ND)   Hj 42
Beryl (UT)   Gg 53
Beryl Junction (UT)   Gg 53
Beulah (ND)   Hj 43
Beverly (WA)   Ga 44
Bickleton (WA)   Fk 44
Biddle (MT)   He 45
Bieber (CA)   Fj 49
Bienfait **CDN**   Hh 41
Big Arm (MT)   Gf 43
Big Bar (CA)   Fg 50
Big Bear City (CA)   Gd 56
Big Bear Lake (CA)   Gd 56
Big Beaver **CDN**   He 41
Big Bend (CA)   Fj 49
Big Creek (ID)   Ge 45
Big Field (AZ)   Gh 59
Big Horn (WY)   Hd 46
Big Pine (CA)   Gb 53
Big Piney (WY)   Gk 48
Big River (CA)   Gf 56
Big Sandy (MT)   Gk 42
Big Sandy (WY)   Ha 48
Big Sky (MT)   Gj 45
Big Springs (ID)   Gj 46
Big Sur (CA)   Fj 54
Big Timber (MT)   Ha 45
Big Water (UT)   Gj 53
Bigfork (MT)   Gf 42
Biggs (OR)   Fk 45
Bighorn (MT)   Hc 44
Bill (WY)   He 47
Billings (MT)   Hb 45
Bingham (NM)   Hd 57
Birdseye (UT)   Gj 51
Birney (MT)   Hd 45
Bisbee (AZ)   Ha 59
Bishop (CA)   Gb 53
Bison (SD)   Hh 45
Bitter Creek (WY)   Hb 49
Blachly (OR)   Fg 46
Black Canyon City (AZ)
   Gh 56
Black Creek **CDN**   Fe 41
Black Mesa (AZ)   Gk 54
Black Rock (UT)   Gh 52
Blackfeet Indian Reservation
   (MT)   Gg 42
Blackfoot (ID)   Gh 47
Blackfoot (MT)   Gh 42

Blackwells Corner (CA)
   Ga 55
Blaine (WA)   Fh 42
Blairmore **CDN**   Gf 41
Blairsden (CA)   Fk 51
Blanchard (ID)   Gd 42
Blanco (NM)   Hc 54
Blanding (UT)   Ha 53
Bledsoe (TX)   Hg 57
Blewett (WA)   Fk 43
Bliss (ID)   Gf 48
Blood Indian Reserve **CDN**
   Gg 41
Bloomfield (MT)   Hf 43
Bloomfield (NM)   Hc 54
Blubber Bay **CDN**   Ff 41
Blue Jay (NV)   Gd 52
Blue Lake (CA)   Fg 50
Bluecreek (WA)   Gc 42
Blueslide (WA)   Gc 42
Bluewater (NM)   Hc 55
Bluff (UT)   Ha 53
Bly (OR)   Fj 48
Blythe (CA)   Gf 57
Boardman (OR)   Ga 45
Boat Basin **CDN**   Fd 41
Bocana, La **MEX**   Gd 59
Bocana, La **MEX**   Gf 61
Bodega Bay (CA)   Fg 52
Bodfish (CA)   Gb 55
Bodie (CA)   Ga 52
Boise (ID)   Gd 47
Bolsa, La **MEX**   Gf 58
Bombay Beach (CA)   Ge 57
Bonanza (ID)   Gf 46
Bonanza (OR)   Fj 48
Bonanza (UT)   Ha 50
Bondurant (WY)   Gk 47
Bonita (AZ)   Ha 58
Bonners Ferry (ID)   Gd 42
Bonneville (OR)   Fj 45
Bonneville (WY)   Hb 47
Bonsall (CA)   Gc 57
Boone (CO)   Hf 52
Boonville (CA)   Fg 51
Boquilla **MEX**   Hb 61
Boquilla del Mezquite **MEX**
   Hf 61
Boquillas del Carmen **MEX**
   Hh 61
Border (WY)   Gk 48
Borgia, De (MT)   Ge 43
Boron (CA)   Gc 56
Borrego Springs (CA)   Gd 57
Bosler (WY)   He 49
Bosque (NM)   Hc 56
Boston Bar **CDN**   Fj 41
Boswell **CDN**   Gd 41
Bothell (WA)   Fh 43
Boulder (CO)   He 50
Boulder (MT)   Gh 44
Boulder (UT)   Gj 53
Boulder (WY)   Ha 48
Boulder City (NV)   Gf 55
Boulder Creek (CA)   Fh 53
Boundary (WA)   Gc 42
Bountiful (UT)   Gj 50
Bouse (AZ)   Gg 57
Bovill (ID)   Gd 44
Bow Island **CDN**   Gj 41
Bowbells (ND)   Hh 42
Bowen Island **CDN**   Fg 41
Bowie (AZ)   Ha 58

Bowman (ND)   Hg 44
Bowmans Corner (MT)
   Gh 43
Bowser **CDN** Ff 41
Boyd (MT)   Ha 45
Boyds (WA)   Gb 42
Boyero (CO)   Hg 52
Bozeman (MT)   Gj 45
Bracken **CDN**   Hb 41
Brackendale **CDN**   Fg 41
Bradley (CA)   Fk 55
Brady (MT)   Gj 42
Bragg, Fort (CA)   Fg 51
Brani Numéro 2 **MEX**   Gh 60
Branson (CO)   Hg 53
Brawley (CA)   Ge 58
Bray (CA)   Fj 49
Brazos (NM)   Hd 54
Breckenridge (CO)   Hd 51
Bremerton (WA)   Fh 43
Brewster (WA)   Ga 42
Bridesville **CDN**   Ga 41
Bridgeport (CA)   Ga 52
Bridgeport (NE)   Hg 49
Bridgeport (OR)   Gc 46
Bridgeport (WA)   Ga 42
Bridger (MT)   Hb 45
Bridgeville (CA)   Fg 50
Briggsdale (CO)   Hf 50
Brigham City (UT)   Gh 49
Brighton(CO)   Hf 50
Brinnon (WA)   Fh 43
Britannia Beach **CDN**   Fg 41
Broadus (MT)   He 45
Broadview (MT)   Hb 44
Broadview (NM)   Hg 56
Broadview Acton (MT)
   Hb 44
Broadwater (NE)   Hh 49
Brocket **CDN**   Gg 41
Brockton (MT)   Hf 42
Brockway (MT)   He 43
Brogan (OR)   Gc 46
Brookings (OR)   Ff 48
Broomhill **CDN**   Hj 41
Brothers (OR)   Fk 47
Browning (MT)   Gh 42
Browning **CDN**   Hh 41
Brownsboro (OR)   Fh 48
Bruneau (ID)   Ge 48
Brusett (MT)   Hc 43
Brush (CO)   Hg 50
Bryant **CDN**   Hg 41
Buchanan (OR)   Gb 47
Buckeye (AZ)   Gh 57
Buckeye (NM)   Hg 58
Buckhorn (MN)   Hb 57
Buckley (WA)   Fh 43
Buckley Bay **CDN**   Ff 41
Buena (WA)   Fk 44
Buena Vista (CO)   Hd 52
Buenaventura **MEX**   Hc 61
Bueyeros (NM)   Hg 55
Buffalo (SD)   Hg 45
Buffalo (WY)   Hd 46
Buffalo **CDN**   He 41
Buford (CO)   Hc 51
Buford (ND)   Hg 43
Buford (WY)   He 49
Buhl (ID)   Gf 48
Bullhead City (AZ)   Gf 55
Bumble Bee (AZ)   Gh 56
Bunkervill (NV)   Gf 54

Donnybrook (ND) Hj 42	East Wenatchee (WA) Fk 43	Eltopia (WA) Ga 44	Fairplay (CO) Hd 51
Dora (NM) Hg 57	Eastend CDN Hb 41	Ely (NV) Gf 51	Fairview (CA) Gb 55
Dorris (CA) Fj 49	Eaton (CO) Hf 50	Emblem (WY) Hb 46	Fairview (MT) Hf 43
Dos Cabezas (AZ) Ha 58	Eatonville (WA) Fh 44	Emery (UT) Gj 52	Fairview (UT) Gj 51
Dos Rios (CA) Fg 51	Echo (UT) Gj 49	Emigrant (MT) Gk 45	Fairview (WY) Gk 48
Douglas (AZ) Ha 59	Ecoole CDN Fe 42	Emigrant Gap (CA) Fk 51	Faith (SD) Hh 45
Douglas (WA) Fk 43	Eden (ID) Gf 48	Emmett (ID) Gd 47	Falcon (CO) Hf 52
Douglas (WY) He 48	Eden (WY) Ha 48	Empire (CA) Fk 53	Fall City (WA) Fj 43
Douglas City (CA) Fh 50	Eder (MT) Gj 43	Empire (CO) He 51	Fall Creek (OR) Fh 47
Douglas Flat (CA) Fk 52	Edgemont (SD) Hg 47	Encantades, Las MEX Gf 61	Fall River Mills (CA) Fj 49
Dove Creek (CO) Hb 53	Edgewood CDN Gb 41	Encinitas (CA) Gc 58	Fallon (MT) He 44
Downey (ID) Gh 48	Edison (CO) Hf 52	Encino (NM) He 56	Fallon (NV) Gb 51
Downieville (CA) Fk 51	Edmonds (WA) Fh 43	Endicott (WA) Gc 44	Fallon (WA) Gc 44
Doyle (CA) Fk 50	Edwall (WA) Gc 43	Engelmine (CA) Fk 50	False Bay CDN Ff 41
Doyleville (CO) Hd 52	Edwards (CA) Gc 56	Engle (NM) Hc 57	Fanny Bay CDN Ff 41
Dragoon (AZ) Gk 58	Egmont CDN Fg 41	Ennis (MT) Gj 45	Farley (NM) Hf 54
Drain (OR) Fg 47	Egnar (CO) Hb 53	Enoch (UT) Gg 53	Farmer (WA) Ga 43
Drewsey (OR) Gb 47	Eholt CDN Gb 41	Enterprise (OR) Gc 45	Farmington (CA) Fk 53
Driggs (ID) Gj 47	Ejido Alianza para la Produ-	Enterprise (UT) Gg 53	Farmington (NM) Hb 54
Drummond (MT) Gg 44	cion MEX Ge 59	Entiat (WA) Fk 43	Farmington (UT) Gj 50
Drytown (CA) Fk 52	Ejido Bonfil MEX Gd 59	Enumclaw (WA) Fj 43	Faro, El MEX Ge 58
Dubois (ID) Gh 46	Ejido Chaputulpec MEX	Ephraim (UT) Gj 51	Farson (WY) Ha 48
Dubois (WY) Ha 47	Gd 59	Ephrata (WA) Ga 43	Fauquier CDN Gb 41
Duchesne (UT) Gk 50	Ejido Emillano Zapata MEX	Epping (ND) Hg 42	Fayette (ND) Hh 43
Duck Valley Indian Reserva-	Ge 61	Errington CDN Ff 41	Faywood (NM) Hb 58
tion (NV) Gd 48	Ejido Eréndira MEX Gd 59	Ervay (WY) Hc 48	Feather Falls (CA) Fj 51
Duckwater (NV) Ge 52	Ejido Héroes de la Indepen-	Escalante (UT) Gj 53	Featherville (ID) Ge 47
Ducor (CA) Ga 55	dencia MEX Ge 59	Escalon (CA) Fk 53	Feestone (CA) Fg 52
Dufur (OR) Fj 45	Ejido Uruapan MEX Gd 59	Escondido (CA) Gc 57	Fence Lake (NM) Hb 56
Dugway (UT) Gh 50	Ekalaka (MT) Hf 45	Espanola (NM) Hd 55	Ferland CDN Hd 41
Dulce (NM) Hd 54	Elba (ID) Gg 48	Esparto (CA) Fh 52	Ferndale (CA) Ff 50
Dulzura (CA) Gd 58	Elbe (WA) Fh 44	Esperanza (TX) He 59	Ferndale (WA) Fh 42
Dummer CDN Hf 41	Elbert (CO) Hf 51	Esperanza, La MEX Hd 61	Fernie CDN Ge 41
Duncan (AZ) Ha 58	Elberta (UT) Gj 51	Esqueda MEX Ha 60	Fernley (NV) Ga 51
Duncan CDN Fg 42	El Cerrito (CA) Fh 53	Esquimalt CDN Fg 42	Ferron (UT) Gj 51
Dunes City (OR) Ff 47	El Coloradito Fish Camp MEX	Essex (CA) Ge 56	Fertile CDN Hj 41
Dunken (NM) He 58	Gf 60	Essex (MT) Gg 42	Field (NM) Hg 56
Dunlap (NM) Hf 56	Elfrida (AZ) Ha 59	Estacada (OR) Fh 45	Fielding (UT) Gh 49
Dunmore CDN Gk 41	Elgin (ND) Hj 44	Estación Coahuila MEX	Fields (OR) Gb 48
Dunnigan (CA) Fj 52	Elgin (NV) Gf 53	Ge 58	Fife (WA) Fh 43
Dupree (SD) Hj 45	Elgin (OR) Gc 45	Estanica (NM) Hd 56	Fife Lake CDN He 41
Dupuyer (MT) Gh 42	Elida (NM) Hg 57	Esterbrook (WY) He 48	Filer (ID) Gf 48
Duquesne (AZ) Gk 59	Elk (NM) He 58	Estes Park (CO) He 50	Fillmore (CA) Gb 56
Duran (NM) He 56	Elk (WA) Gc 42	Estevan CDN Hh 41	Fillmore (UT) Gh 52
Durango (CO) Hc 53	Elk City (ID) Ge 45	Estevan Point CDN Fd 41	Fillmore CDN Hg 41
Durkee (OR) Gc 46	Elk Creek (CA) Fh 51	Ethridge (MT) Gh 42	Fir Mountain CDN Hd 41
Dusty (WA) Gc 44	Elk Grove (CA) Fj 52	Ettington CDN Hd 41	Firebaugh (CA) Fk 54
Dutch John (NV) Ha 50	Elk River (ID) Gd 44	Etzikom CDN Gj 41	Fish Camp (CA) Ga 53
Dutton (MT) Gj 43	Elk Springs (CO) Hb 50	Eugene (OR) Fg 47	Fishing Bridge (WY) Gk 46
Duvall (WA) Fj 43	Elkhead (OR) Fg 47	Eunice (NM) Hg 58	Five Points (CA) Fk 54
Dwyer (NM) Hc 58	Elkhorn CDN Hj 41	Eureka (CA) Ff 50	Flagler (CO) Hg 51
Dyer (NV) Gb 53	Elkins (NM) Hf 57	Eureka (CO) Hc 53	Flagstaff (AZ) Gj 55
	Elko (NV) Ge 50	Eureka (MT) Ge 42	Flasher (ND) Hj 44
Eagar (AZ) Ha 56	Elko CDN Ge 41	Eureka (NV) Ge 51	Flathead CDN Gf 41
Eagle (CO) Hd 51	Elkton (OR) Fg 47	Eureka (UT) Gh 51	Flathead Indian Reservation
Eagle (ID) Gd 47	Elkwater CDN Gk 41	Eureka (WA) Gb 44	(MT) Gf 43
Eagle Creek (OR) Fh 45	Ellensburg (WA) Fk 43	Evans (CO) Hf 50	Flatwillow (MT) Hb 44
Eagle Mountain (CA) Ge 57	Ellis (ID) Gf 46	Evans (WA) Gc 42	Flaxville (MT) He 42
Eagle Nest (NM) He 54	Ellisforde (WA) Ga 42	Evanston (WY) Gk 49	Flintoft CDN Hd 41
Eagle Picher Mine (NV)	Elliston (MT) Gh 44	Evansville (WY) Hd 48	Floods CDN Fj 41
Gb 50	Ellsworth (NE) Hh 48	Evaro (MT) Gf 43	Flora (OR) Gc 45
Eagle Point (OR) Fh 48	Elma (WA) Fg 43	Everett (WA) Fh 43	Florence (AZ) Gj 57
Eagleville (CA) Fk 49	Elmer City (WA) Gb 42	Ewan (WA) Gc 43	Florence (CO) He 52
Earls Cove CDN Fg 41	Elmira (ID) Gd 42	Ewart CDN Hj 41	Florence (OR) Ff 46
Earp (CA) Gf 56	Elmore CDN Hj 41	Exeter (CA) Ga 54	Florence Junction (AZ)
East Carbon City (UT)	Eloy (AZ) Gj 58		Gj 57
Gk 51	El Paso (TX) Hd 59	Fabens (TX) Hd 59	Florida (NM) Hc 58
East Fairview (ND) Hg 43	El Paso Gap (NM) Hf 58	Fairburn (SD) Hg 47	Florin (CA) Fj 52
East Glacier Park (MT)	El Portal (CA) Ga 53	Fairfield (CA) Fh 52	Floyd (NM) Hg 56
Gg 42	El Porvenir (NM) He 55	Fairfield (ID) Gf 47	Folsom (NM) Hg 54
East Helena (MT) Gj 44	El Roble MEX Hd 60	Fairfield (MT) Gj 43	Fontenelle (WY) Gk 49
East Missoula (MT) Gg 44	El Saúz MEX Hd 61	Fairfield (UT) Gh 50	Ford (ID) Gc 43
East Poplar CDN He 41		Fairlight CDN Hj 41	Foremost CDN Gj 41

Ta Ta Creek **CDN** Ge 41
Taber **CDN** Gh 41
Tachee (AZ) Gk 54
Tacoma (WA) Fh 43
Taft (CA) Ga 55
Taghum **CDN** Gc 41
Tahoe City (CA) Fk 51
Taholah (WA) Ff 43
Tahsis **CDN** Fd 41
Tajique (NM) Hd 56
Talmage **CDN** Hg 41
Tanque Verde (AZ) Gk 58
Taos (NM) He 54
Taos Indian Reservation (NM)
   He 54
Tarkio (MT) Gf 43
Tatum (NM) Hg 57
Taylor (AZ) Gk 56
Taylor Canyon (NV) Gd 49
Taylor Park (CO) Hd 52
Tecate **MEX** Gd 58
Tecopa (CA) Gd 55
Tecoriname **MEX** Hb 61
Teec Nos Pos (AZ) Ha 54
Tehachapi (CA) Gb 55
Tekoa (WA) Gc 43
Telluride (CO) Hc 53
Tempe (AZ) Gj 57
Templeton (CA) Fk 55
Ten Sleep (WY) Hc 46
Tendoy (ID) Gg 46
Tenino (WA) Fh 44
Tensed (ID) Gd 43
Tepache **MEX** Ha 61
Terra Bella (CA) Ga 55
Terrebonne (OR) Fj 46
Terreton (ID) Gh 47
Terry (MT) He 44
Testerazo, El **MEX** Gd 58
Tesuque Indian Reservation
   (NM) He 55
Teton Village (WY) Gk 47
Tetonia (ID) Gj 47
Texline (TX) Hg 54
Thatcher (AZ) Ha 58
Thatcher (CO) Hf 53
Thayne (WY) Gk 48
The Gap (AZ) Gj 54
The Oaks (AZ) Gb 56
Theba (AZ) Gh 58
Thermopolis (WY) Hb 47
Thetis Island **CDN** Fg 42
Thompson Falls (MT) Ge 43
Thoreau (NM) Hb 55
Thorne (NV) Gb 52
Thornton (WA) Gc 43
Thousand Oaks (CA) Gb 56
Thousand Palms (CA)
   Gd 57
Thousand Springs (NV)
   Gf 49
Three Creek (ID) Ge 48
Three Forks (MT) Gj 45
Three Point (CA) Gb 56
Three Rivers (NM) Hd 57
Three Rocks (CA) Fk 54
Thunder Butte (SD) Hj 45
Thunder Hawk (SD) Hh 45
Ticaboo (UT) Gk 53
Tidewater (OR) Fg 46
Tie Siding (WY) He 49
Tierra Amarilla (NM) Hd 54
Tiger (WA) Gc 42
Tijeras (NM) Hd 55

Tijuana **MEX** Gc 58
Tilford (SD) Hg 46
Tillamook (OR) Fg 45
Tiller (OR) Fh 48
Tilston **CDN** Hj 41
Timber (OR) Fg 45
Timber Lake (SD) Hj 45
Timberon (NM) He 58
Timpas (CO) Hg 53
Tinnie (NM) He 57
Tioga (ND) Hh 42
Tipton (CA) Ga 54
Tiro, El **MEX** Gj 60
Tobe (CO) Hg 53
Tofino **CDN** Fe 41
Tohatchi (NM) Hb 55
Tokeland (OR) Ff 44
Tolar (NM) Hg 56
Toledo (OR) Fg 46
Tolleson (AZ) Gh 57
Tolley (ND) Hj 42
Tollhouse (CA) Ga 53
Tombstone (AZ) Gk 59
Tome (NM) Hd 56
Tonasket (WA) Ga 42
Tonopah (AZ) Gh 57
Tonopah (NV) Gc 52
Tonto Basin (AZ) Gj 57
Tooele (UT) Gh 50
Topanga (CA) Gb 56
Topawa (AZ) Gj 59
Topaz (CA) Ga 52
Topaz Lake (NV) Ga 52
Topock (AZ) Gf 56
Toppenish (WA) Fk 44
Toquerville (UT) Gg 53
Torboy (WA) Gb 42
Torquay **CDN** Hg 41
Torrance (CA) Gb 57
Torreon (NM) Hc 55
Torres Martinez Indian Reser
   vation (CA) Gd 57
Torrey (UT) Gj 52
Torrington (WY) Hf 48
Toston (MT) Gj 44
Touchet (WA) Gb 44
Towaoc (CO) Hb 53
Tower-Roosevelt (WY)
   Gk 46
Townsend (MT) Gj 44
Tracy (AZ) Gh 58
Tracy (CA) Fj 53
Trail (OR) Fh 48
Trail **CDN** Gc 41
Treelon **CDN** Hb 41
Trego (MT) Gf 42
Tremonton (UT) Gh 49
Tren, El **MEX** Gh 59
Tres Alamos **MEX** Hb 60
Tres Hermanos **MEX** Gd 59
Tres Piedras (NM) He 54
Tribune **CDN** Hg 41
Tridell (UT) Ha 50
Trident (MT) Gj 45
Trinidad (CA) Ff 49
Trinidad (CO) Hf 53
Trinity Center (CA) Fh 50
Tripton (UT) Gj 52
Trona (CA) Gc 55
Trotters (ND) Hg 43
Trout Creek (MT) Ge 43
Trout Lake (WA) Fj 45
Troy (ID) Gd 44
Troy (MT) Ge 42

Troy (OR) Gc 45
Truchas (NM) He 54
Truckee (CA) Fk 51
Trujillo (NM) Hf 55
Truth or Consequences (NM)
   Hc 57
Truxton (AZ) Gg 55
Tsawwassen **CDN** Fg 41
Tuba City (AZ) Gj 54
Tubac (AZ) Gj 59
Tucson (AZ) Gk 58
Tucumcari (NM) Hg 55
Tulalip Indian Reservation
   (WA) Fh 42
Tulameen **CDN** Fk 41
Tulare (CA) Ga 54
Tularosa (NM) Hd 57
Tule River Indian Reservation
   (CA) Gb 54
Tulelake (CA) Fj 49
Tumalo (OR) Fj 46
Tumwater (WA) Fh 43
Tuolumne (CA) Fk 53
Turin **CDN** Gh 41
Turkey Flat (AZ) Ha 58
Turlock (CA) Fk 53
Turn (NM) Hd 56
Turner (MT) Hb 42
Turner (OR) Fh 46
Tuscarora (NV) Gd 49
Tuttle Town (CA) Fk 52
Twentynine Palms (CA)
   Gd 56
Twentynine Palms Indian
   Reservation (CA) Gd 56
Twin Bridges (MT) Gh 45
Twin Butte **CDN** Gg 41
Twin Falls (ID) Gf 48
Twisp (WA) Fk 42
Twodot (MT) Gk 44
Tye **CDN** Gd 41
Tygh Valley (OR) Fj 45
Tyler (WA) Gc 43
Tyrone (NM) Hb 58

Ucluelet **CDN** Fe 42
Ucross (WY) Hd 46
Uintah and Ouray Indian
   Reservation (UT) Gk 50
Ukiah (CA) Fg 51
Ukiah (OR) Gb 45
Ulm (MT) Gj 43
Ulm (WY) Hd 46
Umatilla (OR) Ga 45
Umatilla Indian Reservation
   (OR) Gb 45
Underwood (ND) Hj 43
Underwood (WA) Fj 45
Union (OR) Gc 45
Union Bay **CDN** Ff 41
Union City (CA) Fj 53
Union Creek (OR) Fh 48
Union Gap (WA) Fk 44
Unionville (NV) Gb 50
Unity (OR) Gb 46
University Park (NM) Hd 58
Upper Lake (CA) Fh 51
Upton (WY) Hf 46
Ures **MEX** Gk 61
Ursine (NV) Gf 53
Usk (WA) Gc 42
Usta (SD) Hh 45
Ute Mountain Indian Reserva-
   tion (CO) Hb 53

Utica (MT) Gk 44
Uvada (UT) Gf 53

Vacaville (CA) Fh 52
Vader (WA) Fh 44
Vail (CO) Hd 51
Val Marie **CDN** Hc 41
Vale (OR) Gc 47
Valentine (TX) Hf 60
Valerie Jean (CA) Gd 57
Valier (MT) Gh 42
Valle (AZ) Gh 55
Valle Las Palmas **MEX** Gd 58
Vallecitos **MEX** Gd 58
Vallejo (CA) Fh 52
Valley (WA) Gc 42
Valley (WY) Ha 46
Valley Falls (OR) Fk 48
Valley Junction (OR) Fg 45
Valley Springs (CA) Fk 52
Valley Wells (CA) Ge 55
Valley, Long (AZ) Gj 56
Valmont (NM) He 58
Valmy (NV) Gc 50
Valor **CDN** Hd 41
Valverde (NM) Hd 57
Vamori (AZ) Gj 59
Van (OR) Gb 47
Van Tassell (WY) Hf 48
Vananda (MT) Hd 44
Vancouver (WA) Fh 45
Vancouver **CDN** Fg 41
Vanguard **CDN** Hc 41
Vantage (WA) Fk 44
Vantage **CDN** Hd 41
Varradero (NM) Hf 55
Vaughn (MT) Gj 43
Vaughn (NM) He 56
Vaughn (WA) Fh 43
Vaya Chin (AZ) Gh 58
Veinticuatro, El **MEX** He 60
Venango (KS) Hh 50
Veneta (OR) Fg 46
Ventana (AZ) Gh 58
Ventura (AZ) Ga 56
Veracruz **MEX** Ge 58
Verde Hot Springs (AZ) Gj 56
Vernal (UT) Ha 50
Vernalis (CA) Fj 53
Vernon (AZ) Ha 56
Vernon (UT) Gh 50
Vernonia (OR) Fg 45
Veronica, Santa **MEX** Gd 58
Verwood **CDN** He 41
Veyo (UT) Gg 53
Viceroy **CDN** He 41
Vicksburg (AZ) Gg 57
Victor (CO) He 52
Victor (ID) Gj 47
Victor (MT) Gf 44
Victoria **CDN** Fg 42
Victorville (CA) Gc 56
Vida (MT) He 43
Vida (OR) Fh 46
Vidal (CA) Gf 56
Vidora **CDN** Ha 41
Viejo **MEX** Gd 58
Vigil (UT) Hf 53
Villa Ahumada y Anexas **MEX**
   Hd 60
Villa Hidalgo **MEX** Ha 60
Villa Pesquera **MEX** Ha 61
Villa de Sari **MEX** Gk 61
Villago Hidalgo **MEX** Gd 60

Villanueva (NM)   He 55
Vineland (CO)   Hf 52
Virden (NM)   Hb 58
Virginia City (MT)   Gj 45
Virginia City (NV)   Ga 51
Virginia Dale (CO)   He 50
Visalia (CA)   Ga 54
Vista (CA)   Gc 57
Volborg (MT)   He 45
Vulture Mine (AZ)   Gh 57
Vya (NV)   Ga 49

Wabuska (NV)   Ga 51
Wadsworth (NV)   Ga 51
Wagon Mound (NM)   Hf 54
Wagontire (OR)   Ga 47
Waha (ID)   Gd 44
Waitsburg (WA)   Gb 44
Walcott (WY)   Hd 49
Walden (CO)   Hd 50
Waldport (OR)   Ff 46
Wales (UT)   Gj 51
Walker (SD)   Hj 45
Walker River Indian Reserva-
   tion (NV)   Gb 51
Wall (SD)   Hh 46
Walla Walla (WA)   Gb 44
Wallace (ID)   Ge 43
Wallowa (OR)   Gc 45
Wallula (WA)   Gb 44
Walnut (CA)   Fh 53
Walnut Creek (AZ)   Gh 56
Walpole CDN   Hj 41
Walsenburg (CO)   Hf 53
Walsh CDN   Gk 41
Waltman (WY)   Hc 47
Wamsutter (WY)   Hc 49
Waneta CDN   Gc 41
Wapato (WA)   Fk 44
Wapiti (WY)   Ha 46
Warden (WA)   Ga 44
Wardner CDN   Ge 41
Warm Creek Ranch (NV)
   Ge 50
Warm Springs (NV)   Gd 52
Warm Springs (OR)   Fj 46
Warm Springs Indian Reser-
   vation (OR)   Fj 46
Warner CDN   Gh 41
Warner Springs (CA)   Gd 57
Warren (AZ)   Ha 59
Warren (ID)   Ge 45
Warren (MT)   Hb 45
Warrenton (OR)   Fg 44
Wasa CDN   Ge 41
Wasco (CA)   Ga 55
Wasco (OR)   Fk 45
Washington (UT)   Gg 53
Washougal (WA)   Fh 45
Washtucna (WA)   Gb 44
Wasta (SD)   Hh 46
Waterman (OR)   Gb 45
Waterton Park CDN   Gg 41
Waterville (WA)   Fk 43
Watford City (ND)   Hg 43
Watrous (NM)   Hf 55
Watsonville (CA)   Fj 54
Wauchope CDN   Hj 41
Wauconda (WA)   Gb 42
Waukena (CA)   Ga 54
Wawawai (WA)   Gc 44
Wawota CDN   Hh 41
Wayside (NE)   Hg 48

Weaverville (CA)   Fh 50
Weed (CA)   Fh 49
Weed (NM)   He 58
Weiser (ID)   Gd 46
Weitchpec (CA)   Fg 49
Welling CDN   Gh 41
Wellington (CO)   He 50
Wellington (NV)   Ga 52
Wellington (UT)   Gk 51
Wells (NV)   Gf 49
Wellsville (UT)   Gj 49
Welton (AZ)   Gg 58
Wenatchee (WA)   Fk 43
Wendell (ID)   Gf 48
Wenden (AZ)   Gg 57
Wendover (UT)   Gf 50
Wendover (UT)   Gg 50
Wentworth Springs (CA)
   Fk 51
Weott (CA)   Fg 50
West Covina (CA)   Gc 56
West Glacier (MT)   Gg 42
West Jordan (UT)   Gh 50
West Linn (OR)   Fh 45
West Poplar CDN   Hd 41
West Richland (WA)   Ga 44
West Thumb (WY)   Gk 46
West Valley City (UT)   Gh 50
West Vancouver CDN   Fg 41
West Wendover (NV)   Gf 50
West Yellowstone (MT)   Gj 46
Westbank CDN   Ga 41
Westbridge CDN   Gb 41
Westby (MT)   Hf 42
Westcliffe (CO)   He 52
Westfall (OR)   Gc 47
Westhope (ND)   Hj 42
Westminster (CO)   He 51
Westmond (ID)   Gd 42
Westmorland (CA)   Ge 57
Weston (ID)   Gj 48
Weston (OR)   Gb 45
Weston (WY)   He 46
Westport (CA)   Fg 51
Westport (OR)   Fg 44
Westport (WA)   Ff 44
Westview CDN   Ff 41
Westwood (CA)   Fk 50
Wetmore (CO)   He 52
Weyburn CDN   Hg 41
Wheatland (CA)   Fj 51
Wheatland (NM)   Hg 56
Wheatland (WY)   Hf 48
Wheeler Ridge (CA)   Ga 55
Whiskey Gap CDN   Gg 41
Whispering Pines (CA)   Fh 52
White Bird (ID)   Gd 45
White Earth (ND)   Hh 42
White Lakes (NM)   He 55
White Oaks (NM)   He 57
White Owl (SD)   Hh 46
White Rock (NM)   Hd 55
White Rock CDN   Fh 41
White Salmon (WA)   Fj 45
White Signal (NM)   Hb 58
White Sulphur Springs (MT)
   Gk 44
White Swan (WA)   Fk 44
Whiteclay (NE)   Hh 48
Whitefish (MT)   Gf 42
Whitehall (MT)   Gh 45
Whiteriver (AZ)   Ha 57
Whites City (NM)   Hf 58

Whitetail (MT)   He 42
Whitewater (CO)   Hb 52
Whitewater (MT)   Hc 42
Whitewood (SD)   Hg 46
Whitla CDN   Gj 41
Whitlash (MT)   Gj 42
Whitney (NE)   Hg 48
Whonnock CDN   Fh 41
Why (AZ)   Gh 58
Wibaux (MT)   Hf 44
Wickenburg (AZ)   Gh 57
Wide Ruins (AZ)   Ha 55
Wiggins (CO)   Hf 50
Wikieup (AZ)   Gg 56
Wilbur (WA)   Gb 43
Wild Horse (NV)   Ge 49
Wild Horse CDN   Gk 41
Wilder (ID)   Gd 47
Wilderville (OR)   Fg 48
Wildrose Station (CA)   Gc 54
Wilhoit (AZ)   Gh 56
Willard (NM)   Hd 56
Willcox (AZ)   Ha 58
Williams (AZ)   Gh 55
Williams (CA)   Fh 51
Williston (ND)   Hg 42
Willits (CA)   Fg 51
Willmar CDN   Hh 41
Willow Bunch CDN   He 41
Willow Creek (CA)   Fg 50
Willow Creek (OR)   Gc 46
Willow Creek CDN   Ha 41
Willow Point CDN   Gc 41
Willow Ranch (CA)   Fk 49
Willowdale (OR)   Fk 46
Willows (CA)   Fh 51
Willows CDN   He 41
Willwood (WY)   Hb 46
Wilsall (MT)   Gk 45
Wilson CDN   Gh 41
Wilson Creek (WA)   Ga 43
Winchester (ID)   Gd 44
Winchester (OR)   Fg 47
Winchester (WY)   Hb 47
Winchester Bay (OR)   Ff 47
Wind River (WY)   Hb 48
Wind River Indian Reservation
   (WY)   Ha 47
Windsor (CO)   Hf 50
Winesap (WA)   Fk 43
Winfield (CDN   Ga 41
Winifred (MT)   Ha 43
Winkelmann (AZ)   Gk 57
Winlock (WA)   Fh 44
Winnemucca (NV)   Gc 50
Winnett (MT)   Hb 44
Winona (AZ)   Gj 55
Winslow (AZ)   Gk 55
Winston (NM)   Hc 57
Winston (OR)   Fg 47
Winter Park(CO)   He 51
Winterhaven (CA)   Gf 58
Winters (CA)   Fj 52
Winthrop (WA)   Fk 42
Wisdom (MT)   Gg 45
Wise River (MT)   Gg 45
Wittman (AZ)   Gh 57
Wolcott (CO)   Hd 51
Wolf Creek (MT)   Gh 44
Wolf Creek (OR)   Fg 48
Wolf Hole (AZ)   Gg 54
Wolf Point (MT)   He 42
Wood Mountain CDN   Hd 41

Woodburn (OR)   Fh 45
Woodfords (CA)   Ga 52
Woodlake (CA)   Ga 54
Woodland (CA)   Fj 52
Woodland (WA)   Fh 45
Woodland Park (CO)   He 52
Woodnorth CDN   Hj 41
Woodrow CDN   Hd 41
Woodruff (UT)   Gj 49
Woods Landing (WY)   Hd 49
Worden (MT)   Hb 45
Worden (OR)   Fj 48
Wordsworth CDN   Hh 41
Worland (WY)   Hc 46
Wounded Knee (SD)   Hh 47
Wray (CO)   Hh 50
Wren (OR)   Fg 46
Wrentham CDN   Gh 41
Wright (WY)   He 47
Wrightwood (CA)   Gc 56
Wyarno (WY)   Hd 46
Wymer (WA)   Fk 44
Wynndel CDN   Gd 41
Wyola (MT)   Hc 45

Yaak (MT)   Ge 42
Yachats (OR)   Ff 46
Yahk CDN   Gd 41
Yakima (WA)   Fk 44
Yakima Indian Reservation
   (WA)   Fk 44
Yale (WA)   Fh 44
Yale CDN   Fj 41
Yampa (CO)   Hd 50
Yankee (NM)   Hf 54
Yarnell (AZ)   Gh 56
Yellow Grass CDN   Hf 41
Yellow Pine (ID)   Ge 46
Yelm (WA)   Fh 44
Yepómera MEX   Hc 61
Yerington (NV)   Ga 52
Yeso (NM)   Hf 56
Ymir CDN   Gc 41
Yoder (CO)   Hf 52
Yoder (WY)   Hf 49
York (MT)   Gj 44
Yosemite Village (CA)   Ga 53
Youbou CDN   Ff 42
Yountville (CA)   Fh 52
Yreka (CA)   Fh 49
Yuba City (CA)   Fj 51
Yucaipa (CA)   Gc 56
Yucca (AZ)   Gf 56
Yucca Valley (CA)   Gd 56
Yuma (AZ)   Gf 58
Yuma (CO)   Hh 50

Zahl (ND)   Hg 42
Zaragoza MEX   Hc 61
Zaragoza MEX   Hd 59
Zeballos CDN   Fd 41
Zenia (CA)   Fg 50
Zia Indian Reservation (NM)
   Hd 55
Zillah (WA)   Fk 44
Zuni (NM)   Hb 55
Zuni Indian Reservation (NM)
   Hb 55
Zurich (MT)   Ha 42